Die Anthologie will Goethe als einen Autor vorstellen, dem die auf den ersten Blick befremdliche Verbindung von Fest und Literatur durchaus eine Selbstverständlichkeit war. Sie dokumentiert in einer breiten Auswahl aus seinem Werk seine umfassende Beschäftigung mit dem Thema Fest. Diese läßt sich in der Tat in allen Phasen seiner dichterischen Entwicklung entdecken, im Sturm-und-Drang- ebenso wie im Alterswerk. Und schließlich hat er selbst Festprogramme für den Weimarer Hof entworfen. So bietet der Band Bekannteres, etwa Charlottes Geburtstagsfest in den *Wahlverwandtschaften*, neben Unbekannterem, so dem Essay *Julius Cäsars Triumphzug, gemalt von Mantegna*, literarisch Ausgefeiltes, beispielsweise die Beschreibung der Krönung Josephs II. in *Dichtung und Wahrheit*, neben eher Dokumentarischem, wie dem *Luisenfest*. Der Vielzahl der Texte zum Fest entspricht im Œuvre des Autors die Vielfalt von Festarten, die es beschreibt: Volks- und Hoffeste, Geburtstage und Totenfeiern, Karnevals- und Krönungsfeste. Und sie zeigt Goethe als einen – noch unentdeckten – Beiträger zur Kulturgeschichte des Festes, der die Energie des Volkes lieber im *Römischen Karneval* sich entladen sieht als in der Französischen Revolution.

›Vergängliche Feste, bleibende Literatur‹ – zumindest bei Goethe geht beides in allen erdenklichen Variationen und Abstufungen ineinander über, auch im *Faust II*.

insel taschenbuch 1325

Goethes Feste

Männer - Frankfurter
10.10.94
1. Jahrzehnt

GOETHES FESTE

Herausgegeben und mit
einem Nachwort von Uwe Hebekus
Mit zahlreichen Abbildungen

Insel Verlag

Umschlagabbildung: Krönungszug Kaiser Josephs II., 1764 in Frankfurt am Main.
Ausschnitt aus einer zeitgenössischen Gouache.
Goethe-Museum Düsseldorf.
Anton-und-Katharina-Kippenberg-Stiftung.

insel taschenbuch 1325
Erste Auflage 1993
Originalausgabe

Textnachweise am Schluß des Bandes
Vertrieb durch den Suhrkamp Taschenbuch Verlag
Umschlag nach Entwürfen von Willy Fleckhaus
Satz: Fotosatz Otto Gutfreund GmbH, Darmstadt
Druck: Nomos Verlagsgesellschaft, Baden-Baden
Printed in Germany

1 2 3 4 5 6 – 99 98 97 96 95 94 93

Inhalt

I. Fest und Religion

Sakramentenexkurs 11
Sankt-Rochus-Fest zu Bingen 16

II. Feste der Repräsentation

Wahl und Krönung Josephs II. (1764) 51
Julius Cäsars Triumphzug, gemalt von Mantegna . . 113
Das Luisenfest, gefeiert Weimar am 9. Juli 1778 . . . 137

III. Feste des Privaten

Landball 147
Grundsteinlegung und Charlottes Geburtstag 157

IV. Karnevaleske Feste

Das Römische Karneval 169

V. Fest und Geschichte

Des Epimenides Erwachen 211

Anmerkungen zu den Texten 255
Goethes Feste. Allegorien der Geschichte
Nachwort von Uwe Hebekus 271

I. Fest und Religion

Sakramentenexkurs

Bei dieser Gelegenheit kann ich nicht unterlassen, aus meiner früheren Jugend etwas nachzuholen, um anschaulich zu machen, wie die großen Angelegenheiten der kirchlichen Religion mit Folge und Zusammenhang behandelt werden müssen, wenn sie sich fruchtbar, wie man von ihr erwartet, beweisen soll. Der protestantische Gottesdienst hat zu wenig Fülle und Konsequenz, als daß er die Gemeine zusammenhalten könnte; daher geschieht es leicht, daß Glieder sich von ihr absondern und entweder kleine Gemeinen bilden oder, ohne kirchlichen Zusammenhang, nebeneinander geruhig ihr bürgerliches Wesen treiben. So klagte man schon vor geraumer Zeit, die Kirchengänger verminderten sich von Jahr zu Jahr und in eben dem Verhältnis die Personen, welche den Genuß des Nachtmahls verlangten. Was beides, besonders aber das letztere betrifft, liegt die Ursache sehr nah; doch wer wagt sie auszusprechen? Wir wollen es versuchen.

In sittlichen und religiosen Dingen, ebensowohl als in physischen und bürgerlichen, mag der Mensch nicht gern etwas aus dem Stegreife tun; eine Folge, woraus Gewohnheit entspringt, ist ihm nötig; das, was er lieben und leisten soll, kann er sich nicht einzeln, nicht abgerissen denken, und um etwas gern zu wiederholen, muß es ihm nicht fremd geworden sein. Fehlt es dem protestantischen Kultus im ganzen an Fülle, so untersuche man das einzelne, und man wird finden: der Protestant hat zu wenig Sakramente, ja er hat nur eins, bei dem er sich tätig erweist, das Abendmahl; denn die Taufe sieht er nur an anderen vollbringen, und es wird ihm nicht wohl dabei. Die Sakramente sind das Höchste der Religion, das sinnliche Symbol einer außerordentlichen göttlichen Gunst und Gnade. In dem Abendmahle sollen die irdischen Lippen ein göttliches Wesen verkörpert empfangen und unter der Form irdischer Nahrung einer himmlischen teilhaftig werden. Dieser Sinn ist in allen christlichen Kirchen ebenderselbe, es werde nun das Sakrament mit mehr oder weniger Ergebung in das Geheimnis, mit mehr oder weniger Akkommodation an das, was verständlich ist, genossen; immer bleibt es eine heilige, große Handlung, welche sich in der Wirklichkeit an die Stelle des Möglichen oder Unmöglichen, an die Stelle desjenigen setzt, was der Mensch weder erlangen noch entbehren kann. Ein solches Sakrament dürfte aber nicht allein stehen; kein Christ kann es mit wahrer Freude, wozu es gegeben ist, genießen, wenn nicht der symbolische oder sakramentliche Sinn in ihm genährt ist. Er muß gewohnt sein, die innere Religion des Herzens und die der äußeren Kirche als vollkommen *eins* anzusehen, als das große allgemeine Sakrament, das sich wieder in so viel andere zergliedert und diesen Teilen seine Heiligkeit, Unzerstörlichkeit und Ewigkeit mitteilt.

Hier reicht ein jugendliches Paar sich einander die Hände, nicht zum vorübergehenden Gruß oder zum Tanze; der Priester spricht seinen Segen darüber aus, und das Band ist unauflöslich. Es währt nicht lange, so bringen diese Gatten ein Ebenbild an die Schwelle des Altars; es wird mit heiligem Wasser gereinigt und der Kirche dergestalt einverleibt, daß es diese Wohltat nur durch den ungeheuersten Abfall verscherzen kann. Das Kind übt sich im Leben an den irdischen Dingen selbst heran, in himmlischen muß es unterrichtet werden. Zeigt sich bei der Prüfung, daß dies vollständig geschehen sei, so wird es nunmehr als wirklicher Bürger, als wahrhafter und freiwilliger Bekenner in den Schoß der Kirche aufgenommen, nicht ohne äußere Zeichen der Wichtigkeit dieser Handlung. Nun ist er erst entschieden ein Christ, nun kennt er erst die Vorteile, jedoch auch die Pflichten. Aber inzwischen ist ihm als Menschen manches Wunderliche begegnet, durch Lehren und Strafen ist ihm aufgegangen, wie bedenklich es mit seinem Innern aussehe, und immerfort wird noch von Lehren und von Übertretungen die Rede sein; aber die Strafe soll nicht mehr stattfinden. Hier ist ihm nun in der unendlichen Verworrenheit, in die er sich bei dem Widerstreit natürlicher und religioser Forderungen verwickeln muß, ein herrliches Auskunftsmittel gegeben, seine Taten und Untaten, seine Gebrechen und seine Zweifel einem würdigen, eigens dazu bestellten Manne zu vertrauen, der ihn zu beruhigen, zu warnen, zu stärken, durch gleichfalls symbolische Strafen zu züchtigen und ihn zuletzt, durch ein völliges Auslöschen seiner Schuld, zu beseligen und ihm rein und abgewaschen die Tafel seiner Menschheit wieder zu übergeben weiß. So, durch mehrere sakramentliche Handlungen, welche sich wieder, bei genauerer Ansicht, in sakramentliche kleinere Züge verzweigen, vorbereitet und rein beruhigt, knieet er hin, die Hostie zu empfangen; und daß ja das Geheimnis dieses hohen Akts noch gesteigert werde, sieht er den Kelch nur in der Ferne: es ist kein gemeines Essen und Trinken, was befriedigt, es ist eine Himmelsspeise, die nach himmlischem Tranke durstig macht.

Jedoch glaube der Jüngling nicht, daß es damit abgetan sei; selbst der Mann glaube es nicht! Denn wohl in irdischen Verhältnissen gewöhnen wir uns zuletzt, auf uns selber zu stehen, und auch da wollen nicht immer Kenntnisse, Verstand und Charakter hinreichen; in himmlischen Dingen dagegen lernen wir nie aus. Das höhere Gefühl in uns, das sich oft selbst nicht einmal recht zu Hause findet, wird noch überdies von so viel Äußerem bedrängt, daß unser eignes

Vermögen wohl schwerlich alles darreicht, was zu Rat, Trost und Hülfe nötig wäre. Dazu aber verordnet findet sich nun auch jenes Heilmittel für das ganze Leben, und stets harrt ein einsichtiger, frommer Mann, um Irrende zurechtzuweisen und Gequälte zu erledigen. Und was nun durch das ganze Leben so erprobt worden, soll an der Pforte des Todes alle seine Heilkräfte zehnfach tätig erweisen. Nach einer von Jugend auf eingeleiteten, zutraulichen Gewohnheit nimmt der Hinfällige jene symbolischen, deutsamen Versicherungen mit Inbrunst an, und ihm wird da, wo jede irdische Garantie verschwindet, durch eine himmlische für alle Ewigkeit ein seliges Dasein zugesichert. Er fühlt sich entschieden überzeugt, daß weder ein feindseliges Element noch ein mißwollender Geist ihn hindern könne, sich mit einem verklärten Leibe zu umgeben, um in unmittelbaren Verhältnissen zur Gottheit an den unermeßlichen Seligkeiten teilzunehmen, die von ihr ausfließen. Zum Schlusse werden sodann, damit der ganze Mensch geheiligt sei, auch die Füße gesalbt und gesegnet. Sie sollen, selbst bei möglicher Genesung, einen Widerwillen empfinden, diesen irdischen, harten, undurchdringlichen Boden zu berühren. Ihnen soll eine wundersame Schnellkraft mitgeteilt werden, wodurch sie den Erdschollen, der sie bisher anzog, unter sich abstoßen. Und so ist durch einen glänzenden Zirkel gleichwürdig heiliger Handlungen deren Schönheit von uns nur kurz angedeutet worden, Wiege und Grab, sie mögen zufällig noch so weit auseinander gerückt liegen, in einem stetigen Kreise verbunden.

Aber alle diese geistigen Wunder entsprießen nicht, wie andere Früchte, dem natürlichen Boden, da können sie weder gesäet noch gepflanzt, noch gepflegt werden. Aus einer anderen Region muß man sie herüberflehen, welches nicht jedem, noch zu jeder Zeit gelingen würde. Hier entgegnet uns nun das höchste dieser Symbole aus alter, frommer Überlieferung. Wir hören, daß ein Mensch vor dem andern von oben begünstigt, gesegnet und geheiligt werden könne. Damit aber dies ja nicht als Naturgabe erscheine, so muß diese große, mit einer schweren Pflicht verbundene Gunst von einem Berechtigten auf den anderen übertragen und das größte Gut, was ein Mensch erlangen kann, ohne daß er jedoch dessen Besitz von sich selbst weder erringen noch ergreifen könne, durch geistige Erbschaft auf Erden erhalten und verewigt werden. Ja, in der Weihe des Priesters ist alles zusammengefaßt, was nötig ist, um diejenigen heiligen Handlungen wirksam zu begehen, wodurch die Menge begünstigt wird, ohne daß sie irgendeine andere Tätigkeit dabei nötig hätte als die des Glaubens und des unbedingten Zutrauens. Und so tritt der Priester in der Reihe seiner Vorfahren und Nachfolger, in dem Kreise seiner Mitgesalbten, den höchsten Segnenden darstellend, um so herrlicher auf, als es nicht er ist, den wir verehren, sondern sein Amt, nicht sein Wink, vor dem wir die Kniee beugen, sondern der Segen, den er erteilt, und der um desto heiliger, unmittelbarer vom Himmel zu kommen scheint, weil ihn das irdische Werkzeug nicht einmal durch sündhaftes, ja lasterhaftes Wesen schwächen oder gar entkräften könnte.

Wie ist nicht dieser wahrhaft geistige Zusammenhang im Protestantismus zersplittert! indem ein Teil gedachter Symbole für apokryphisch und nur wenige für kanonisch erklärt werden, und wie will man uns durch das Gleichgültige der einen zu der hohen Würde der anderen vorbereiten?

Sankt-Rochus-Fest zu Bingen

Am 16. August 1814

Zu des Rheins gestreckten Hügeln,
Hochgesegneten Gebreiten,
Auen, die den Fluß bespiegeln,
Weingeschmückten Landesweiten
Möget, mit Gedankenflügeln,
Ihr den treuen Freund begleiten.

Vertraute gesellige Freunde, welche schon wochenlang in Wiesbaden der heilsamen Kur genossen, empfanden eines Tages eine gewisse Unruhe, die sie durch Ausführung längst gehegter Vorsätze zu beschwichtigen suchten. Mittag war schon vorbei und doch ein Wagen augenblicklich bestellt, um den Weg ins angenehme Rheingau zu suchen. Auf der Höhe über Bieberich erschaute man das weite prächtige Flußtal mit allen Ansiedelungen innerhalb der fruchtbarsten Gauen. Doch war der Anblick nicht vollkommen so schön, als man ihn am frühen Morgen schon öfters genossen, wenn die aufgehende Sonne soviel weiß angestrichene Haupt- und Giebelseiten unzähliger Gebäude, größerer und kleinerer, am Flusse und auf den Höhen beleuchtete. In der weitesten Ferne glänzte dann vor allen das Kloster Johannisberg, einzelne Lichtpunkte lagen dies- und jenseits des Flusses ausgesät.

Damit wir aber sogleich erführen, daß wir uns in ein frommes Land bewegten, entgegnete uns vor Mosbach ein italienischer Gipsgießer, auf dem Haupte sein wohlbeladenes Brett gar kühnlich im Gleichgewichte schwenkend. Die darauf schwebenden Figuren aber waren nicht etwa, wie man sie nordwärts antrifft, farblose Götter- und Heldenbilder, sondern, der frohen und heitern Gegend gemäß, bunt angemalte Heilige. Die Mutter Gottes thronte über allen; aus den vierzehen Nothelfern waren die vorzüglichsten auserlesen; der heilige Rochus in schwarzer Pilgerkleidung stand voran, neben ihm sein brottragendes Hündlein.

Nun fuhren wir bis Schierstein durch breite Kornfelder, hie und da mit Nußbäumen geschmückt. Dann erstreckt sich das fruchtbare Land links an den Rhein, rechts an die Hügel, die sich nach und nach dem Wege näher ziehen. Schön und gefährlich erscheint die Lage von Walluf unter einem Rheinbusen wie auf einer Landzunge. Durch reich befruchtete, sorgfältig unterstützte Obstbäume hindurch sah man Schiffe segeln, lustig, doppelt begünstigt, stromabwärts.

Auf das jenseitige Ufer wird das Auge gezogen; wohlgebaute, große, von fruchtbaren Gauen umgebene Ortschaften zeigen sich; aber bald muß der Blick wieder herüber: in der Nähe steht eine Kapellenruine, die, auf grüner Matte, ihre mit Efeu begrünten Mauern wundersam reinlich, einfach und angenehm erhebt. Rechts nun schieben Rebhügel sich völlig an den Weg heran.

In dem Städtchen Walluf tiefer Friede, nur die Einquartierungskreide an den Haustüren noch nicht ausgelöscht. Weiterhin erscheint Weinbau zu beiden Seiten. Selbst auf flachem, wenig abhängigem Boden wechseln Rebstücke und Kornfelder, entferntere Hügel rechts ganz bedeckt von Rebgeländern.

Und so, in freier umhügelter, zuletzt nordwärts von Bergen umkränzter Fläche liegt Elfeld, gleichfalls nah am Rheine, gegenüber einer großen bebauten Aue. Die Türme einer alten Burg sowie der Kirche deuten schon auf eine größere Landstadt, die sich auch inwendig durch ältere, architektonisch verzierte Häuser und sonst auszeichnet.

Die Ursachen, warum die ersten Bewohner dieser Ortschaften sich an solchen Plätzen angesiedelt, auszumitteln, würde ein angenehmes Geschäft sein. Bald ist es ein Bach, der von der Höhe nach dem Rhein fließt, bald günstige Lage zum Landen und Ausladen, bald sonst irgend eine örtliche Bequemlichkeit.

Man sieht schöne Kinder und erwachsen wohlgebildete Menschen, alle haben ein ruhiges, keineswegs ein hastiges Ansehen. Lustfuhren und Lustwandler begegneten uns fleißig, letztere öfters mit Sonnenschirmen. Die Tageshitze war groß, die Trockenheit allgemein, der Staub höchst beschwerlich.

Unter Elfeld liegt ein neues, prächtiges, von Kunstgärten umgebenes Landhaus. Noch sieht man Fruchtbau auf der Fläche links, aber der Weinbau vermehrt sich. Orte drängen sich, Höfe fügen sich dazwischen, so daß sie, hintereinander gesehen, sich zu berühren scheinen.

Alles dieses Pflanzenleben der Flächen und Hügel gedeiht in einem Kiesboden, der, mehr oder weniger mit Leimen gemischt, den in die Tiefe wurzelnden Weinstock vorzüglich begünstigt. Die Gruben, die man zu Überschüttung der Heerstraße ausgegraben, zeigen auch nichts anders.

Erbach ist, wie die übrigen Orte, reinlich gepflastert, die Straßen trocken, die Erdgeschosse bewohnt und, wie man durch die offenen Fenster sehen kann, reinlich eingerichtet. Abermals folgt ein palastähnliches Gutsgebäude, die Gärten erreichen den Rhein, köstliche Terrassen und schattige Lindengänge durchschaut man mit Vergnügen.

Der Rhein nimmt hier einen andern Charakter an, es ist nur ein Teil desselben, die vorliegende Aue beschränkt ihn und bildet einen mäßigen, aber frisch und kräftig strömenden Fluß. Nun rücken die Rebhügel der rechten Seite ganz an den Weg heran, von starken Mauern getragen, in welchen eine vertiefte Blende die Aufmerksamkeit an sich zieht.

Der Wagen hält still, man erquickt sich an einem reichlich quellenden Röhrwasser; dieses ist der Marktbrunnen, von welchem der auf der Hügelstrecke gewonnene Wein seinen Namen hat.

Die Mauer hört auf, die Hügel verflächen sich, ihre sanften Seiten und Rücken sind mit Weinstöcken überdrängt. Links Fruchtbäume. Nah am Fluß Weidichte, die ihn verstecken.

Durch Hattenheim steigt die Straße; auf der hinter dem Ort erreichten Höhe ist der Lehmenboden weniger kiesig. Von beiden Seiten Weinbau, links mit Mauern eingefaßt, rechts abgeböscht. Reichardtshausen, ehemaliges Klostergut, jetzt der Herzogin von Nassau gehörig. Die letzte Mauerecke durchbrochen, zeigt einen anmutig beschatteten Akaziensitz.

Reiche, sanfte Fläche auf der fortlaufenden Höhe, dann aber zieht sich die Straße wieder an den Fluß, der bisher tief und entfernt gelegen. Hier wird die Ebene zu Feld- und Gartenbau benutzt, die mindeste Erhöhung zu Wein. Östreich, in einiger Entfernung vom Wasser auf ansteigendem Boden, liegt sehr anmutig: denn hinter dem Orte ziehen sich die Weinhügel bis an den Fluß, und so fort bis Mittelheim, wo sich der Rhein in herrlicher Breite zeigt. Langenwinkel folgt unmittelbar; den Beinamen des Langen verdient es, ein Ort bis zur Ungeduld der Durchfahrenden in die Länge gezogen, Winkelhaftes läßt sich dagegen nichts bemerken.

Vor Geisenheim erstreckt sich ein flaches, niederes Erdreich bis an den Strom, der es wohl noch jetzt bei hohem Wasser überschwemmt; es dient zu Garten- und Kleebau. Die Aue im Fluß, das Städtchen am Ufer ziehen sich schön gegeneinander; die Aussicht jenseits wird freier. Ein weites hüglichtes Tal bewegt sich zwischen zwei ansteigenden Höhen gegen den Hundsrück zu.

Wie man sich Rüdesheim nähert, wird die niedere Fläche links immer auffallender, und man faßt den Begriff, daß in der Urzeit, als das Gebirge bei Bingen noch verschlossen gewesen, das hier aufgehaltene, zurückgestauchte Wasser diese Niederung ausgeglichen, und endlich, nach und nach ablaufend und fortströmend, das jetzige Rheinbett daneben gebildet habe.

Und so gelangten wir in weniger als viertehalb Stunden nach Rüdesheim, wo uns der Gasthof zur Krone, ohnfern des Tores anmutig gelegen, sogleich anlockte.

Er ist an einen alten Turm angebaut und läßt aus den vordern Fenstern rheinabwärts, aus der Rückseite rheinaufwärts blicken; doch suchten wir bald das Freie. Ein vorspringender Steinbau ist der Platz, wo man die Gegend am reinsten überschaut. Flußaufwärts sieht man von hier die bewachsenen Auen in ihrer ganzen perspektivischen Schönheit. Unterwärts am gegenseitigen Ufer Bingen, weiter hinabwärts den Mäuseturm im Flusse.

Von Bingen heraufwärts erstreckt sich, nahe am Strom, ein Hügel gegen das obere flache Land. Er läßt sich als Vorgebirg in den alten höheren Wassern denken. An seinem östlichen Ende sieht man eine Kapelle, dem heiligen Rochus gewidmet, welche soeben vom Kriegsverderben wieder hergestellt wird. An einer Seite stehen noch die Rüststangen; dem ohngeachtet aber soll morgen das Fest gefeiert werden. Man glaubte, wir seien deshalb hergekommen, und verspricht uns viel Freude.

Und so vernahmen wir denn: daß während den Kriegszeiten, zu großer Betrübnis der Gegend, dieses Gotteshaus entweiht und verwüstet worden. Zwar nicht gerade aus Willkür und Mutwillen, sondern weil hier ein vorteilhafter Posten die ganze Gegend überschaute und einen Teil derselben beherrschte. Und so war das Gebäude denn aller gottesdienstlichen Erfordernisse, ja aller Zierden beraubt, durch Biwaks angeschmaucht und verunreinigt, ja durch Pferdestallung geschändet.

Deswegen aber sank der Glaube nicht an den Heiligen, welcher die Pest und ansteckende Krankheiten von Gelobenden abwendet. Freilich war an Wallfahrten hieher nicht zu denken; denn der Feind, argwöhnisch und vorsichtig, verbot alle fromme Auf- und Umzüge als gefährliche Zusammenkünfte, Gemeinsinn befördernd und Verschwörungen begünstigend. Seit vierundzwanzig Jahren konnte daher dort oben kein Fest gefeiert werden. Doch wurden benachbarte Gläubige, welche von den Vorteilen örtlicher Wallfahrt sich überzeugt fühlten, durch große Not gedrängt, das Äußerste zu versuchen. Hiervon erzählen die Rüdesheimer folgendes merkwürdige Beispiel. In tiefer Winternacht erblickten sie einen Fackelzug, der sich ganz unerwartet, von Bingen aus, den Hügel hinauf bewegte, endlich um die Kapelle versammelte, dort, wie man vermuten können, seine Andacht verrichtete. Inwiefern die damaligen französischen Behörden dem Drange dieser Gelobenden nachgesehen, da man sich ohne Vergünstigung dergleichen wohl kaum unterfangen hätte, ist niemals bekannt geworden, sondern das Geschehene blieb in tiefer Stille begraben.

Alle Rüdesheimer jedoch, die, ans Ufer laufend, von diesem Schauspiel Zeugen waren, versichern: seltsamer und schauderhafter in ihrem Leben nichts gesehen zu haben.

Wir gingen sachte den Strand hinab, und wer uns auch begegnete, freute sich über die Wiederherstellung der nachbarlichen heiligen Stätte: denn obgleich Bingen vorzüglich diese Erneuerung und Belebung wünschen muß, so ist es doch eine fromme und frohe Angelegenheit für die ganze Gegend, und deshalb eine allgemeine Freude auf morgen.

Denn der gehinderte, unterbrochene, ja oft aufgehobene Wechselverkehr der beiden Rheinufer, nur durch den Glauben an diesen Heiligen unterhalten, soll glänzend wieder hergestellt werden. Die ganze umliegende Gegend ist in Bewegung, alte und neue Gelübde dankbar abzutragen. Dort will man seine Sünde bekennen, Vergebung erhalten, in der Masse so vieler zu erwartenden Fremden längst vermißten Freunden wieder begegnen.

Unter solchen frommen und heitern Aussichten, wobei wir den Fluß und das jenseitige Ufer nicht aus dem Auge ließen, waren wir, das weit sich erstreckende Rüdesheim hinab, zu dem alten römischen Kastell gelangt, das, am Ende gelegen, durch treffliche Mauerung sich erhalten hat. Ein glücklicher Gedanke des Besitzers, des Herrn Grafen Ingelheim, bereitete hier jedem Fremden eine schnell belehrende und erfreuliche Übersicht.

Man tritt in einen brunnenartigen Hof, der Raum ist eng, hohe schwarze Mauern steigen wohlgefügt in die Höhe, rauh anzusehen, denn die Steine sind äußerlich unbehauen, eine kunstlose Rustika. Die steilen Wände sind durch neu angelegte Treppen ersteiglich; in dem Gebäude selbst findet man einen eigenen Kontrast wohleingerichteter Zimmer und großer, wüster, von Wachfeuern und Rauch geschwärzter Gewölbe. Man windet sich stufenweise durch finstere Mauerspalten hindurch und findet zuletzt, auf turmartigen Zinnen, die herrlichste Aussicht. Nun wandeln wir in der Luft hin und wider, indessen wir Gartenanlagen, in den alten Schutt gepflanzt, neben uns bewundern. Durch Brücken sind Türme, Mauerhöhen und Flächen zusammengehängt, heitere Gruppen von Blumen und Strauchwerk dazwischen; sie waren diesmal regenbedürftig, wie die ganze Gegend.

Nun, im klaren Abendlichte, lag Rüdesheim vor und unter uns. Eine Burg der mittlern Zeit, nicht fern von dieser uralten. Dann ist die Aussicht reizend über die unschätzbaren Weinberge; sanftere und steilere Kieshügel, ja Felsen und Gemäuer sind zu Anpflanzung von Reben benutzt. Was aber auch sonst noch von geistlichen und weltlichen Gebäuden dem Auge begegnen mag, der Johannisberg herrscht über alles.

Nun mußte denn wohl, im Angesicht so vieler Rebhügel, des Eilfers in Ehren gedacht werden. Es ist mit diesem Weine wie mit dem Namen eines großen und wohltätigen Regenten: er wird jederzeit genannt, wenn auf etwas Vorzügliches im Lande die Rede kommt; ebenso ist auch ein gutes Weinjahr in aller Munde. Ferner hat denn auch der Eilfer die Haupteigenschaft des Trefflichen: er ist zugleich köstlich und reichlich.

In Dämmerung versank nach und nach die Gegend. Auch das Verschwinden so vieler bedeutender Einzelheiten ließ uns erst recht Wert und Würde des Ganzen fühlen, worin wir uns lieber verloren hätten; aber es mußte geschieden sein.

Unser Rückweg ward aufgemuntert durch fortwährendes Kanonieren von der Kapelle her. Dieser kriegerische Klang gab Gelegenheit an der Wirtstafel, des hohen Hügelpunktes als militärischen Postens zu gedenken. Man sieht von da das ganze Rheingau hinauf und unterscheidet die meisten Ortschaften, die wir auf dem Herwege genannt.

Zugleich machte man uns aufmerksam, daß wir, von der Höhe über Bieberich, schon die Rochuskapelle, als weißen Punkt von der Morgensonne beleuchtet, deutlich öfters müßten gesehen haben; dessen wir uns denn auch gar wohl erinnerten.

Bei allem diesem konnte es denn nicht fehlen, daß man den heiligen Rochus als einen würdigen Gegenstand der Verehrung betrachtete, da er, durch das gefesselte Zutrauen, diesen Hader- und Kriegsposten augenblicklich wieder zum Friedens- und Versöhnungsposten umgeschaffen.

Indessen hatte sich ein Fremder eingefunden und zu Tische gesetzt, den man auch als einen Wallfahrer betrachtete und deshalb sich um so unbefangener zum Lobe des Heiligen erging. Allein zu großer Verwunderung der wohlgesinnten Gesellschaft fand sich, daß er, obgleich Katholik, gewissermaßen ein Widersacher des Heiligen sei. Am sechzehnten August, als am Festtage, während so viele den heiligen Rochus feierten, brannte ihm das Haus ab. Ein anderes Jahr am selbigen Tage wurde sein Sohn blessiert; den dritten Fall wollte er nicht bekennen.

Ein kluger Gast versetzte darauf: bei einzelnen Fällen komme es hauptsächlich darauf an, daß man sich an den eigentlichen Heiligen wende, in dessen Fach die Angelegenheit gehöre. Der Feuersbrunst zu wehren, sei Sankt Florian beauftragt; den Wunden verschaffe Sankt Sebastian Heilung; was den dritten Punkt betreffe, so wisse man nicht, ob Sankt Hubertus vielleicht Hülfe geschafft hätte? Im übrigen sei den Gläubigen genugsamer Spielraum gegeben, da im ganzen vierzehn heilige Nothelfer aufgestellt worden. Man ging die Tugenden derselben durch und fand, daß es nicht Nothelfer genug geben könne.

Um dergleichen, selbst in heiterer Stimmung, immer bedenkliche Betrachtungen los zu werden, trat man heraus unter den brennend gestirnten Himmel, und verweilte so lange, daß der darauf folgende tiefe Schlaf als Null betrachtet werden konnte, da er uns vor Sonnenaufgang verließ. Wir treten sogleich heraus, nach den grauen Rheinschluchten hinab zu blicken; ein frischer Wind blies von dorther uns ins Angesicht, günstig den Herüber- wie den Hinüberfahrenden.

Schon jetzt sind die Schiffer sämtlich rege und beschäftigt, die Segel werden bereitet, man feuert von oben, den Tag anzufangen, wie man ihn abends angekündigt. Schon zeigen sich einzelne Figuren und Geselligkeiten als Schattenbilder am klaren Himmel um die Kapelle und auf dem Bergrücken, aber Strom und Ufer sind noch wenig belebt.

Leidenschaft zur Naturkunde reizt uns, eine Sammlung zu betrachten, wo die metallischen Erzeugnisse des Westerwaldes nach dessen Länge und Breite, auch vorzügliche Minern von Rheinbreitenbach vorliegen sollten. Aber diese wissenschaftliche Betrachtung wäre uns fast zum Schaden gediehen: denn als wir zum Ufer des Rheins zurückkehren, finden wir die Abfahrenden in lebhaftester Bewegung. Massenweise strömen sie an Bord, und ein überdrängtes Schiff nach dem andern stößt ab.

Drüben, am Ufer her, sieht man Scharen ziehen, Wagen fahren, Schiffe aus den obern Gegenden landen daselbst. Den Berg aufwärts wimmelt's bunt von Menschen, auf mehr oder weniger gähen Fußpfaden, die Höhe zu ersteigen bemüht. Fortwährendes Kanonieren deutet auf eine Folge wallfahrender Ortschaften.

Nun ist es Zeit! Auch wir sind mitten auf dem Flusse, Segel und Ruder wetteifern mit Hunderten. Ausgestiegen bemerken wir sogleich, mit geologischer Vorliebe, am Fuße des Hügels wundersame Felsen. Der Naturforscher wird von dem heiligen Pfade zurückgehalten. Glücklicherweise ist ein Hammer bei der Hand. Da findet sich ein Konglomerat, der größten Aufmerksamkeit würdig. Ein im Augenblicke des Werdens zertrümmertes Quarzgestein, die Trümmer scharfkantig, durch Quarzmasse wieder verbunden. Ungeheure Festigkeit hindert uns, mehr als kleine Bröckchen zu gewinnen. – Möge bald ein reisender Naturforscher diese Felsen näher untersuchen, ihr Verhältnis zu den ältern

Gebirgsmassen unterwärts bestimmen, mir davon gefälligst Nachricht, nebst einigen belehrenden Musterstücken, zukommen lassen! Dankbar würde ich es erkennen.

Den steilsten, zickzack über Felsen springenden Stieg erklommen wir mit Hundert und aber Hunderten, langsam, öfters rastend und scherzend. Es war die Tafel des Cebes im eigentlichsten Sinne, bewegt, lebendig; nur daß hier nicht soviel ableitende Nebenwege stattfanden.

Oben um die Kapelle finden wir Drang und Bewegung. Wir dringen mit hinein. Der innere Raum, ein beinahe gleiches Viereck, jede Seite von etwa dreißig Fuß, das Chor im Grunde vielleicht zwanzig. Hier steht der Hauptaltar, nicht modern, aber im wohlhäbigen katholischen Kirchengeschmack. Er steigt hoch in die Höhe, und die Kapelle überhaupt hat ein recht freies Ansehen. Auch in den nächsten Ecken des Hauptvierecks zwei ähnliche Altäre, nicht beschädigt, alles wie vorzeiten. Und wie erklärt man sich dies in einer jüngst zerstörten Kirche?

Die Menge bewegte sich von der Haupttür gegen den Hochaltar, wandte sich dann links, wo sie einer im Glassarge liegenden Reliquie große Verehrung bezeigte. Man betastete den Kasten, bestrich ihn, segnete sich und verweilte, so lange man konnte; aber einer verdrängte den andern, und so ward auch ich im Strome vorbei und zur Seitenpforte hinaus geschoben.

Ältere Männer von Bingen treten zu uns, den herzoglich nassauischen Beamten, unsern werten Geleitsmann, freundlich zu begrüßen; sie rühmen ihn als einen guten und hülfreichen Nachbar, ja, als den Mann, der ihnen möglich gemacht, das heutige Fest mit Anstand zu feiern. Nun erfahren wir, daß, nach aufgehobenem Kloster Eibingen, die inneren Kirchenerfordernisse, Altäre, Kanzel, Orgel, Bet- und Beichtstühle, an die Gemeine zu Bingen, zu völliger Einrichtung der Rochuskapelle, um ein Billiges überlassen worden. Da man sich nun von protestantischer Seite dergestalt förderlich erwiesen, gelobten sämtliche Bürger Bingens, gedachte Stücke persönlich herüber zu schaffen. Man zog nach Eibingen, alles ward sorgfältig abgenommen, der einzelne bemächtigte sich kleinerer, mehrere der größeren Teile, und so trugen sie, Ameisen gleich, Säulen und Gesimse, Bilder und Verzierungen herab an das Wasser; dort wurden sie, gleichfalls dem Gelübde gemäß, von Schiffern eingenommen, übergesetzt, am linken Ufer ausgeschifft und abermals auf frommen Schultern die mannigfaltigen Pfade hinaufgetragen. Da nun das alles zugleich geschah, so konnte man von der Kapelle herabschauend, über Land und Fluß, den wunderbarsten Zug sehen, indem Geschnitztes und Gemaltes, Vergoldetes und Lackiertes in bunter Folgereihe sich bewegte; dabei genoß man des angenehmen Gefühls, daß jeder, unter seiner Last und bei seiner Bemühung, Segen und Erbauung sein ganzes Leben hoffen durfte. Die auch herübergeschaffte, noch nicht aufgestellte Orgel wird nächstens auf einer Galerie, dem Hauptaltar gegenüber, Platz finden. Nun löste sich erst das Rätsel, man beantwortet sich die aufgeworfene Frage: wie es komme, daß alle diese Zierden schon verjährt und doch wohlerhalten, unbeschädigt und doch nicht neu in einem erst hergestellten Raum sich zeigen konnten.

Dieser jetzige Zustand des Gotteshauses muß uns um so erbaulicher sein, als wir dabei an den besten Willen, wechselseitige Beihülfe, planmäßige Ausführung und glückliche Vollendung erinnert werden. Denn daß alles mit Überlegung geschehen, erhellt nicht weniger aus folgendem: Der Hauptaltar aus einer weit größeren Kirche sollte hier Platz finden, und man entschloß sich, die Mauern um mehrere Fuß zu erhöhen, wodurch man einen anständigen, ja reich verzierten Raum gewann. Der ältere Gläubige kann nun vor demselbigen Altar auf dem linken Rheinufer knien, vor welchem er, von Jugend an, auf dem rechten gebetet hatte.

Auch war die Verehrung jener heiligen Gebeine schon längst herkömmlich. Diese Überreste des heiligen Ruprechts, die man sonst zu Eibingen gläubig berührt und hülfreich gepriesen hatte, fand man hier wieder. Und so manchen belebt ein freudiges Gefühl, einem längst erprobten Gönner wieder in die Nähe zu treten. Hiebei bemerke man wohl, daß es sich nicht geziemt hätte, diese Heiligtümer in den Kauf mit einzuschließen, oder zu irgend einem Preis anzuschlagen; nein, sie kamen vielmehr durch Schenkung, als fromme Zugabe, gleichfalls nach Sankt Rochus. Möchte man doch überall, in ähnlichen Fällen, mit gleicher Schonung verfahren sein!

Und nun ergreift uns das Gewühl! Tausend und aber tausend Gestalten streiten sich um unsere Aufmerksamkeit. Diese Völkerschaften sind an Kleidertracht nicht auffallend verschieden, aber von der mannigfaltigsten Gesichtsbildung. Das Getümmel jedoch läßt keine Vergleichung aufkommen; allgemeine Kennzeichen suchte man vergebens in dieser augenblicklichen Verworrenheit, man verliert den Faden der Betrachtung, man läßt sich ins Leben hineinziehen.

Eine Reihe von Buden, wie ein Kirchweihfest sie fordert, stehen ohnfern der Kapelle. Voran geordnet sieht man Kerzen, gelbe, weiße, gemalte, dem verschiedenen Vermögen der Weihenden angemessen. Gebetbücher folgen, Offizium zu Ehren des Gefeierten. Vergebens fragten wir nach einem erfreulichen Hefte, wodurch uns sein Leben, Leisten und Leiden klar würde; Rosenkränze jedoch aller Art fanden sich häufig. Sodann war aber auch für Wecken, Semmeln, Pfeffernüsse und mancherlei Buttergebackenes gesorgt, nicht weniger für Spielsachen und Galanteriewaren, Kinder verschiedenen Alters anzulocken.

Prozessionen dauerten fort. Dörfer unterschieden sich von Dörfern, der Anblick hätte einem ruhigen Beobachter wohl Resultate verliehen. Im ganzen durfte man sagen: die Kinder schön, die Jugend nicht, die alten Gesichter sehr ausgearbeitet; mancher Greis befand sich darunter. Sie zogen mit Angesang und Antwort, Fahnen flatterten, Standarten schwankten, eine große und größere Kerze erhub sich Zug für Zug. Jede Gemeinde hatte ihre Mutter Gottes, von Kindern und Jungfrauen getragen, neu gekleidet, mit vielen rosenfarbenen, reichlichen, im Winde flatternden Schleifen geziert. Anmutig und einzig war ein Jesuskind, ein großes Kreuz haltend und das Marterinstrument freundlich anblickend. »Ach!« rief ein zartfühlender Zuschauer, »ist nicht jedes Kind, das fröhlich in die Welt hineinsieht, in demselben Falle!« Sie hatten es in neuen Goldstoff gekleidet, und es nahm sich, als Jugendfürstchen, gar hübsch und heiter aus.

Eine große Bewegung aber verkündet: nun komme die Hauptprozession von Bingen herauf. Man eilt den Hügelrücken hin, ihr entgegen. Und nun erstaunt man auf einmal über den schönen, herrlich veränderten Landschaftsblick in eine ganz neue Szene. Die Stadt, an sich wohl gebaut und erhalten, Gärten und Baumgruppen um sie her, am Ende eines wichtigen Tales, wo die Nahe herauskommt. Und nun der Rhein, der Mäuseturm, die Ehrenburg! Im Hintergrunde die ernsten und grauen Felswände, in die sich der mächtige Fluß eindrängt und verbirgt.

Die Prozession kommt bergauf, gereiht und geordnet wie die übrigen. Vorweg die kleinsten Knaben, Jünglinge und Männer hinterdrein. Getragen der heilige Rochus, in schwarzsamtenem Pilgerkleide, dazu, von gleichem Stoff, einen langen goldverbrämten Königsmantel, unter welchem ein kleiner Hund, das Brot zwischen den Zähnen haltend, hervorschaut. Folgen sogleich mittlere Knaben in kurzen schwarzen Pilgerkutten, Muscheln auf Hut und Kragen, Stäbe in Händen. Dann treten ernste Männer heran, weder für Bauern noch Bürger zu halten. An ihren ausgearbeiteten Gesichtern glaubt' ich Schiffer zu erkennen, Menschen, die ein gefährliches, bedenkliches Handwerk, wo jeder Augenblick sinnig beachtet werden muß, ihr ganzes Leben über sorgfältig betreiben.

Ein rotseidner Baldachin wankte herauf; unter ihm verehrte man das Hochwürdigste, vom Bischof getragen, von Geistlichwürdigen umgeben, von östreichischen Kriegern begleitet, gefolgt von zeitigen Autoritäten. So ward vorgeschritten, um dies politisch-religiöse Fest zu feiern, welches für ein Symbol gelten sollte des wiedergewonnenen linken Rheinufers sowie der Glaubensfreiheit an Wunder und Zeichen.

Sollte ich aber die allgemeinsten Eindrücke kürzlich aussprechen, die alle Prozessionen bei mir zurückließen, so würde ich sagen: Die Kinder waren sämtlich froh, wohlgemut und behäglich als bei einem neuen, wundersamen, heitern Ereignis. Die jungen Leute dagegen traten gleichgültig anher. Denn sie, in böser Zeit geborne, konnte das Fest an nichts erinnern, und wer sich des Guten nicht erinnert, hofft nicht. Die Alten aber waren alle gerührt, als von einem glücklichen, für sie unnütz zurückkehrenden Zeitalter. Hieraus ersehen wir, daß des Menschen Leben nur insofern etwas wert ist, als es eine Folge hat.

Nun aber ward von diesem edlen und vielfach-würdigen Vorschreiten der Betrachter unschicklich abgezogen und weggestört durch einen Lärm im Rücken, durch ein wunderliches, gemein-heftiges Geschrei. Auch hier wiederholte sich die Erfahrung, daß ernste, traurige, ja schreckliche Schicksale oft durch ein unversehenes, abgeschmacktes Ereignis, als von einem lächerlichen Zwischenspiel, unterbrochen werden.

An dem Hügel rückwärts entsteht ein seltsames Rufen, es sind nicht Töne des Haders, des Schreckens, der Wut, aber doch wild genug. Zwischen Gestein und Busch und Gestripp irrt eine aufgeregte, hin und wider laufende Menge, rufend: halt! – hier! – da! – dort! – nun! – hier! – nun heran! – so schallt es mit allerlei Tönen; Hunderte beschäftigen sich laufend, springend mit hastigem Ungetüm, als jagend und verfolgend. Doch gerade in dem Augenblick, als der Bischof mit dem hochehrwürdigen Zug die Höhe erreicht, wird das Rätsel gelöst.

Ein flinker, derber Bursche läuft hervor, einen blutenden Dachs behaglich vorzuweisen. Das arme schuldlose Tier, durch die Bewegung der andringenden frommen Menge aufgeschreckt, abgeschnitten von seinem Bau, wird, am schonungsreichsten Feste, von den immer unbarmherzigen Menschen im segenvollsten Augenblicke getötet.

Gleichgewicht und Ernst war jedoch alsobald wieder hergestellt und die Aufmerksamkeit auf eine neue, staatlich heranziehende Prozession gelockt. Denn indem der Bischof nach der Kirche zuwallte, trat die Gemeinde von Bidenheim, so zahlreich als anständig, heran. Auch hier mißlang der Versuch, den Charakter dieser einzelnen Ortschaft zu erforschen. Wir, durch so viel Verwirrendes verwirrt, ließen sie in die immer wachsende Verwirrung ruhig dahinziehen.

Alles drängte sich nun gegen die Kapelle und strebte zu derselben hinein. Wir, durch die Wege seitwärts geschoben, verweilten im Freien, um an der Rückseite des Hügels der weiten Aussicht zu genießen, die sich in das Tal eröffnet, in welchem die Nahe ungesehen heranschleicht. Hier beherrscht ein gesundes Auge die mannigfaltigste, fruchtbarste Gegend, bis zu dem Fuße des Donnersbergs, dessen mächtiger Rücken den Hintergrund majestätisch abschließt.

Nun wurden wir aber sogleich gewahr, daß wir uns dem Lebensgenusse näherten. Gezelte, Buden, Bänke, Schirme aller Art standen hier aufgereiht. Ein willkommener Geruch gebratenen Fettes drang uns entgegen. Beschäftigt fanden wir eine junge tätige Wirtin, umgehend einen glühenden, weiten Aschenhaufen, frische Würste – sie war eine Metzgerstochter – zu braten. Durch eigenes Handreichen und vieler flinker Diener unablässige Bemühung wußte sie einer solchen Masse von zuströmenden Gästen genugzutun.

Auch wir, mit fetter, dampfender Speise nebst frischem, trefflichen Brot reichlich versehen, bemühten uns, Platz an einem geschirmten langen, schon besetzten Tische zu nehmen. Freundliche Leute rückten zusammen, und wir erfreuten uns angenehmer Nachbarschaft, ja liebenswürdiger Gesellschaft, die von dem Ufer der Nahe zu dem erneuten Fest gekommen war. Muntere Kinder tranken Wein wie die Alten. Braune Krüglein, mit weißem Namenszug des Heiligen, rundeten im Familienkreise. Auch wir hatten dergleichen angeschafft und setzten sie wohlgefüllt vor uns nieder.

Da ergab sich nun der große Vorteil solcher Volksversammlung, wenn, durch irgend ein höheres Interesse, aus einem großen, weitschichtigen Kreise so viele einzelne Strahlen nach einem Mittelpunkt gezogen werden.

Hier unterrichtet man sich auf einmal von mehreren Provinzen. Schnell entdeckte der Mineralog Personen, welche, bekannt mit der Gebirgsart von Oberstein, den Achaten daselbst und ihrer Bearbeitung, dem Naturfreunde belehrende Unterhaltung gaben. Der Quecksilberminern zu Muschel-Landsberg erwähnte man gleichfalls. Neue Kenntnisse taten sich auf, und man faßte Hoffnung, schönes kristallisiertes Amalgam von dorther zu erhalten.

Der Genuß des Weins war durch solche Gespräche nicht unterbrochen. Wir sendeten unsere leeren Gefäße zu dem Schenken, der uns ersuchen ließ, Geduld zu haben, bis die vierte Ohm angesteckt sei. Die dritte war in der frühen Morgenstunde schon verzapft.

Niemand schämt sich der Weinlust, sie rühmen sich einigermaßen des Trinkens. Hübsche Frauen gestehen, daß ihre Kinder mit der Mutterbrust zugleich Wein genießen. Wir fragten, ob denn wahr sei, daß es geistlichen Herren, ja Kurfürsten geglückt, acht rheinische Maß, das heißt sechzehn unsrer Bouteillen, in vierundzwanzig Stunden zu sich zu nehmen?

Ein scheinbar ernsthafter Gast bemerkte: man dürfe sich, zu Beantwortung dieser Frage, nur der Fastenpredigt ihres Weihbischofs erinnern, welcher, nachdem er das schreckliche Laster der Trunkenheit seiner Gemeinde mit den stärksten Farben dargestellt, also geschlossen habe:

»Ihr überzeugt euch also hieraus, andächtige, zu Reu und Buße schon begnadigte Zuhörer, daß derjenige die größte Sünde begehe, welcher die herrlichen Gaben Gottes solcherweise mißbraucht. Der Mißbrauch aber schließt den Gebrauch nicht aus. Stehet doch geschrieben: der Wein erfreuet des Menschen Herz! Daraus erhellet, daß wir, uns und andere zu erfreuen, des Weines gar wohl genießen können und sollen. Nun ist aber unter meinen männlichen Zuhörern vielleicht keiner, der nicht zwei Maß Wein zu sich nähme, ohne deshalb gerade einige Verwirrung seiner Sinne zu spüren; wer jedoch bei dem dritten oder vierten Maß schon so arg in Vergessenheit seiner selbst gerät, daß er Frau und Kinder verkennt, sie mit Schelten, Schlägen und Fußtritten verletzt und seine Geliebtesten als die ärgsten Feinde behandelt, der gehe sogleich in sich und unterlasse ein solches Übermaß, welches ihn mißfällig macht Gott und Menschen, und seinesgleichen verächtlich.

Wer aber bei dem Genuß von vier Maß, ja von fünfen und sechsen, noch dergestalt sich selbst gleich bleibt, daß er seinem Nebenchristen liebevoll unter die Arme greifen mag, dem Hauswesen vorstehen kann, ja die Befehle geistlicher und weltlicher Obern auszurichten sich imstande findet, auch der genieße sein bescheiden Teil, und nehme es mit Dank dahin. Er hüte sich aber, ohne besondere Prüfung weiter zu gehen, weil hier gewöhnlich dem schwachen Menschen ein Ziel gesetzt ward. Denn der Fall ist äußerst selten, daß der grundgütige Gott jemanden die besondere Gnade verleiht, acht Maß trinken zu dürfen, wie er mich, seinen Knecht, gewürdigt hat. Da mir nun aber nicht nachgesagt werden kann, daß ich in ungerechtem Zorn auf irgend jemand losgefahren sei, daß ich Hausgenossen und Anverwandte mißkannt, oder wohl gar die mir obliegenden geistlichen Pflichten und Geschäfte verabsäumt hätte, vielmehr ihr alle mir das Zeugnis geben werdet, wie ich immer bereit bin, zu Lob und Ehre Gottes, auch zu Nutz und Vorteil meines Nächsten mich tätig finden zu lassen: so darf ich wohl mit gutem Gewissen und mit Dank dieser anvertrauten Gabe mich auch fernerhin erfreuen.

Und ihr, meine andächtigen Zuhörer, nehme ein jeder, damit er nach dem Willen des Gebers am Leibe erquickt, am Geiste erfreut werde, sein bescheiden Teil dahin. Und auf daß ein solches geschehe, alles Übermaß dagegen verbannt sei, handelt sämtlich nach der Vorschrift des heiligen Apostels, welcher spricht: Prüfet alles und das Beste behaltet.«

*

Und so konnte es denn nicht fehlen, daß der Hauptgegenstand alles Gesprächs der Wein blieb, wie er es gewesen. Da erhebt sich denn sogleich ein Streit über den Vorzug der verschiedenen Gewächse, und hier ist erfreulich zu sehen, daß die Magnaten unter sich keinen Rangstreit haben. Hochheimer, Johannisberger, Rüdesheimer lassen einander gelten, nur unter den Göttern mindern Ranges herrscht Eifersucht und Neid. Hier ist denn besonders der sehr beliebte Aßmannshäuser Rote vielen Anfechtungen unterworfen. Einen Weinbergsbesitzer von Oberingelheim hört' ich behaupten: der ihrige gebe jenem wenig nach. Der Eilfer solle köstlich gewesen sein, davon sich jedoch kein Beweis führen lasse, weil er schon ausgetrunken sei. Dies wurde von den Beisitzenden gar sehr gebilligt, weil man rote Weine gleich in den ersten Jahren genießen müsse.

Nun rühmte dagegen die Gesellschaft von der Nahe einen in ihrer Gegend wachsenden Wein, der Monzinger genannt. Er soll sich leicht und angenehm wegtrinken, aber doch, ehe man sich's versieht, zu Kopfe steigen. Man lud uns darauf ein. Er war zu schön empfohlen, als daß wir nicht gewünscht hätten, in so guter Gesellschaft, und wäre es mit einiger Gefahr, ihn zu kosten und uns an ihm zu prüfen.

Auch unsere braunen Krüglein kamen wiederum gefüllt zurück, und als man die heiteren weißen Namenszüge des Heiligen überall so wohltätig beschäftigt sah, mußte man sich fast schämen, die Geschichte desselben nicht genau zu wissen, ob man gleich sich recht gut erinnerte, daß er, auf alles irdische Gut völlig verzichtend, bei Wartung von Pestkranken auch sein Leben nicht in Anschlag gebracht habe.

Nun erzählte die Gesellschaft, dem Wunsche gefällig, jene anmutige Legende, und zwar um die Wette, Kinder und Eltern sich einander einhelfend.

Hier lernte man das eigentliche Wesen der Sage kennen,

wenn sie von Mund zu Mund, von Ohr zu Ohr wandelt. Widersprüche kamen nicht vor, aber unendliche Unterschiede, welche daher entspringen mochten, daß jedes Gemüt einen andern Anteil an der Begebenheit und den einzelnen Vorfällen genommen, wodurch denn ein Umstand bald zurückgesetzt, bald hervorgehoben, nicht weniger die verschiedenen Wanderungen, sowie der Aufenthalt des Heiligen an verschiedenen Orten verwechselt wurde.

Ein Versuch, die Geschichte, wie ich sie gehört, gesprächsweise aufzuzeichnen, wollte mir nicht gelingen; so mag sie uns auf die Art, wie sie gewöhnlich überliefert wird, hier eingeschaltet stehen.

Sankt Rochus, ein Bekenner des Glaubens, war aus Montpellier gebürtig, und hieß sein Vater Johann, die Mutter aber Libera, und zwar hatte dieser Johann nicht nur Montpellier, sondern auch noch andere Orte unter seiner Gewalt, war aber ein frommer Mann, und hatte lange Zeit ohne Kindersegen gelebt, bis er seinen Rochum von der heiligen Maria erbeten, und brachte das Kind ein rotes Kreuz auf der Brust mit auf die Welt. Wenn seine Eltern fasteten, mußte er auch fasten, und gab ihm seine Mutter an einem solchen Tag nur einmal ihre Brust zu trinken. Im fünften Jahre seines Alters fing er an, sehr wenig zu essen und zu trinken; im zwölften legte er allen Überfluß und Eitelkeit ab, und wendete sein Taschengeld an die Armen, denen er sonderlich viel Gutes tat. Er bezeigte sich auch fleißig im Studieren und erlangte bald großen Ruhm durch seine Geschicklichkeit, wie ihn dann auch noch sein Vater auf seinem Todbette durch eine bewegliche Rede, die er an ihn hielte, zu allem Guten ermahnte. Er war noch nicht zwanzig Jahre alt, als seine Eltern gestorben, da er denn alle sein ererbtes Vermögen unter die Armen austeilte, das Regiment über das Land niederlegte, nach Italien reiste, und zu einem Hospital kam, darinnen viele an ansteckende Krankheiten lagen, denen er aufwarten wollte; und ob man ihn gleich nicht alsobald hinein ließ, sondern ihm die Gefahr vorstellte, so hielte er doch ferner an, und als man ihn zu den Kranken ließ, machte er sie alle durch Berührung mit seiner rechten Hand und Bezeichnung mit dem heiligen Kreuz gesund. Sodann begab er sich ferner nach Rom, befreite auch allda nebst vielen andern einen Kardinal von der Pest und hielt sich in die drei Jahre bei demselben auf.

Als er aber selbsten endlich auch mit dem schrecklichen Übel befallen wurde, und man ihn in das Pesthaus zu den andern brachte, wo er, wegen grausamer Schmerzen, manchmal erschrecklich schreien mußte, ging er aus dem Hospital, und setzte sich außen vor die Türe hin, damit er den andern durch sein Geschrei nicht beschwerlich fiele; und als die Vorbeigehenden solches sahen, vermeinten sie, es wäre aus Unachtsamkeit der Pestwärter geschehen; als sie aber hernach das Gegenteil vernahmen, hielte ihn jedermann für töricht und unsinnig, und so trieben sie ihn zur Stadt hinaus, da er denn, unter Gottes Geleit, durch Hülfe seines Stabes allgemach in den nächsten Wald fortkroch. Als ihn aber der große Schmerz nicht weiter fortkommen ließ, legte er sich unter einen Ahornbaum und ruhete daselbst ein wenig, da denn neben ihm ein Brunnen entsprang, daraus er sich erquickte.

Nun lag nicht weit davon ein Landgut, wohin sich viele Vornehme aus der Stadt geflüchtet, darunter einer namens Gotthardus, welcher viele Knechte und Jagdhunde bei sich hatte. Da ereignet sich aber der sonderbare Umstand, daß ein sonst sehr wohlgezogener Jagdhund ein Brot vom Tische wegschnappt und davonläuft. Obgleich abgestraft, ersieht er seinen Vorteil den zweiten Tag wieder und entflieht glücklich mit der Beute. Da argwohnt der Graf irgend ein Geheimnis und folgt mit den Dienern.

Dort finden sie denn unter dem Baum den sterbenden frommen Pilger, der sie ersucht, sich zu entfernen, ihn zu verlassen, damit sie nicht von gleichem Übel angefallen würden. Gotthardus aber nahm sich vor, den Kranken nicht eher von sich zu lassen, als bis er genesen wäre, und versorgte ihn zum besten. Als nun Rochus wieder ein wenig zu Kräften kam, begab er sich vollends nach Florenz, heilte daselbst viele von der Pest, und wurde selbst durch eine Stimme vom Himmel völlig wieder hergestellt. Er beredte auch Gotthardum dahin, daß dieser sich entschloß, mit ihm seine Wohnung in dem Wald aufzuschlagen und Gott ohne Unterlaß zu dienen, welches auch Gotthardus versprach, wenn er nur bei ihm bleiben wollte, da sie sich denn eine geraume Zeit miteinander in einer alten Hütte aufhielten; und nachdem endlich Rochus Gotthardum zu solchem Eremitenleben genugsam eingeweiht, machte er sich abermals auf den Weg, und kam nach einer beschwerlichen Reise glücklich wieder nach Hause, und zwar in seiner Stadt, die ihm ehemals zugehört, und die er seinem Vetter geschenkt hatte. Allda nun wurde er, weil es Kriegszeit war, für einen Kundschafter gehalten, und vor den Landsherrn geführt, der ihn wegen seiner großen Veränderung und armseligen Kleidung nicht mehr kannte, sondern in ein hart Gefängnis setzen ließ. Er aber dankte seinem Gott, daß er ihn allerlei Unglück erfahren ließ, und brachte fünf ganzer Jahre im Kerker zu; wollte es auch nicht einmal annehmen, wenn man ihm etwas Gekochtes zu essen brachte, sondern kreuzigte noch dazu seinen Leib mit Wachen und Fasten. Als er merkte, daß sein Ende nahe sei, bat er die Bedienten des Kerkermeisters, daß sie ihm einen Priester holen möchten. Nun war es eine sehr finstere Gruft, wo er lag; als aber der

Priester kam, wurde es helle, darüber dieser sich höchlich verwunderte, auch, sobald er Rochum ansahe, etwas Göttliches an ihm erblickte, und vor Schrecken halbtot zur Erden fiel, auch sich sogleich zum Landesherrn begab, und ihm anzeigte, was er erfahren; und wie Gott wäre sehr beleidigt worden, indem man den frömmsten Menschen so lange Zeit in einem so beschwerlichen Gefängnis aufgehalten. Als dieses in der Stadt bekannt worden, lief jedermann häufig nach dem Turm, Sankt Rochus aber wurde von einer Schwachheit überfallen und gab seinen Geist auf. Jedermann aber sah, durch die Spalten der Türe, einen hellen Glanz hervordringen; man fand auch bei Eröffnung den Heiligen tot und ausgestreckt auf der Erde liegen und bei seinem Haupt und den Füßen Lampen brennen; darauf man ihn auf des Landesherrn Befehl mit großem Gepränge in die Kirche begrub. Er wurde auch noch an dem roten Kreuz, so er auf der Brust mit auf die Welt gebracht hatte, erkannt, und war ein großes Heulen und Lamentieren darüber entstanden.

Solches geschahe im Jahre 1327 den 16. August; und ist ihm auch nach der Zeit zu Venedig, allwo nunmehr sein Leib verwahret wird, eine Kirche zu Ehren gebaut worden. Als nun im Jahre 1414 zu Konstanz ein Konzilium gehalten wurde, und die Pest allda entstand, auch nirgend Hülfe vorhanden war, ließ die Pest alsobald nach, sobald man diesen Heiligen anrief und ihm zu Ehren Prozessionen anstellte.

Diese friedliche Geschichte ruhig zu vernehmen, war kaum der Ort. Denn in der Tischreihe stritten mehrere schon längst über die Zahl der heute Wallfahrenden und Besuchenden. Nach einiger Meinung sollten zehntausend, nach anderen mehr, und dann noch mehr auf diesem Hügelrükken durcheinander wimmeln. Ein österreichischer Offizier, militärischem Blick vertrauend, bekannte sich zu dem höchsten Gebote.

Noch mehrere Gespräche kreuzten sich. Verschiedene Bauernregeln und sprüchwörtliche Wetterprophezeiungen, welche dies Jahr eingetroffen sein sollten, verzeichnete ich ins Taschenbuch, und als man Teilnahme bemerkte, besann man sich auf mehrere, die denn auch hier Platz finden mögen, weil sie auf Landesart und auf die wichtigsten Angelegenheiten der Bewohner hindeuten.

»Trockner April ist nicht der Bauern Will'. – Wenn die Grasmücke singt, ehe der Weinstock sproßt, so verkündet es ein gutes Jahr. – Viel Sonnenschein im August bringt guten Wein. – Je näher das Christfest dem neuen Monde zu fällt, ein desto härteres Jahr soll hernach folgen; so es aber gegen den vollen und abnehmenden Mond kommt, je gelinder es sein soll. – Die Fischer haben von der Hechtsleber dieses Merkmal, welches genau eintreffen soll: wenn dieselbe gegen dem Gallenbläschen zu breit, der vordere Teil aber spitzig und schmal ist, so bedeutet es einen langen und harten Winter. – Wenn die Milchstraße im Dezember schön weiß und hell scheint, so bedeutet es ein gutes Jahr. – Wenn die Zeit von Weihnachten bis Drei König neblicht und dunkel ist, sollen das Jahr darauf Krankheiten folgen. – Wenn in der Christnacht die Weine in den Fässern sich bewegen, daß sie übergehen, so hofft man auf ein gutes Weinjahr. – Wenn die Rohrdommel zeitig gehört wird, so hofft man eine gute Ernte. – Wenn die Bohnen übermäßig wachsen und die Eichbäume viel Frucht bringen, so gibt es wenig Getreide. – Wenn die Eulen und andere Vögel ungewöhnlich die Wälder verlassen und häufig den Dörfern und Städten zufliegen, so gibt es ein unfruchtbares Jahr. – Kühler Mai gibt guten Wein und vieles Heu. – Nicht zu kalt und nicht zu naß, füllt die Scheuer und das Faß. – Reife Erdbeeren um Pfingsten bedeuten einen guten Wein. – Wenn es in der Walpurgisnacht regnet, so hofft man ein gutes Jahr. – Ist das Brustbein von einer gebratenen Martinsgans braun, so bedeutet es Kälte; ist es weiß, Schnee.« –

Ein Bergbewohner, welcher diese vielen, auf reiche Fruchtbarkeit hinzielenden Sprüche, wo nicht mit Neid, doch mit Ernst vernommen, wurde gefragt: ob auch bei ihnen dergleichen gäng und gäbe wäre? Er versetzte darauf: mit soviel Abwechselung könne er nicht dienen, Rätselrede und Segen sei bei ihnen nur einfach und heiße:

Morgens rund,
Mittag gestampft,
Abends in Scheiben;
Dabei soll's bleiben,
Es ist gesund.

Man freute sich über diese glückliche Genügsamkeit und versicherte, daß es Zeiten gäbe, wo man zufrieden sei, es ebenso gut zu haben.

Indessen steht manche Gesellschaft gleichgültig auf, den fast unübersehbaren Tisch verlassend, andere grüßen und werden gegrüßt, so verliert sich die Menge nach und nach. Nur die zunächst Sitzenden, wenige wünschenswerte Gäste, zaudern, man verläßt sich ungern, ja man kehrt einigemal gegeneinander zurück, das angenehme Weh eines solchen Abschieds zu genießen, und verspricht endlich, zu einiger Beruhigung, unmögliches Wiedersehen.

Außer den Zelten und Buden, empfindet man leider in der hohen Sonne sogleich den Mangel an Schatten, welchen jedoch eine große neue Anpflanzung junger Nußbäume auf dem Hügelrücken künftigen Urenkeln verspricht. Möge jeder Wallfahrende die zarten Bäume schonen, eine löbliche Bürgerschaft von Bingen diese Anlage schirmen, durch eifriges Nachpflanzen und sorgfältiges Hegen ihr, zu Nutz und Freude so vieler Tausende, nach und nach in die Höhe helfen.

Eine neue Bewegung deutet auf neues Ereignis; man eilt zur Predigt, alles Volk drängt sich nach der Ostseite. Dort ist das Gebäude noch nicht vollendet, hier stehen noch Rüststangen, schon während des Baues dient man Gott. Ebenso war es, als in Wüsteneien von frommen Einsiedlern mit eigenen Händen Kirchen und Klöster errichtet wurden. Jedes Behauen, jedes Niederlegen eines Steins war Gottesdienst. Kunstfreunde erinnern sich der bedeutenden Bilder von Lesueur, des heiligen Bruno Wandel und Wirkung darstellend. Also wiederholt sich alles Bedeutende im großen Weltgange, der Achtsame bemerkt es überall.

Eine steinerne Kanzel, außen an der Kirchmauer auf Kragsteinen getragen, ist nur von innen zugänglich. Der Prediger tritt hervor, ein Geistlicher in den besten Jahren. Die Sonne steht hoch, daher ihm ein Knabe den Schirm überhält. Er spricht, mit klarer verständlicher Stimme, einen rein verständigen Vortrag. Wir glaubten seinen Sinn gefaßt zu haben und wiederholten die Rede manchmal mit Freunden. Doch ist es möglich, daß wir, bei solchen Überlieferungen, von dem Urtext abwichen und von dem unsrigen mit einwebten. Und so wird man im Nachstehenden einen milden, Tätigkeit fordernden Geist finden, wenn es auch nicht immer die kräftigen, ausführlichen Worte sein sollten, die wir damals vernahmen.

»Andächtige, geliebte Zuhörer! In großer Anzahl besteigt ihr, an dem heutigen Tage, diese Höhe, um ein Fest zu feiern, das seit vielen Jahren durch Schickung Gottes unterbrochen worden. Ihr kommt, das vor kurzem noch entehrt und verwüstet liegende Gotteshaus hergestellt, geschmückt und eingeweiht zu finden, dasselbe andächtig zu betreten und die dem Heiligen, der hier besonders verehrt wird, gewidmeten Gelübde dankbar abzutragen. Da mir nun die Pflicht zukommt, an euch bei dieser Gelegenheit ein erbauliches Wort zu sprechen, so möchte wohl nichts besser an der Stelle sein, als wenn wir zusammen beherzigen: wie ein solcher Mann, der zwar von frommen, aber doch sündigen Eltern erzeugt worden, zur Gnade gelangt sei, vor Gottes Thron zu stehen, und für diejenigen, die sich im Gebet gläubig an ihn wenden, vorbittend, Befreiung von schrecklichen, ganze Völkerschaften dahinraffenden Übeln, ja vom Tode selbst erlangen könne?

Er ist dieser Gnade gewürdigt worden, so dürfen wir mit Zutrauen erwidern, gleich allen denen, die wir als Heilige verehren, weil er die vorzüglichste Eigenschaft besaß, die alles übrige Gute in sich schließt, eine unbedingte Ergebenheit in den Willen Gottes.

Denn obgleich kein sterblicher Mensch sich anmaßen dürfte, Gott gleich, oder demselben auch nur ähnlich zu werden, so bewirkt doch schon eine unbegrenzte Hingebung in seinen heiligen Willen die erste und sicherste Annäherung an das höchste Wesen.

Sehen wir doch ein Beispiel an Vätern und Müttern, die, mit vielen Kindern gesegnet, liebreiche Sorge für alle tragen. Zeichnet sich aber eins oder das andere darunter in Folgsamkeit und Gehorsam besonders aus, befolgt ohne Fragen und Zaudern die elterlichen Gebote, vollzieht es die Befehle sträcklich und beträgt sich dergestalt, als lebte es nur in und für die Erzeuger; so erwirbt es sich große Vorrechte. Auf dessen Bitte und Vorbitte hören die Eltern und lassen oft Zorn und Unmut, durch freundliche Liebkosungen besänftigt, vorübergehen. Also denke man sich, menschlicherweise, das Verhältnis unsers Heiligen zu Gott, in welches er sich durch unbedingte Ergebung emporgeschwungen.«

*

Wir Zuhörenden schauten indes zu dem reinen Gewölbe des Himmels hinauf; das klarste Blau war von leicht hinschwebenden Wolken belebt, wir standen auf hoher Stelle. Die Aussicht rheinaufwärts licht, deutlich, frei, den Prediger zur Linken über uns, die Zuhörer vor ihm und uns hinabwärts.

Der Raum, auf welchem die zahlreiche Gemeinde steht, ist eine große, unvollendete Terrasse, ungleich und hinterwärts abhängig. Künftig, mit baumeisterlichem Sinne, zweckmäßig herangemauert und eingerichtet, wäre das Ganze eine der schönsten Örtlichkeiten in der Welt. Kein Prediger, vor mehrern tausend Zuhörern sprechend, sah je eine so reiche Landschaft über ihren Häuptern. Nun stelle der Baumeister aber die Menge auf eine reine, gleiche, vielleicht hinterwärts wenig erhöhte Fläche, so sähen alle den Prediger und hörten bequem; diesmal aber, bei unvollendeter Anlage, standen sie abwärts, hintereinander, sich ineinander schickend, so gut sie konnten. Eine von oben überschaute wundersame, stillschwankende Woge. Der Platz, wo der Bischof der Predigt zuhörte, war nur durch den hervorragenden Baldachin bezeichnet, er selbst in der Menge verborgen und verschlungen. Auch diesem würdigen obersten Geistlichen würde der einsichtige Baumeister einen angemessenen, ansehnlichen Platz anweisen und dadurch die Feier verherrlichen. Dieser Umblick, diese dem geübten Kunstauge abgenötigten Betrachtungen hinderten nicht, aufmerksam zu sein auf die Worte des würdigen Predigers, der zum zweiten Teile schritt, und etwa folgendermaßen zu sprechen fortfuhr:

»Eine solche Ergebung in den Willen Gottes, so hoch verdienstlich sie auch gepriesen werden kann, wäre jedoch nur unfruchtbar geblieben, wenn der fromme Jüngling nicht seinen Nächsten so wie sich selbst, ja mehr wie sich selbst geliebt hätte. Denn ob er gleich, vertrauensvoll auf die Fügungen Gottes, sein Vermögen den Armen verteilt, um als frommer Pilger das heilige Land zu erreichen, so ließ er sich doch von diesem preiswürdigen Entschlusse unterwegs ablenken. Die große Not, worin er seine Mitchristen findet, legt ihm die unerläßliche Pflicht auf, den gefährlichsten Kranken beizustehen, ohne an sich selbst zu denken. Er folgt seinem Beruf durch mehrere Städte, bis er endlich, selbst vom wütenden Übel ergriffen, seinen Nächsten weiter zu dienen außerstand gesetzt wird. Durch diese gefahrvolle Tätigkeit nun hat er sich dem göttlichen Wesen abermals genähert: denn wie Gott die Welt in so hohem Grade liebte, daß er zu ihrem Heil seinen einzigen Sohn gab, so opferte Sankt Rochus sich selbst seinen Mitmenschen.«

Die Aufmerksamkeit auf jedes Wort war groß, die Zuhörer unübersehbar. Alle einzeln herangekommene Wallfahrer und alle vereinigten Gemeindeprozessionen standen hier versammelt, nachdem sie vorher ihre Standarten und Fahnen an die Kirche zur linken Hand des Predigers angelehnt hatten, zu nicht geringer Zierde des Ortes. Erfreulich aber war nebenan in einem kleinen Höfchen, das gegen die Versammlung zu unvollendet sich öffnete, sämtlich herangetragene Bilder auf Gerüsten erhöht zu sehen, als die vornehmsten Zuhörer ihre Rechte behauptend.

Drei Muttergottesbilder, von verschiedener Größe, standen neu und frisch im Sonnenscheine, die langen rosenfarbenen Schleifenbänder flatterten munter und lustig im lebhaftesten Zugwinde. Das Christuskind in Goldstoff blieb immer freundlich. Der heilige Rochus, auch mehr als einmal, schaute seinem eigenen Feste geruhig zu, die Gestalt im schwarzen Samtkleide wie billig obenan.

Der Prediger wandte sich nun zum dritten Teil und ließ sich ohngefähr also vernehmen:

»Aber auch diese wichtige und schwere Handlung wäre von keinen seligen Folgen gewesen, wenn Sankt Rochus, für so große Aufopferungen, einen irdischen Lohn erwartet hätte. Solchen gottseligen Taten kann nur Gott lohnen, und zwar in Ewigkeit. Die Spanne der Zeit ist zu kurz für grenzenlose Vergeltung. Und so hat auch der Ewige unsern heiligen Mann für alle Zeiten begnadigt und ihm die höchste Seligkeit gewährt: nämlich andern, wie er schon hienieden im Leben getan, auch von oben herab für und für hülfreich zu sein.

Wir dürfen daher in jedem Sinne ihn als ein Muster ansehn, an welchem wir die Stufen unsers geistlichen Wachstums abmessen. Habt ihr nun in traurigen Tagen euch an ihn gewendet und glückliche Erhörung erlebt durch göttliche Huld, so beseitiget jetzt allen Übermut und anmaßliches Hochfahren; aber fragt euch demütig und wohlgemut: ›Haben wir denn seine Eigenschaften vor Augen gehabt? haben wir uns beeifert ihm nachzustreben?

Ergaben wir uns, zur schrecklichsten Zeit, unter kaum erträglichen Lasten in den Willen Gottes? Unterdrückten wir ein aufkeimendes Murren? Lebten wir einer getrosten Hoffnung, um zu verdienen, daß sie uns nun, so unerwartet als gnädig, gewährt sei? Haben wir in den gräßlichsten Tagen pestartig wütender Krankheiten nicht nur gebetet und um Rettung gefleht? Haben wir den Unsrigen, näher oder entfernteren Verwandten und Bekannten, ja Fremden und Widersachern in dieser Not beigestanden, um Gottes und des Heiligen willen unser Leben dran gewagt?‹

Könnt ihr nun diese Fragen im stillen Herzen mit Ja beantworten, wie gewiß die meisten unter euch redlich vermögen, so bringt ihr ein löbliches Zeugnis mit nach Hause.

Dürft ihr sodann, wie ich nicht zweifle, noch hinzufügen: wir haben bei allem diesem an keinen irdischen Vorteil gedacht, sondern wir begnügten uns an der gottgefälligen Tat selbst, so könnt ihr euch um desto mehr erfreuen, keine Fehlbitte getan zu haben und ähnlicher geworden zu sein dem Fürbittenden.

Wachset und nehmet zu an diesen geistlichen Eigenschaften, auch in guten Tagen, damit ihr zu schlimmer Zeit, wie sie oft unversehens hereinbricht, zu Gott, durch seinen Heiligen, Gebet und Gelübde wenden dürfet.

Und so betrachtet auch künftig die wiederholten Wallfahrten hieher als erneute Erinnerungen, daß ihr dem Höchsten kein größeres Dankopfer darbringen könnt als ein Herz gebessert und an geistlichen Gaben bereichert.«

*

Die Predigt endigte gewiß für alle heilsam; denn jeder hat die deutlichen Worte vernommen, und jeder die verständigen praktischen Lehren beherzigt.

Nun kehrt der Bischof zur Kirche zurück; was drinnen vorgegangen, blieb uns verborgen. Den Widerhall des Te Deum vernahmen wir von außen. Das Ein- und Ausströmen der Menge war höchst bewegt, das Fest neigte sich zu seiner Auflösung. Die Prozessionen reihten sich, um abzuziehen; die Bidenheimer, als zuletzt angekommen, entfernte sich zuerst. Wir sehnten uns aus dem Wirrwarr und zogen deshalb mit der ruhigen und ernsten Binger Prozession hinab. Auch auf diesem Wege bemerkten wir Spuren der Kriegs-Wehetage. Die Stationen des Leidensganges unsers Herrn waren vermutlich zerstört. Bei Erneuerung dieser könnte frommer Geist und redlicher Kunstsinn mitwirken, daß jeder, er sei wer er wolle, diesen Weg mit teilnehmender Erbauung zurücklegte.

In dem herrlich gelegenen Bingen angelangt, fanden wir doch daselbst keine Ruhe; wir wünschten vielmehr nach so viel wunderbaren, göttlichen und menschlichen Ereignissen uns geschwind in das derbe Naturbad zu stürzen. Ein Kahn führte uns flußabwärts die Strömungen. Über den Rest des alten Felsendammes, den Zeit und Kunst besiegten, glitten wir hinab; der märchenhafte Turm, auf unverwüstlichem Quarzgestein gebaut, blieb uns zur Linken, die Ehrenburg rechts; bald aber kehrten wir für diesmal zurück, das Auge voll von jenen abschießenden graulichen Gebirgsschluchten, durch welche sich der Rhein seit ewigen Zeiten hindurcharbeitete.

So wie den ganzen Morgen, also auch auf diesem Rückwege, begleitete uns die hohe Sonne, obgleich aufsteigende vorüberziehende Wolken zu einem ersehnten Regen Hoffnung gaben; und wirklich strömte er endlich alles erquikkend nieder und hielt lange genug an, daß wir auf unserer Rückreise die ganze Landesstrecke erfrischt fanden. Und so hatte der heilige Rochus, wahrscheinlich auf andere Nothelfer wirkend, seinen Segen auch außer seiner eigentlichen Obliegenheit reichlich erwiesen.

II. Feste der Repräsentation

Wahl und Krönung Josephs II.

Für alle Vögel gibt es Lockspeisen, und jeder Mensch wird auf seine eigene Art geleitet und verleitet. Natur, Erziehung, Umgebung, Gewohnheit hielten mich von allem Rohen abgesondert, und ob ich gleich mit den untern Volksklassen, besonders den Handwerkern, öfters in Berührung kam, so entstand doch daraus kein näheres Verhältnis. Etwas Ungewöhnliches, vielleicht Gefährliches zu unternehmen, hatte ich zwar Verwegenheit genug und fühlte mich wohl manchmal dazu aufgelegt; allein es mangelte mir die Handhabe, es anzugreifen und zu fassen.

Indessen wurde ich auf eine völlig unerwartete Weise in Verhältnisse verwickelt, die mich ganz nahe an große Gefahr und, wenigstens für eine Zeitlang, in Verlegenheit und Not brachten. Mein früheres gutes Verhältnis zu jenem Knaben, den ich oben Pylades genannt, hatte sich bis ins Jünglingsalter fortgesetzt. Zwar sahen wir uns seltner, weil unsre Eltern nicht zum besten miteinander standen; wo wir uns aber trafen, sprang immer sogleich der alte freundschaftliche Jubel hervor. Einst begegneten wir uns in den Alleen, die zwischen dem innern und äußern Sankt-Gallen-Tor einen sehr angenehmen Spaziergang darboten. Wir hatten uns kaum begrüßt, als er zu mir sagte: ›Es geht mir mit deinen Versen noch immer wie sonst. Diejenigen, die du mir neulich mitteiltest, habe ich einigen lustigen Gesellen vorgelesen, und keiner will glauben, daß du sie gemacht habest.‹ – Laß es gut sein, versetzte ich: wir wollen sie machen, uns daran ergötzen, und die andern mögen davon denken und sagen, was sie wollen.

›Da kommt eben der Ungläubige!‹ sagte mein Freund. – Wir wollen nicht davon reden, war meine Antwort. Was hilfts, man bekehrt sie doch nicht. – ›Mitnichten‹, sagte der Freund, ›ich kann es ihm nicht so hingehen lassen.‹

Nach einer kurzen gleichgültigen Unterhaltung konnte es der für mich nur allzu wohlgesinnte junge Gesell nicht lassen und sagte mit einiger Empfindlichkeit gegen jenen: ›Hier ist nun der Freund, der die hübschen Verse gemacht hat und die ihr ihm nicht zutrauen wollt.‹ – Er wird es gewiß nicht übelnehmen, versetzte jener, denn es ist ja eine Ehre, die wir ihm erweisen, wenn wir glauben, daß weit mehr Gelehrsamkeit dazu gehöre, solche Verse zu machen, als er bei seiner Jugend besitzen kann. – Ich erwiderte etwas Gleichgültiges; mein Freund aber fuhr fort: ›Es wird nicht viel Mühe kosten, euch zu überzeugen. Gebt ihm irgendein Thema auf, und er macht euch ein Gedicht aus dem Stegreif.‹ – Ich ließ es mir gefallen, wir wurden einig, und der dritte fragte mich: ob ich mich wohl getraue, einen recht artigen Liebesbrief in Versen aufzusetzen, den ein verschämtes junges Mädchen an einen Jüngling schriebe, um ihre Neigung zu offenbaren. – Nichts ist leichter als das, versetzte ich, wenn wir nur ein Schreibzeug hätten. – Jener brachte seinen Taschenkalender hervor, worin sich weiße Blätter in Menge befanden, und ich setzte mich auf eine Bank, zu schreiben. Sie gingen indes auf und ab und ließen mich nicht aus den Augen. Sogleich faßte ich die Situation in den Sinn und dachte mir, wie artig es sein müßte, wenn irgendein hübsches Kind mir wirklich gewogen wäre und es mir in Prosa oder in Versen entdecken wollte. Ich begann daher ohne Anstand meine Erklärung und führte sie in einem zwischen dem Knittelvers und Madrigal schwebenden Silbenmaße mit möglichster Naivetät in kurzer Zeit dergestalt aus, daß, als ich dies Gedichtchen den beiden vorlas, der Zweifler in Verwunderung und mein Freund in Entzükken versetzt wurde. Jenem konnte ich auf sein Verlangen das Gedicht um so weniger verweigern, als es in seinen Kalender geschrieben war und ich das Dokument meiner Fähigkeiten gern in seinen Händen sah. Er schied unter vielen Versicherungen von Bewunderung und Neigung und wünschte nichts mehr, als uns öfter zu begegnen, und wir machten aus, bald zusammen aufs Land zu gehen.

Unsre Partie kam zustande, zu der sich noch mehrere junge Leute von jenem Schlage gesellten. Es waren Menschen aus dem mittlern, ja, wenn man will, aus dem niedern Stande, denen es an Kopf nicht fehlte und die auch, weil sie durch die Schule gelaufen, manche Kenntnis und eine gewisse Bildung hatten. In einer großen reichen Stadt gibt es vielerlei Erwerbszweige. Sie halfen sich durch, indem sie für die Advokaten schrieben, Kinder der geringern Klasse durch Hausunterricht etwas weiter brachten, als es in Trivialschulen zu geschehen pflegt. Mit erwachsenern Kindern, welche konfirmiert werden sollten, repetierten sie den Religionsunterricht, liefen dann wieder den Maklern oder Kaufleuten einige Wege und taten sich abends, besonders aber an Sonn- und Feiertagen, auf eine frugale Weise etwas zugute.

Indem sie nun unterwegs meine Liebesepistel auf das beste herausstrichen, gestanden sie mir, daß sie einen sehr lustigen Gebrauch davon gemacht hätten: sie sei nämlich mit verstellter Hand abgeschrieben und mit einigen nähern Beziehungen einem eingebildeten jungen Manne zugeschoben worden, der nun in der festen Überzeugung stehe, ein Frauenzimmer, dem er von fern den Hof gemacht, sei in ihn aufs äußerste verliebt und suche Gelegenheit, ihm näher bekannt zu werden. Sie vertrauten mir dabei, er wünsche nichts mehr, als ihr auch in Versen antworten zu können; aber weder bei ihm noch bei ihnen finde sich Geschick dazu, weshalb sie mich inständig bäten, die gewünschte Antwort selbst zu verfassen.

Mystifikationen sind und bleiben eine Unterhaltung für müßige, mehr oder weniger geistreiche Menschen. Eine läßliche Bosheit, eine selbstgefällige Schadenfreude sind ein Genuß für diejenigen, die sich weder mit sich selbst beschäftigen noch nach außen heilsam wirken können. Kein Alter ist ganz frei von einem solchen Kitzel. Wir hatten uns in unsern Knabenjahren einander oft angeführt: viele Spiele beruhen auf solchen Mystifikationen und Attrappen. Der gegenwärtige Scherz schien mir nicht weiter zu gehen: ich willigte ein; sie teilten mir manches Besondere mit, was der Brief enthalten sollte, und wir brachten ihn schon fertig mit nach Hause.

Kurze Zeit darauf wurde ich durch meinen Freund dringend eingeladen, an einem Abendfeste jener Gesellschaft teilzunehmen. Der Liebhaber wolle es diesmal ausstatten und verlange dabei ausdrücklich, dem Freunde zu danken, der sich so vortrefflich als poetischer Sekretär erwiesen.

Wir kamen spät genug zusammen, die Mahlzeit war die frugalste, der Wein trinkbar; und was die Unterhaltung betraf, so drehte sie sich fast gänzlich um die Verhöhnung des gegenwärtigen, freilich nicht sehr aufgeweckten Menschen, der nach wiederholter Lesung des Briefes nicht weit davon war zu glauben, er habe ihn selbst geschrieben.

Meine natürliche Gutmütigkeit ließ mich an einer solchen boshaften Verstellung wenig Freude finden, und die Wiederholung desselben Themas ekelte mich bald an. Gewiß, ich brachte einen verdrießlichen Abend hin, wenn nicht eine unerwartete Erscheinung mich wieder belebt hätte. Bei unserer Ankunft stand bereits der Tisch reinlich und ordentlich gedeckt, hinreichender Wein aufgestellt; wir setzten uns und blieben allein, ohne Bedienung nötig zu haben. Als es aber doch zuletzt an Wein gebrach, rief einer nach der Magd; allein statt derselben trat ein Mädchen herein von ungemeiner und, wenn man sie in ihrer Umgebung sah, von unglaublicher Schönheit. – ›Was verlangt ihr?‹ sagte sie, nachdem sie auf eine freundliche Weise guten Abend geboten, ›die Magd ist krank und zu Bette. Kann ich euch dienen?‹ – ›Es fehlt an Wein‹, sagte der eine. ›Wenn du uns ein paar Flaschen holtest, so wäre es sehr hübsch.‹ – ›Tu es, Gretchen‹, sagte der andre; ›es ist ja nur ein Katzensprung.‹ – ›Warum nicht!‹ versetzte sie, nahm ein paar leere Flaschen vom Tisch und eilte fort. Ihre Gestalt war von der Rückseite fast noch zierlicher. Das Häubchen saß so nett auf dem kleinen Kopfe, den ein schlanker Hals gar anmutig mit Nacken und Schultern verband. Alles an ihr schien auserlesen, und man konnte der ganzen Gestalt um so ruhiger folgen, als die Aufmerksamkeit nicht mehr durch die stillen, treuen Augen und den lieblichen Mund allein angezogen und gefesselt wurde. Ich machte den Gesellen Vorwürfe, daß sie das Kind in der Nacht allein ausschickten; sie lachten mich aus, und ich war bald getröstet, als sie schon wiederkam: denn der Schenkwirt wohnte nur über die Straße. ›Setze dich dafür auch zu uns‹, sagte der eine. Sie tat es, aber leider kam sie nicht neben mich. Sie trank ein Glas auf unsre Gesundheit und entfernte sich bald, indem sie uns riet, nicht gar lange beisammen zu bleiben und überhaupt nicht so laut zu werden: denn die Mutter wolle sich eben zu Bette legen. Es war nicht ihre Mutter, sondern die unserer Wirte.

Die Gestalt dieses Mädchens verfolgte mich von dem Augenblick an auf allen Wegen und Stegen: es war der erste bleibende Eindruck, den ein weibliches Wesen auf mich gemacht hatte; und da ich einen Vorwand, sie im Hause zu sehen, weder finden konnte noch suchen mochte, ging ich ihr zuliebe in die Kirche und hatte bald ausgespürt, wo sie saß; und so konnte ich während des langen protestantischen Gottesdienstes mich wohl satt an ihr sehen. Beim

Herausgehen getraute ich mich nicht, sie anzureden, noch weniger sie zu begleiten, und war schon selig, wenn sie mich bemerkt und gegen einen Gruß genickt zu haben schien. Doch ich sollte das Glück, mich ihr zu nähern, nicht lange entbehren. Man hatte jenen Liebenden, dessen poetischer Sekretär ich geworden war, glauben gemacht, der in seinem Namen geschriebene Brief sei wirklich an das Frauenzimmer abgegeben worden, und zugleich seine Erwartung aufs äußerste gespannt, daß nun bald eine Antwort darauf erfolgen müsse. Auch diese sollte ich schreiben, und die schalkische Gesellschaft ließ mich durch Pylades aufs inständigste ersuchen, allen meinen Witz aufzubieten und alle meine Kunst zu verwenden, daß dieses Stück recht zierlich und vollkommen werde.

In Hoffnung, meine Schöne wiederzusehen, machte ich mich sogleich ans Werk und dachte mir nun alles, was mir höchst wohlgefällig sein würde, wenn Gretchen es mir schriebe. Ich glaubte alles so aus ihrer Gestalt, ihrem Wesen, ihrer Art, ihrem Sinn heraus geschrieben zu haben, daß ich mich des Wunsches nicht enthalten konnte, es möchte wirklich so sein, und mich in Entzücken verlor, nur zu denken, daß etwas Ähnliches von ihr an mich könnte gerichtet werden. So mystifizierte ich mich selbst, indem ich meinte, einen andern zum besten zu haben, und es sollte mir daraus noch manche Freude und manches Ungemach entspringen. Als ich abermals gemahnt wurde, war ich fertig, versprach zu kommen und fehlte nicht zur bestimmten Stunde. Es war nur einer von den jungen Leuten zu Hause; Gretchen saß am Fenster und spann, die Mutter ging ab und zu. Der junge Mensch verlangte, daß ichs ihm vorlesen sollte; ich tat es und las nicht ohne Rührung, indem ich über das Blatt weg nach dem schönen Kinde hinschielte, und da ich eine gewisse Unruhe ihres Wesens, eine leichte Röte ihrer Wangen zu bemerken glaubte, drückte ich nur besser und lebhafter aus, was ich von ihr zu vernehmen wünschte. Der Vetter, der mich oft durch Lobeserhebungen unterbrochen hatte, ersuchte mich zuletzt um einige Abänderungen. Sie betrafen einige Stellen, die freilich mehr auf Gretchens Zustand als auf den jenes Frauenzimmers paßten, das von gutem Hause, wohlhabend, in der Stadt bekannt und angesehen war. Nachdem der junge Mann mir die gewünschten Änderungen artikuliert und ein Schreibzeug herbeigeholt hatte, sich aber wegen eines Geschäfts auf kurze Zeit beurlaubte, blieb ich auf der Wandbank hinter dem großen Tische sitzen und probierte die zu machenden Veränderungen auf der großen, fast den ganzen Tisch einnehmenden Schieferplatte, mit einem Griffel, der stets im Fenster lag, weil man auf dieser Steinfläche oft rechnete, sich mancherlei notierte, ja die Gehenden und Kommenden sich sogar Notizen dadurch mitteilten.

Ich hatte eine Zeitlang verschiedenes geschrieben und wieder ausgelöscht, als ich ungeduldig ausrief: Es will nicht gehen! – ›Desto besser!‹ sagte das liebe Mädchen mit einem gesetzten Tone, ›ich wünschte, es ginge gar nicht. Sie sollten sich mit solchen Händeln nicht befassen.‹ – Sie stand vom Spinnrocken auf, und zu mir an den Tisch tretend, hielt sie mir mit viel Verstand und Freundlichkeit eine Strafpredigt. ›Die Sache scheint ein unschuldiger Scherz; es ist ein Scherz, aber nicht unschuldig. Ich habe schon mehrere Fälle erlebt, wo unsere jungen Leute wegen eines solchen Frevels in große Verlegenheit kamen.‹ – Was soll ich aber tun? versetzte ich, der Brief ist geschrieben, und sie verlassen sich drauf, daß ich ihn umändern werde. – ›Glauben Sie mir‹, versetzte sie, ›und ändern ihn nicht um; ja nehmen Sie ihn zurück, stecken Sie ihn ein, gehen Sie fort und suchen die Sache durch Ihren Freund ins gleiche zu bringen. Ich will auch ein Wörtchen mit dreinreden: denn, sehen Sie, so ein armes Mädchen, als ich bin, und abhängig von diesen Verwandten, die zwar nichts Böses tun, aber doch oft um der Lust und des Gewinns willen manches Wagehalsige vornehmen, ich habe widerstanden und den ersten Brief nicht abgeschrieben, wie man von mir verlangte; sie haben ihn mit verstellter Hand kopiert, und so mögen sie auch, wenn es nicht anders ist, mit diesem tun. Und Sie, ein junger Mann aus gutem Hause, wohlhabend, unabhängig, warum wollen Sie sich zum Werkzeug in einer Sache gebrauchen lassen, aus der gewiß nichts Gutes und vielleicht manches Unangenehme für Sie entspringen kann?‹ – Ich war glücklich, sie in einer Folge reden zu hören: denn sonst gab sie nur wenige Worte in das Gespräch. Meine Neigung wuchs unglaublich, ich war nicht Herr von mir selbst und erwiderte: Ich bin so unabhängig nicht, als Sie glauben, und was hilft mir, wohlhabend zu sein, da mir das Köstlichste fehlt, was ich wünschen dürfte!

Sie hatte mein Konzept der poetischen Epistel vor sich hingezogen und las es halblaut, gar hold und anmutig. ›Das ist recht hübsch‹, sagte sie, indem sie bei einer Art naiver Pointe innehielt, ›nur schade, daß es nicht zu einem bessern, zu einem wahren Gebrauch bestimmt ist.‹ – Das wäre freilich sehr wünschenswert, rief ich aus: wie glücklich müßte der sein, der von einem Mädchen, das er unendlich liebt, eine solche Versicherung ihrer Neigung erhielte! – ›Es gehört freilich viel dazu‹, versetzte sie, ›und doch wird manches möglich.‹ – Zum Beispiel, fuhr ich fort, wenn jemand, der Sie kennt, schätzt, verehrt und anbetet, Ihnen ein solches Blatt vorlegte und Sie recht dringend, recht herzlich und freundlich bäte, was würden Sie tun? – Ich schob ihr das Blatt näher hin, das sie schon wieder mir zugeschoben hatte. Sie lächelte, besann sich einen Augenblick, nahm die

Feder und unterschrieb. Ich kannte mich nicht vor Entzükken, sprang auf und wollte sie umarmen. – ›Nicht küssen!‹ sagte sie, ›das ist so was Gemeines; aber lieben, wenns möglich ist.‹ – Ich hatte das Blatt zu mir genommen und eingesteckt. Niemand soll es erhalten, sagte ich, und die Sache ist abgetan! Sie haben mich gerettet. – ›Nun vollenden Sie die Rettung‹, rief sie aus, ›und eilen fort, ehe die andern kommen und Sie in Pein und Verlegenheit geraten.‹ Ich konnte mich nicht von ihr losreißen; sie aber bat mich so freundlich, indem sie mit beiden Händen meine Rechte nahm und liebevoll drückte. Die Tränen waren mir nicht weit: ich glaubte ihre Augen feucht zu sehen; ich drückte mein Gesicht auf ihre Hände und eilte fort. In meinem Leben hatte ich mich nicht in einer solchen Verwirrung befunden.

Die ersten Liebesneigungen einer unverdorbenen Jugend nehmen durchaus eine geistige Wendung. Die Natur scheint zu wollen, daß ein Geschlecht in dem andern das Gute und Schöne sinnlich gewahr werde. Und so war auch mir durch den Anblick dieses Mädchens, durch meine Neigung zu ihr eine neue Welt des Schönen und Vortrefflichen aufgegangen. Ich las meine poetische Epistel hundertmal durch, beschaute die Unterschrift, küßte sie, drückte sie an mein Herz und freute mich dieses liebenswürdigen Bekenntnisses. Je mehr sich aber mein Entzücken steigerte, desto weher tat es mir, sie nicht unmittelbar besuchen, sie nicht wieder sehen und sprechen zu können: denn ich fürchtete die Vorwürfe der Vettern und ihre Zudringlichkeit. Den guten Pylades, der die Sache vermitteln konnte, wußte ich nicht anzutreffen. Ich machte mich daher den nächsten Sonntag auf nach Niederrad, wohin jene Gesellen gewöhnlich zu gehen pflegten, und fand sie auch wirklich. Sehr verwundert war ich jedoch, da sie mir, anstatt verdrießlich und fremd zu tun, mit frohem Gesicht entgegenkamen. Der Jüngste besonders war sehr freundlich, nahm mich bei der Hand und sagte: ›Ihr habt uns neulich einen schelmischen Streich gespielt, und wir waren auf Euch recht böse; doch hat uns Euer Entweichen und das Entwenden der poetischen Epistel auf einen guten Gedanken gebracht, der uns vielleicht sonst niemals aufgegangen wäre. Zur Versöhnung möget Ihr uns heute bewirten, und dabei sollt Ihr erfahren, was es denn ist, worauf wir uns etwas einbilden und was Euch gewiß auch Freude machen wird.‹ Diese Anrede setzte mich in nicht geringe Verlegenheit: denn ich hatte ungefähr so viel Geld bei mir, um mir selbst und einem Freunde etwas zugute zu tun; aber eine Gesellschaft, und besonders eine solche, die nicht immer zur rechten Zeit ihre Grenzen fand, zu gastieren, war ich keineswegs eingerichtet; ja dieser Antrag verwunderte mich um so mehr, als sie sonst durchaus sehr ehrenvoll darauf hielten, daß jeder nur seine Zeche bezahlte. Sie lächelten über meine Verlegenheit, und der Jüngere fuhr fort: ›Laßt uns erst in der Laube sitzen, und dann sollt Ihr das Weitre erfahren.‹ Wir saßen, und er sagte: ›Als Ihr die Liebesepistel neulich mitgenommen hattet, sprachen wir die ganze Sache noch einmal durch und machten die Betrachtung, daß wir so ganz umsonst, andern zum Verdruß und uns zur Gefahr, aus bloßer leidiger Schadenfreude, Euer Talent mißbrauchen, da wir es doch zu unser aller Vorteil benutzen könnten. Seht, ich habe hier eine Bestellung auf ein Hochzeitgedicht sowie auf ein Leichencarmen. Das zweite muß gleich fertig sein, das erste hat noch acht Tage Zeit. Mögt Ihr sie machen, welches Euch ein leichtes ist, so traktiert Ihr uns zweimal, und wir bleiben auf lange Zeit Eure Schuldner.‹ – Dieser Vorschlag gefiel mir von allen Seiten: denn ich hatte schon von Jugend auf die Gelegenheitsgedichte, deren damals in jeder Woche mehrere zirkulierten, ja besonders bei ansehnlichen Verheiratungen dutzendweise zum Vorschein kamen, mit einem gewissen Neid betrachtet, weil ich solche Dinge ebensogut, ja noch besser zu machen glaubte. Nun ward mir die Gelegenheit angeboten, mich zu zeigen, und besonders, mich gedruckt zu sehen. Ich erwies mich nicht abgeneigt. Man machte mich mit den Personalien, mit den Verhältnissen der Familie bekannt; ich ging etwas abseits, machte meinen Entwurf und führte einige Strophen aus. Da ich mich jedoch wieder zur Gesellschaft begab und der Wein nicht geschont wurde, so fing das Gedicht an zu stocken, und ich konnte es diesen Abend nicht abliefern. ›Es hat noch bis morgen abend Zeit‹, sagten sie, ›und wir wollen Euch nur gestehen, das Honorar, welches wir für das Leichencarmen erhalten, reicht hin, uns morgen noch einen lustigen Abend zu verschaffen. Kommt zu uns: denn es ist billig, daß Gretchen auch mit genieße, die uns eigentlich auf diesen Einfall gebracht hat.‹ – Meine Freude war unsäglich. Auf dem Heimwege hatte ich nur die noch fehlenden Strophen im Sinne, schrieb das Ganze noch vor Schlafengehn nieder und den andern Morgen sehr sauber ins reine. Der Tag ward mir unendlich lang, und kaum war es dunkel geworden, so fand ich mich wieder in der kleinen engen Wohnung neben dem allerliebsten Mädchen.

Die jungen Leute, mit denen ich auf diese Weise immer in nähere Verbindung kam, waren nicht eigentlich gemeine, aber doch gewöhnliche Menschen. Ihre Tätigkeit war lobenswürdig, und ich hörte ihnen mit Vergnügen zu, wenn sie von den vielfachen Mitteln und Wegen sprachen, wie man sich etwas erwerben könne; auch erzählten sie am liebsten von gegenwärtig sehr reichen Leuten, die mit nichts angefangen. Andere hätten als arme Handlungsdiener sich ihren Patronen notwendig gemacht und wären endlich zu ihren Schwiegersöhnen erhoben worden; noch andre hätten einen kleinen Kram mit Schwefelfaden und dergleichen so erweitert und veredelt, daß sie nun als reiche Kauf- und Handelsmänner erschienen. Besonders sollte jungen Leuten, die gut auf den Beinen wären, das Beiläufer- und Mäklerhandwerk und die Übernahme von allerlei Aufträgen und Besorgungen für unbehülfliche Wohlhabende durchaus ernährend und einträglich sein. Wir alle hörten das gern, und jeder dünkte sich etwas, wenn er sich in dem Augenblick vorstellte, daß in ihm selbst so viel vorhanden sei, nicht nur um in der Welt fortzukommen, sondern sogar ein außerordentliches Glück zu machen. Niemand jedoch schien dies Gespräch ernstlicher zu führen als Pylades, der zuletzt gestand, daß er ein Mädchen außerordentlich liebe und sich wirklich mit ihr versprochen habe. Die Vermögensumstände seiner Eltern litten nicht, daß er auf Akademien gehe; er habe sich aber einer schönen Handschrift, des Rechnens und der neuern Sprachen befleißigt und wolle nun, in Hoffnung auf jenes häusliche Glück, sein möglichstes versuchen. Die Vettern lobten ihn deshalb, ob sie gleich das frühzeitige Versprechen an ein Mädchen nicht billigen wollten, und setzten hinzu, sie müßten ihn zwar für einen braven und guten Jungen anerkennen, hielten ihn aber weder für tätig noch für unternehmend genug, etwas Außerordentliches zu leisten. Indem er nun, zu seiner Rechtfertigung, umständlich auseinandersetzte, was er sich zu leisten getraue und wie er es anzufangen gedenke, so wurden die übrigen auch angereizt, und jeder fing nun an zu erzählen, was er schon vermöge, tue, treibe, welchen Weg er zurückgelegt und was er zunächst vor sich sehe. Die Reihe kam zuletzt an mich. Ich sollte nun auch meine Lebensweise und Aussichten darstellen, und indem ich mich besann, sagte Pylades: ›Das einzige behalte ich mir vor, damit wir nicht gar zu kurz kommen, daß er die äußern Vorteile seiner Lage nicht mit in Anrechnung bringe. Er mag uns lieber ein Märchen erzählen, wie er es anfangen würde, wenn er in diesem Augenblick, so wie wir, ganz auf sich selbst gestellt wäre.‹

Gretchen, die bis diesen Augenblick fortgesponnen hatte, stand auf und setzte sich wie gewöhnlich ans Ende des Tisches. Wir hatten schon einige Flaschen geleert, und ich fing mit dem besten Humor meine hypothetische Lebensgeschichte zu erzählen an. Zuvörderst also empfehle ich mich euch, sagte ich, daß ihr mir die Kundschaft erhaltet, welche mir zuzuweisen ihr den Anfang gemacht habt. Wenn ihr mir nach und nach den Verdienst der sämtlichen Gelegenheitsgedichte zuwendet und wir ihn nicht bloß verschmausen, so will ich schon zu etwas kommen. Alsdann müßt ihr mir nicht übelnehmen, wenn ich auch in euer Handwerk pfusche. Worauf ich ihnen denn vorerzählte, was ich mir aus ihren Beschäftigungen gemerkt hatte, und zu welchen ich mich allenfalls fähig hielt. Ein jeder hatte vorher sein Verdienst zu Gelde angeschlagen, und ich ersuchte sie, mir auch zu Fertigung meines Etats behülflich zu sein. Gretchen hatte alles Bisherige sehr aufmerksam mit angehört, und zwar in der Stellung, die sie sehr gut kleidete, sie mochte nun zuhören oder sprechen. Sie faßte mit beiden Händen ihre übereinandergeschlagenen Arme und legte sie auf den Rand des Tisches. So konnte sie lange sitzen, ohne etwas anders als den Kopf zu bewegen, welches niemals ohne Anlaß oder Bedeutung geschah. Sie hatte manchmal ein Wörtchen mit eingesprochen und über dieses und jenes, wenn wir in unsern Einrichtungen stockten, nachgeholfen; dann war sie aber wieder still und ruhig wie gewöhnlich. Ich ließ sie nicht aus den Augen, und daß ich meinen Plan nicht ohne Bezug auf sie gedacht und ausgesprochen, kann man sich leicht denken, und die Neigung zu ihr gab dem, was ich sagte, einen Anschein von Wahrheit und Möglichkeit, daß ich mich selbst einen Augenblick täuschte, mich so abgesondert und hülflos dachte, wie mein Märchen mich voraussetzte, und mich dabei in der Aussicht, sie zu besitzen, höchst glücklich fühlte. Pylades hatte seine Konfession mit der Heirat geendigt, und bei uns andern war nun auch die Frage, ob wir es in unsern Planen so weit gebracht hätten. Ich zweifle ganz und gar nicht daran, sagte ich: denn eigentlich ist einem jeden von uns eine Frau nötig, um das im Hause zu bewahren und uns im ganzen genießen zu lassen, was wir von außen auf eine so wunderliche Weise zusammenstoppeln. Ich machte die Schilderung von einer Gattin, wie ich sie wünschte, und es müßte seltsam zugegangen sein, wenn sie nicht Gretchens vollkommnes Ebenbild gewesen wäre.

Das Leichencarmen war verzehrt, das Hochzeitsgedicht stand nun auch wohltätig in der Nähe; ich überwand alle Furcht und Sorge und wußte, weil ich viel Bekannte hatte, meine eigentlichen Abendunterhaltungen vor den Meinigen zu verbergen. Das liebe Mädchen zu sehen und neben ihr zu sein, war nun bald eine unerläßliche Bedingung meines Wesens. Jene hatten sich ebenso an mich gewöhnt, und wir waren fast täglich zusammen, als wenn es nicht anders sein könnte. Pylades hatte indessen seine Schöne auch in das Haus gebracht, und dieses Paar verlebte manchen Abend mit uns. Sie, als Brautleute, obgleich noch sehr im Keime, verbargen doch nicht ihre Zärtlichkeit; Gretchens Betragen gegen mich war nur geschickt, mich in Entfernung zu halten. Sie gab niemanden die Hand, auch nicht mir; sie litt keine Berührung, nur setzte sie sich manchmal neben mich, besonders wenn ich schrieb oder vorlas, und dann legte sie mir vertraulich den Arm auf die Schulter, sah mir ins Buch oder aufs Blatt; wollte ich mir aber eine ähnliche Freiheit gegen sie herausnehmen, so wich sie und kam so bald nicht wieder. Doch wiederholte sie oft diese Stellung, so wie alle ihre Gesten und Bewegungen sehr einförmig waren, aber immer gleich gehörig, schön und reizend. Allein jene Vertraulichkeit habe ich sie gegen niemanden weiter ausüben sehen.

Eine der unschuldigsten und zugleich unterhaltendsten Lustpartien, die ich mit verschiedenen Gesellschaften junger Leute unternahm, war, daß wir uns in das Höchster Marktschiff setzten, die darin eingepackten seltsamen Passagiere beobachteten und uns bald mit diesem, bald mit jenem, wie uns Lust oder Mutwille trieb, scherzhaft und nekkend einließen. Zu Höchst stiegen wir aus, wo zu gleicher Zeit das Marktschiff von Mainz eintraf. In einem Gasthofe fand man eine gut besetzte Tafel, wo die besseren der Auf- und Abfahrenden miteinander speisten und alsdann jeder seine Fahrt weiter fortsetzte: denn beide Schiffe gingen wieder zurück. Wir fuhren dann jedesmal nach eingenommenem Mittagessen hinauf nach Frankfurt und hatten in sehr großer Gesellschaft die wohlfeilste Wasserfahrt gemacht, die nur möglich war. Einmal hatte ich auch mit Gretchens Vettern diesen Zug unternommen, als am Tisch in Höchst sich ein junger Mann zu uns gesellte, der etwas älter als wir sein mochte. Jene kannten ihn, und er ließ sich mir vorstellen. Er hatte in seinem Wesen etwas sehr Gefälliges, ohne sonst ausgezeichnet zu sein. Von Mainz heraufgekommen, fuhr er nun mit uns nach Frankfurt zurück und unterhielt sich mit mir von allerlei Dingen, welche das innere Stadtwesen, die Ämter und Stellen betrafen, worin er mir ganz wohl unterrichtet schien. Als wir uns trennten, empfahl er sich mir und fügte hinzu: er wünsche, daß ich gut von ihm denken möge, weil er sich gelegentlich meiner Empfehlung zu erfreuen hoffe. Ich wußte nicht, was er damit sagen wollte, aber die Vettern klärten mich nach einigen Tagen auf; sie sprachen Gutes von ihm und ersuchten mich um ein Vorwort bei meinem Großvater, da jetzt eben eine mittlere Stelle offen sei, zu welcher dieser Freund gern gelangen möchte. Ich entschuldigte mich anfangs, weil ich mich niemals in dergleichen Dinge gemischt hatte; allein sie setzten mir so lange zu, bis ich mich, es zu tun, entschloß. Hatte ich doch schon manchmal bemerkt, daß bei solchen Ämtervergebungen, welche leider oft als Gnadensachen betrachtet werden, die Vorsprache der Großmutter oder einer Tante nicht ohne Wirkung gewesen. Ich war so weit herangewachsen, um mir auch einigen Einfluß anzumaßen. Deshalb überwand ich, meinen Freunden zulieb, welche sich auf alle Weise für eine solche Gefälligkeit verbunden erklärten, die Schüchternheit eines Enkels und übernahm es, ein Bittschreiben, das mir eingehändigt wurde, zu überreichen.

Eines Sonntags nach Tische, als der Großvater in seinem Garten beschäftigt war, um so mehr, als der Herbst herannahte und ich ihm allenthalben behülflich zu sein suchte, rückte ich nach einigem Zögern mit einem Anliegen und dem Bittschreiben hervor. Er sah es an und fragte mich, ob ich den jungen Menschen kenne. Ich erzählte ihm im allgemeinen, was zu sagen war, und er ließ es dabei bewenden. ›Wenn er Verdienst und sonst ein gutes Zeugnis hat, so will ich ihm um seinet- und deinetwillen günstig sein.‹ Mehr sagte er nicht, und ich erfuhr lange nichts von der Sache.

Seit einiger Zeit hatte ich bemerkt, daß Gretchen nicht mehr spann und sich dagegen mit Nähen beschäftigte, und zwar mit sehr feiner Arbeit, welches mich um so mehr wunderte, da die Tage schon abgenommen hatten und der Winter herankam. Ich dachte darüber nicht weiter nach, nur beunruhigte es mich, daß ich sie einigemal des Morgens nicht wie sonst zu Hause fand und ohne Zudringlichkeit nicht erfahren konnte, wo sie hingegangen sei. Doch sollte ich eines Tages sehr wunderlich überrascht werden. Meine

Schwester, die sich zu einem Balle vorbereitete, bat mich, ihr bei einer Galanteriehändlerin sogenannte italienische Blumen zu holen. Sie wurden in Klöstern gemacht, waren klein und niedlich. Myrten besonders, Zwergröslein und dergleichen fielen gar schön und natürlich aus. Ich tat ihr die Liebe und ging in den Laden, in welchem ich schon öfter mit ihr gewesen war. Kaum war ich hineingetreten und hatte die Eigentümerin begrüßt, als ich im Fenster ein Frauenzimmer sitzen sah, das mir unter einem Spitzenhäubchen gar jung und hübsch und unter einer seidnen Mantille sehr wohl gebaut schien. Ich konnte leicht an ihr eine Gehülfin erkennen, denn sie war beschäftigt, Band und Federn auf ein Hütchen zu stecken. Die Putzhändlerin zeigte mir den langen Kasten mit einzelnen mannigfaltigen Blumen vor; ich besah sie und blickte, indem ich wählte, wieder nach dem Frauenzimmerchen im Fenster; aber wie groß war mein Erstaunen, als ich eine unglaubliche Ähnlichkeit mit Gretchen gewahr wurde, ja zuletzt mich überzeugen mußte, es sei Gretchen selbst. Auch blieb mir kein Zweifel übrig, als sie mir mit den Augen winkte und ein Zeichen gab, daß ich unsre Bekanntschaft nicht verraten sollte. Nun brachte ich mit Wählen und Verwerfen die Putzhändlerin in Verzweiflung, mehr als ein Frauenzimmer selbst hätte tun können. Ich hatte wirklich keine Wahl, denn ich war aufs äußerste verwirrt, und zugleich liebte ich mein Zaudern, weil es mich in der Nähe des Kindes hielt, dessen Maske mich verdroß und das mir doch in dieser Maske reizender vorkam als jemals. Endlich mochte die Putzhändlerin die Geduld verlieren und suchte mir eigenhändig einen ganzen Pappenkasten voll Blumen aus, den ich meiner Schwester vorstellen und sie selbst sollte wählen lassen. So wurde ich zum Laden gleichsam hinausgetrieben, indem sie den Kasten durch ihr Mädchen vorausschickte.

Kaum war ich zu Hause angekommen, als mein Vater mich berufen ließ und mir die Eröffnung tat, es sei nun ganz gewiß, daß der Erzherzog Joseph zum Römischen König gewählt und gekrönt werden solle. Ein so höchst bedeutendes Ereignis müsse man nicht unvorbereitet erwarten und etwa nur gaffend und staunend an sich vorbeigehen lassen. Er wolle daher die Wahl- und Krönungsdiarien der beiden letzten Krönungen mit mir durchgehen, nicht weniger die letzten Wahlkapitulationen, um alsdann zu bemerken, was für neue Bedingungen man im gegenwärtigen Falle hinzufügen werde. Die Diarien wurden aufgeschlagen, und wir beschäftigten uns den ganzen Tag damit bis tief in die Nacht, indessen mir das hübsche Mädchen, bald in ihrem alten Hauskleide, bald in ihrem neuen Kostüm, immer zwischen den höchsten Gegenständen des Heiligen Römischen Reichs hin und wider schwebte. Für diesen Abend war es unmöglich, sie zu sehen, und ich durchwachte eine sehr unruhige Nacht. Das gestrige Studium wurde den andern Tag eifrig fortgesetzt, und nur gegen Abend machte ich es möglich, meine Schöne zu besuchen, die ich wieder in ihrem gewöhnlichen Hauskleide fand. Sie lächelte, indem sie mich ansah, aber ich getraute mich nicht, vor den andern etwas zu erwähnen. Als die ganze Gesellschaft wieder ruhig zusammensaß, fing sie an und sagte: ›Es ist unbillig, daß ihr unserm Freunde nicht vertrauet, was in diesen Tagen von uns beschlossen worden.‹ Sie fuhr darauf fort zu erzählen, daß nach unsrer neulichen Unterhaltung, wo die Rede war, wie ein jeder sich in der Welt wolle geltend machen, auch unter ihnen zur Sprache gekommen, auf welche Art ein weibliches Wesen seine Talente und Arbeiten steigern und seine Zeit vorteilhaft anwenden könne. Darauf habe der Vetter vorgeschlagen, sie solle es bei einer Putzmacherin versuchen, die jetzt eben eine Gehülfin brauche. Man sei mit der Frau einig geworden, sie gehe täglich so viele Stunden hin, werde gut gelohnt; nur müsse sie dort um des Anstands willen sich zu einem gewissen Anputz bequemen, den sie aber jederzeit zurücklasse, weil er zu ihrem übrigen Leben und Wesen sich gar nicht schicken wolle. Durch diese Erklärung war ich zwar beruhigt, nur wollte es mir nicht recht gefallen, das hübsche Kind in einem öffentlichen Laden und an einem Orte zu wissen, wo die galante Welt gelegentlich ihren Sammelplatz hatte. Doch ließ ich mir nichts merken und suchte meine eifersüchtige Sorge im stillen bei mir zu verarbeiten. Hierzu gönnte mir der jüngere Vetter nicht lange Zeit, der alsbald wieder mit dem Auftrag zu einem Gelegenheitsgedicht hervortrat, mir die Personalien erzählte und sogleich verlangte, daß ich mich zur Erfindung und Disposition des Gedichtes anschicken möchte. Er hatte schon einigemal über die Behandlung einer solchen Aufgabe mit mir gesprochen und, wie ich in solchen Fällen sehr redselig war, gar leicht von mir erlangt, daß ich ihm, was an diesen Dingen rhetorisch ist, umständlich auslegte, ihm einen Begriff von der Sache gab und meine eigenen und fremden Arbeiten dieser Art als Beispiele benutzte. Der junge Mensch war ein guter Kopf, obgleich ohne Spur von poetischer Ader, und nun ging er so sehr ins einzelne und wollte von allem Rechenschaft haben, daß ich mit der Bemerkung laut ward: Sieht es doch aus, als wolltet Ihr mir ins Handwerk greifen und mir die Kundschaft entziehen. – ›Ich will es nicht leugnen‹, sagte jener lächelnd, ›denn ich tue Euch dadurch keinen Schaden. Wie lange wirds währen, so geht Ihr auf die Akademie, und bis dahin laßt mich noch immer etwas bei Euch profitieren.‹ – Herzlich gern, versetzte ich und munterte ihn auf, selbst eine Disposition zu machen, ein Silbenmaß nach dem Charakter des Gegenstandes zu wählen, und was etwa sonst noch nötig scheinen mochte. Er ging mit Ernst an die Sache; aber es wollte nicht glücken. Ich mußte zuletzt immer daran so viel umschreiben, daß ich es leichter und besser von vornherein selbst geleistet hätte. Dieses Lehren und Lernen jedoch, dieses Mitteilen, diese Wechselarbeit gab uns eine gute Unterhaltung; Gretchen nahm teil daran und hatte manchen artigen Einfall, so daß wir alle vergnügt, ja man darf sagen glücklich waren. Sie arbeitete des Tags bei der Putzmacherin; abends kamen wir gewöhnlich zusammen, und unsre Zufriedenheit ward selbst dadurch nicht gestört, daß es mit den Bestellungen zu Gelegenheitsgedichten endlich nicht recht mehr fortwollte. Schmerzlich jedoch empfanden wir es, daß uns eins einmal mit Protest zurückkam, weil es dem Besteller nicht gefiel. Indes trösteten wir uns, weil wir es gerade für unsere beste Arbeit hielten und jenen für einen schlechten Kenner erklären durften. Der Vetter, der ein für allemal etwas lernen wollte, veranlaßte nunmehr fingierte Aufgaben, bei deren Auflösung wir uns zwar noch immer gut genug unterhielten, aber freilich, da sie nichts einbrachten, unsre kleinen Gelage viel mäßiger einrichten mußten.

Mit jenem großen staatsrechtlichen Gegenstande, der Wahl und Krönung eines Römischen Königs, wollte es nun immer mehr Ernst werden. Der anfänglich auf Augsburg im Oktober 1763 ausgeschriebene kurfürstliche Kollegialtag ward nun nach Frankfurt verlegt, und sowohl zu Ende dieses Jahrs als zu Anfang des folgenden regten sich die Vorbereitungen, welche dieses wichtige Geschäft einleiten sollten. Den Anfang machte ein von uns noch nie gesehener Aufzug. Eine unserer Kanzleipersonen zu Pferde, von vier gleichfalls berittnen Trompetern begleitet und von einer Fußwache umgeben, verlas mit lauter und vernehmlicher Stimme an allen Ecken der Stadt ein weitläufiges Edikt, das uns von dem Bevorstehenden benachrichtigte und den Bürgern ein geziemendes und den Umständen angemessenes Betragen einschärfte. Bei Rat wurden große Überlegungen gepflogen, und es dauerte nicht lange, so zeigte sich der Reichsquartiermeister, vom Erbmarschall abgesendet, um die Wohnungen der Gesandten und ihres Gefolges nach altem Herkommen anzuordnen und zu bezeichnen. Unser Haus lag im kurpfälzischen Sprengel, und wir hatten uns einer neuen, obgleich erfreulichern Einquartierung zu versehen. Der mittlere Stock, welchen ehmals Graf Thoranc innegehabt, wurde einem kurpfälzischen Kavalier eingeräumt, und da Baron von Königsthal, nürnbergischer Geschäftsträger, den oberen Stock eingenommen hatte, so waren wir noch mehr als zur Zeit der Franzosen zusammengedrängt. Dieses diente mir zu einem neuen Vorwand, außer dem Hause zu sein und die meiste Zeit des Tages auf der Straße zuzubringen, um das, was öffentlich zu sehen war, ins Auge zu fassen.

Nachdem uns die vorhergegangene Veränderung und Einrichtung der Zimmer auf dem Rathause sehenswert geschienen, nachdem die Ankunft der Gesandten eines nach dem andern und ihre erste solenne Gesamtauffahrt den 6ten Februar stattgefunden, so bewunderten wir nachher die Ankunft der kaiserlichen Kommissarien und deren Auffahrt, ebenfalls auf den Römer, welche mit großem Pomp geschah. Die würdige Persönlichkeit des Fürsten von Liechtenstein machte einen guten Eindruck; doch wollten Kenner behaupten, die prächtigen Livreen seien schon einmal bei einer andern Gelegenheit gebraucht worden, und auch diese Wahl und Krönung werde schwerlich an Glanz jener von Karl dem Siebenten gleichkommen. Wir Jüngern ließen uns das gefallen, was wir vor Augen hatten: uns deuchte alles sehr gut, und manches setzte uns in Erstaunen. Der Wahlkonvent war endlich auf den 3ten März anberaumt. Nun kam die Stadt durch neue Förmlichkeiten in Bewegung, und die wechselseitigen Zeremoniellbesuche der Gesandten hielten uns immer auf den Beinen. Auch mußten wir genau aufpassen, weil wir nicht nur gaffen, sondern alles wohl bemerken sollten, um zu Hause gehörig Rechenschaft zu geben, ja manchen kleinen Aufsatz auszufertigen, worüber sich mein Vater und Herr von Königsthal, teils zu unserer Übung, teils zu eigner Notiz, beredet hatten. Und wirklich gereichte mir dies zu besondrem Vorteil, indem ich über das Äußerliche so ziemlich ein lebendiges Wahl- und Krönungsdiarium vorstellen konnte.

Die Persönlichkeiten der Abgeordneten, welche auf mich einen bleibenden Eindruck gemacht haben, waren zunächst die des kurmainzischen ersten Botschafters, Barons von Erthal, nachmaligen Kurfürsten. Ohne irgend etwas Auffallendes in der Gestalt zu haben, wollte er mir in seinem schwarzen, mit Spitzen besetzten Talar immer gar wohl gefallen. Der zweite Botschafter, Baron von Groschlag, war ein wohlgebauter, im Äußern bequem, aber höchst anständig sich betragender Weltmann. Er machte überhaupt einen sehr behaglichen Eindruck. Fürst Esterhazy, der böhmische Gesandte, war nicht groß, aber wohl gebaut, lebhaft und zugleich vornehm anständig, ohne Stolz und Kälte. Ich hatte eine besondre Neigung zu ihm, weil er mich an den Marschall von Broglio erinnerte. Doch verschwand gewissermaßen die Gestalt und Würde dieser trefflichen Personen über dem Vorurteil, das man für den brandenburgischen Gesandten, Baron von Plotho, gefaßt hatte. Dieser Mann, der durch eine gewisse Spärlichkeit sowohl in eigner Kleidung als in Livreen und Equipagen sich auszeichnete, war vom Siebenjährigen Kriege her als diplomatischer Held berühmt, hatte zu Regensburg den Notarius Aprill, der ihm die gegen seinen König ergangene Achtserklärung, von einigen Zeugen begleitet, zu insinuieren gedachte, mit der lakonischen Gegenrede: ›Was! Er insinuieren?‹ die Treppe hinuntergeworfen oder werfen lassen. Das erste glaubten wir, weil es uns besser gefiel und wir es auch dem kleinen, gedrungenen, mit schwarzen Feueraugen hin und wider blikkenden Manne gar wohl zutrauten. Aller Augen waren auf ihn gerichtet, besonders wo er ausstieg. Es entstand jederzeit eine Art von frohem Zischeln, und wenig fehlte, daß man ihm applaudiert, Vivat oder Bravo zugerufen hätte. So hoch stand der König und alles, was ihm mit Leib und Seele ergeben war, in der Gunst der Menge, unter der sich außer den Frankfurtern schon Deutsche aus allen Gegenden befanden.

Einerseits hatte ich an diesen Dingen manche Lust, weil alles, was vorging, es mochte sein, von welcher Art es wollte, doch immer eine gewisse Deutung verbarg, irgend ein innres Verhältnis anzeigte, und solche symbolische Zeremonien das durch so viele Pergamente, Papiere und Bücher beinah verschüttete Deutsche Reich wieder für einen Augenblick lebendig darstellten. Andrerseits aber konnte ich mir ein geheimes Mißfallen nicht verbergen, wenn ich nun zu Hause die innern Verhandlungen zum Behuf meines Vaters abschreiben und dabei bemerken mußte, daß hier mehrere Gewalten einander gegenüber standen, die sich das Gleichgewicht hielten und nur insofern einig waren, als sie den neuen Regenten noch mehr als den alten zu beschränken gedachten; daß jedermann sich nur insofern seines Einflusses freute, als er seine Privilegien zu erhalten und zu erweitern und seine Unabhängigkeit mehr zu sichern hoffte. Ja, man war diesmal noch aufmerksamer als sonst, weil man sich vor Joseph dem Zweiten, vor seiner Heftigkeit und seinen vermutlichen Planen zu fürchten anfing.

Bei meinem Großvater und den übrigen Ratsverwandten, deren Häuser ich zu besuchen pflegte, war es auch keine gute Zeit: denn sie hatten so viel mit Einholen der vornehmen Gäste, mit Bekomplimentieren, mit Überreichung von Geschenken zu tun. Nicht weniger hatte der Magistrat im ganzen wie im einzelnen sich immer zu wehren, zu widerstehn und zu protestieren, weil bei solchen Gelegenheiten ihm jedermann etwas abzwacken oder aufbürden will und ihm wenige von denen, die er anspricht, beistehen oder zu Hülfe kommen. Genug, mir trat alles nunmehr lebhaft vor Augen, was ich in der Lersnerschen Chronik von ähnlichen Vorfällen bei ähnlichen Gelegenheiten mit Bewunderung der Geduld und Ausdauer jener guten Ratsmänner gelesen hatte.

Mancher Verdruß entspringt auch daher, daß sich die Stadt nach und nach mit nötigen und unnötigen Personen anfüllt. Vergebens werden die Höfe von seiten der Stadt an die Vorschriften der freilich veralteten Goldnen Bulle erinnert. Nicht allein die zum Geschäft Verordneten und ihre Begleiter, sondern manche Standes- und andre Personen, die aus Neugier oder zu Privatzwecken herankommen, stehen unter Protektion, und die Frage: wer eigentlich einquartiert wird und wer selbst sich eine Wohnung mieten soll? ist nicht immer sogleich entschieden. Das Getümmel wächst, und selbst diejenigen, die nichts dabei zu leisten oder zu verantworten haben, fangen an, sich unbehaglich zu fühlen.

Selbst wir jungen Leute, die wir das alles wohl mit ansehen konnten, fanden doch immer nicht genug Befriedigung für unsre Augen, für unsre Einbildungskraft. Die spanischen Mantelkleider, die großen Federhüte der Gesandten und hie und da noch einiges andere gaben wohl ein echt altertümliches Ansehen; manches dagegen war wieder so halb neu oder ganz modern, daß überall nur ein buntes, unbefriedigendes, öfter sogar geschmackloses Wesen hervortrat. Sehr glücklich machte es uns daher, zu vernehmen, daß wegen der Herreise des Kaisers und des künftigen Königs große Anstalten gemacht wurden, daß die kurfürstlichen Kollegialhandlungen, bei welchen die letzte Wahlkapitulation zum Grunde lag, eifrig vorwärts gingen, und daß der Wahltag auf den 27sten März festgesetzt sei. Nun ward an die Herbeischaffung der Reichsinsignien von Nürnberg und Aachen gedacht, und man erwartete zunächst den Einzug des Kurfürsten von Mainz, während mit seiner Gesandtschaft die Irrungen wegen der Quartiere immer fortdauerten.

Indessen betrieb ich meine Kanzelistenarbeit zu Hause sehr lebhaft und wurde dabei freilich mancherlei kleinliche Monita gewahr, die von vielen Seiten einliefen und bei der neuen Kapitulation berücksichtigt werden sollten. Jeder Stand wollte in diesem Dokument seine Gerechtsame gewahrt und sein Ansehen vermehrt wissen. Gar viele solcher Bemerkungen und Wünsche wurden jedoch beiseite geschoben; vieles blieb, wie es gewesen war: gleichwohl erhielten die Monenten die bündigsten Versicherungen, daß ihnen jene Übergehung keineswegs zum Präjudiz gereichen solle.

Sehr vielen und beschwerlichen Geschäften mußte sich indessen das Reichsmarschallamt unterziehen: die Masse der Fremden wuchs, es wurde immer schwieriger, sie unterzubringen. Über die Grenzen der verschiedenen kurfürstlichen Bezirke war man nicht einig. Der Magistrat wollte von den Bürgern die Lasten abhalten, zu denen sie nicht verpflichtet schienen, und so gab es, bei Tag und bei Nacht, stündlich Beschwerden, Rekurse, Streit und Mißhelligkeiten.

Der Einzug des Kurfürsten von Mainz erfolgte den 21sten März. Hier fing nun das Kanonieren an, mit dem wir auf lange Zeit mehrmals betäubt werden sollten. Wichtig in der Reihe der Zeremonien war diese Festlichkeit: denn alle die

Männer, die wir bisher auftreten sahen, waren, so hoch sie auch standen, doch immer nur Untergeordnete; hier aber erschien ein Souverän, ein selbständiger Fürst, der Erste nach dem Kaiser, von einem großen, seiner würdigen Gefolge eingeführt und begleitet. Von dem Pompe dieses Einzugs würde ich hier manches zu erzählen haben, wenn ich nicht später wieder darauf zurückzukommen gedächte, und zwar bei einer Gelegenheit, die niemand leicht erraten sollte. An demselben Tage nämlich kam Lavater, auf seinem Rückwege von Berlin nach Hause begriffen, durch Frankfurt und sah diese Feierlichkeit mit an. Ob nun gleich solche weltliche Äußerlichkeiten für ihn nicht den mindesten Wert hatten, so mochte doch dieser Zug mit seiner Pracht und allem Beiwesen deutlich in seine sehr lebhafte Einbildungskraft sich eingedrückt haben: denn nach mehreren Jahren, als mir dieser vorzügliche, aber eigene Mann eine poetische Paraphrase, ich glaube der Offenbarung Sankt Johannis, mitteilte, fand ich den Einzug des Antichrist Schritt vor Schritt, Gestalt vor Gestalt, Umstand vor Umstand dem Einzug des Kurfürsten von Mainz in Frankfurt nachgebildet, dergestalt, daß sogar die Quasten an den Köpfen der Isabellpferde nicht fehlten. Es wird sich mehr davon sagen lassen, wenn ich zur Epoche jener wunderlichen Dichtungsart gelange, durch welche man die alt- und neutestamentlichen Mythen dem Anschauen und Gefühl näher zu bringen glaubte, wenn man sie völlig ins Moderne travestierte und ihnen aus dem gegenwärtigen Leben, es sei nun gemeiner oder vornehmer, ein Gewand umhinge. Wie diese Behandlungsart sich nach und nach beliebt gemacht, davon muß gleichfalls künftig die Rede sein; doch bemerke ich hier so viel, daß sie weiter als durch Lavater und seine Nacheiferer wohl nicht getrieben worden, indem einer derselben die Heiligen Drei Könige, wie sie zu Bethlehem einreiten, so modern schilderte, daß die Fürsten und Herren, welche Lavatern zu besuchen pflegten, persönlich darin nicht zu verkennen waren.

Wir lassen also für diesmal den Kurfürsten Emmerich Joseph sozusagen inkognito im Kompostell eintreffen und wenden uns zu Gretchen, die ich, eben als die Volksmenge sich verlief, von Pylades und seiner Schönen begleitet (denn diese drei schienen nun unzertrennlich zu sein), im Getümmel erblickte. Wir hatten uns kaum erreicht und begrüßt, als schon ausgemacht war, daß wir diesen Abend zusammen zubringen wollten, und ich fand mich beizeiten ein. Die gewöhnliche Gesellschaft war beisammen, und jedes hatte etwas zu erzählen, zu sagen, zu bemerken; wie denn dem einen dies, dem andern jenes am meisten aufgefallen war. ›Eure Reden‹, sagte Gretchen zuletzt, ›machen mich fast noch verworrner als die Begebenheiten dieser Tage selbst. Was ich gesehen, kann ich nicht zusammenreimen und möchte von manchem gar zu gern wissen, wie es sich verhält.‹ Ich versetzte, daß es mir ein leichtes sei, ihr diesen Dienst zu erzeigen. Sie solle nur sagen, wofür sie sich eigentlich interessiere. Dies tat sie, und indem ich ihr einiges erklären wollte, fand sichs, daß es besser wäre, in der Ordnung zu verfahren. Ich verglich nicht unschicklich diese Feierlichkeiten und Funktionen mit einem Schauspiel, wo der Vorhang nach Belieben heruntergelassen würde, indessen die Schauspieler fortspielten; dann werde er wieder aufgezogen, und der Zuschauer könne an jenen Verhandlungen einigermaßen wieder teilnehmen. Weil ich nun sehr redselig war, wenn man mich gewähren ließ, so erzählte ich alles von Anfang an bis auf den heutigen Tag in der besten Ordnung und versäumte nicht, um meinen Vortrag anschaulicher zu machen, mich des vorhandenen Griffels und der großen Schieferplatte zu bedienen. Nur durch einige Fragen und Rechthabereien der andern wenig gestört, brachte ich meinen Vortrag zu allgemeiner Zufriedenheit ans Ende, indem mich Gretchen durch ihre fortgesetzte Aufmerksamkeit höchlich ermuntert hatte. Sie dankte mir zuletzt und beneidete, nach ihrem Ausdruck, alle diejenigen, die von den Sachen dieser Welt unterrichtet seien und wüßten, wie dieses und jenes zugehe und was es zu bedeuten habe. Sie wünschte sich, ein Knabe zu sein, und wußte mit vieler Freundlichkeit anzuerkennen, daß sie mir schon manche Belehrung schuldig geworden. ›Wenn ich ein Knabe wäre‹, sagte sie, ›so wollten wir auf Universitäten zusammen etwas Rechtes lernen.‹ Das Gespräch ward in der Art fortgeführt; sie setzte sich bestimmt vor, Unterricht im Französischen zu nehmen, dessen Unerläßlichkeit sie im Laden der Putzhändlerin wohl gewahr worden. Ich fragte sie, warum sie nicht mehr dorthin gehe: denn in der letzten Zeit, da ich des Abends nicht viel abkommen konnte, war ich manchmal bei Tage, ihr zu Gefallen, am Laden vorbeigegangen, um sie nur einen Augenblick zu sehen. Sie erklärte mir, daß sie in dieser unruhigen Zeit sich dort nicht hätte aussetzen wollen. Befände sich die Stadt wieder in ihrem vorigen Zustande, so denke sie auch wieder hinzugehen.

Nun war von dem nächst bevorstehenden Wahltag die Rede. Was und wie es vorgehe, wußte ich weitläufig zu erzählen und meine Demonstration durch umständliche Zeichnungen auf der Tafel zu unterstützen; wie ich denn den Raum des Konklave mit seinen Altären, Thronen, Sesseln und Sitzen vollkommen gegenwärtig hatte. – Wir schieden zu rechter Zeit und mit sonderlichem Wohlbehagen. Denn einem jungen Paare, das von der Natur einigermaßen harmonisch gebildet ist, kann nichts zu einer schönern Vereinigung gereichen, als wenn das Mädchen lehrbegierig und der Jüngling lehrhaft ist. Es entsteht daraus ein so gründliches als angenehmes Verhältnis. Sie erblickt in ihm den Schöpfer ihres geistigen Daseins und er in ihr ein Geschöpf, das nicht der Natur, dem Zufall oder einem einseitigen Wollen, sondern einem beiderseitigen Willen seine Vollendung verdankt; und diese Wechselwirkung ist so süß, daß wir uns nicht wundern dürfen, wenn seit dem alten und neuen Abälard aus einem solchen Zusammentreffen zweier Wesen die gewaltsamsten Leidenschaften und so viel Glück als Unglück entsprungen sind.

Gleich den nächsten Tag war große Bewegung in der Stadt, wegen der Visiten und Gegenvisiten, welche nunmehr mit dem größten Zeremoniell abgestattet wurden. Was mich aber als einen Frankfurter Bürger besonders interessierte und zu vielen Betrachtungen veranlaßte, war die Ablegung des Sicherheitseides, den der Rat, das Militär, die Bürgerschaft, nicht etwa durch Repräsentanten, sondern persönlich und in Masse leisteten: erst auf dem großen Römersaale der Magistrat und die Stabsoffiziere, dann auf dem großen Platze, dem Römerberg, die sämtliche Bürgerschaft nach ihren verschiedenen Graden, Abstufungen und Quartieren, und zuletzt das übrige Militär. Hier konnte man das ganze Gemeinwesen mit *einem* Blick überschauen, versammelt zu dem ehrenvollen Zweck, dem Haupt und den Gliedern des Reichs Sicherheit und bei dem bevorstehenden großen Werke unverbrüchliche Ruhe anzugeloben. Nun waren auch Kur-Trier und Kur-Köln in Person angekommen. Am Vorabend des Wahltags werden alle Fremden aus der Stadt gewiesen, die Tore sind geschlossen, die Juden in ihrer Gasse eingesperrt, und der Frankfurter Bürger dünkt sich nicht wenig, daß er allein Zeuge einer so großen Feierlichkeit bleiben darf.

Bisher war alles noch ziemlich modern hergegangen: die höchsten und hohen Personen bewegten sich nur in Kutschen hin und wider; nun aber sollten wir sie, nach uralter Weise, zu Pferde sehen. Der Zulauf und das Gedränge war außerordentlich. Ich wußte mich in dem Römer, den ich, wie eine Maus den heimischen Kornboden, genau kannte, so lange herumzuschmiegen, bis ich an den Haupteingang gelangte, vor welchem die Kurfürsten und Gesandten, die zuerst in Prachtkutschen herangefahren und sich oben versammelt hatten, nunmehr zu Pferde steigen sollten. Die stattlichsten, wohlzugerittenen Rosse waren mit reichgestickten Waldrappen überhangen und auf alle Weise geschmückt. Kurfürst Emmerich Joseph, ein schöner, behaglicher Mann, nahm sich zu Pferde gut aus. Der beiden andern erinnere ich mich weniger, als nur überhaupt, daß uns diese roten, mit Hermelin ausgeschlagenen Fürstenmäntel, die wir sonst nur auf Gemälden zu sehen gewohnt waren, unter freiem Himmel sehr romantisch vorkamen. Auch die Botschafter der abwesenden weltlichen Kurfürsten in ihren goldstoffnen, mit Gold überstickten, mit goldnen Spitzentressen reich besetzten spanischen Kleidern taten unsern Augen wohl; besonders wehten die großen Federn von den altertümlich aufgekrempten Hüten aufs prächtigste. Was mir aber gar nicht dabei gefallen wollte, waren die kurzen modernen Beinkleider, die weißseidenen Strümpfe und modischen Schuhe. Wir hätten Halbstiefelchen, so golden, als man gewollt, Sandalen oder dergleichen gewünscht, um nur ein etwas konsequenteres Kostüm zu erblicken.

Im Betragen unterschied sich auch hier der Gesandte von Plotho wieder vor allen andern. Er zeigte sich lebhaft und munter und schien vor der ganzen Zeremonie nicht sonderlichen Respekt zu haben. Denn als sein Vordermann, ein ältlicher Herr, sich nicht sogleich aufs Pferd schwingen konnte und er deshalb eine Weile an dem großen Eingang warten mußte, enthielt er sich des Lachens nicht, bis sein

Pferd auch vorgeführt wurde, auf welches er sich denn sehr behend hinaufschwang und von uns abermals als ein würdiger Abgesandter Friedrichs des Zweiten bewundert wurde.

Nun war für uns der Vorhang wieder gefallen. Ich hatte mich zwar in die Kirche zu drängen gesucht, allein es fand sich auch dort mehr Unbequemlichkeit als Lust. Die Wählenden hatten sich ins Allerheiligste zurückgezogen, in welchem weitläufige Zeremonien die Stelle einer bedächtigen Wahlüberlegung vertraten. Nach langem Harren, Drängen und Wogen vernahm denn zuletzt das Volk den Namen Josephs des Zweiten, der zum Römischen König ausgerufen wurde.

Der Zudrang der Fremden in die Stadt ward nun immer stärker. Alles fuhr und ging in Galakleidern, so daß man zuletzt nur die ganz goldenen Anzüge bemerkenswert fand. Kaiser und König waren schon in Heusenstamm, einem gräflich Schönbornischen Schlosse, angelangt und wurden dort herkömmlich begrüßt und willkommen geheißen; die Stadt aber feierte diese wichtige Epoche durch geistliche Feste sämtlicher Religionen, durch Hochämter und Predigten, und von weltlicher Seite, zu Begleitung des Tedeum, durch unablässiges Kanonieren.

Hätte man alle diese öffentlichen Feierlichkeiten von Anfang bis hieher als ein überlegtes Kunstwerk angesehen, so würde man nicht viel daran auszusetzen gefunden haben. Alles war gut vorbereitet; sachte fingen die öffentlichen Auftritte an und wurden immer bedeutender: die Menschen wuchsen an Zahl, die Personen an Würde, ihre Umgebungen wie sie selbst an Pracht, und so stieg es mit jedem Tage, so daß zuletzt auch ein vorbereitetes, gefaßtes Auge in Verwirrung geriet.

Der Einzug des Kurfürsten von Mainz, welchen ausführlicher zu beschreiben wir abgelehnt, war prächtig und imposant genug, um in der Einbildungskraft eines vorzüglichen Mannes die Ankunft eines großen geweissagten Weltherrschers zu bedeuten. Auch wir waren dadurch nicht wenig geblendet worden. Nun aber spannte sich unsere Erwartung aufs höchste, als es hieß, der Kaiser und der künftige König näherten sich der Stadt. In einiger Entfernung von Sachsenhausen war ein Zelt errichtet, in welchem der ganze Magistrat sich aufhielt, um dem Oberhaupte des Reichs die gehörige Verehrung zu bezeigen und die Stadtschlüssel anzubieten. Weiter hinaus auf einer schönen geräumigen Ebene stand ein anderes, ein Prachtgezelt, wohin sich die sämtlichen Kurfürsten und Wahlbotschafter zum Empfang der Majestäten verfügten, indessen ihr Gefolge sich den ganzen Weg entlang erstreckte, um nach und nach, wie die Reihe an sie käme, sich wieder gegen die Stadt in Bewegung zu setzen und gehörig in den Zug einzutreten. Nunmehr fuhr der Kaiser bei dem Zelt an, betrat solches, und nach ehrfurchtsvollem Empfange beurlaubten sich die Kurfürsten und Gesandten, um ordnungsgemäß dem höchsten Herrscher den Weg zu bahnen.

Wir andern, die wir in der Stadt geblieben, um diese Pracht innerhalb der Mauern und Straßen noch mehr zu bewundern, als es auf freiem Felde hätte geschehen können, wir waren durch das von der Bürgerschaft in den Gassen aufgestellte Spalier, durch den Zudrang des Volks, durch mancherlei dabei vorkommende Späße und Unschicklichkeiten einstweilen gar wohl unterhalten, bis uns das Geläute der Glocken und der Kanonendonner die unmittelbare Nähe des Herrschers ankündigten. Was einem Frankfurter besonders wohltun mußte, war, daß bei dieser Gelegenheit, bei der Gegenwart so vieler Souveräne und ihrer Repräsentanten, die Reichsstadt Frankfurt auch als ein kleiner Souverän erschien: denn ihr Stallmeister eröffnete den Zug, Reitpferde mit Wappendecken, worauf der weiße Adler im roten Felde sich gar gut ausnahm, folgten ihm, Bediente und Offizianten, Pauker und Trompeter, Deputierte des Rats, von Ratsbedienten in der Stadtlivree zu Fuße begleitet. Hieran schlossen sich die drei Kompanien der Bürgerkavallerie, sehr wohl beritten, dieselbigen, die wir von Jugend auf bei Einholung des Geleits und andern öffentlichen Gelegenheiten gekannt hatten. Wir erfreuten uns an dem Mitgefühl dieser Ehre und an dem Hunderttausendteilchen einer Souveränetät, welche gegenwärtig in ihrem vollen Glanz erschien. Die verschiedenen Gefolge des Reichserbmarschalls und der von den sechs weltlichen Kurfürsten abgeordneten Wahlgesandten zogen sodann schrittweise daher. Keins derselben bestand aus weniger denn zwanzig Bedienten und zwei Staatswagen, bei einigen aus einer noch größern Anzahl. Das Gefolge der geistlichen Kurfürsten war nun immer im Steigen; die Bedienten und Hausoffizianten schienen unzählig, Kur-Köln und Kur-Trier hatten über zwanzig Staatswagen, Kur-Mainz allein ebensoviel. Die Dienerschaft zu Pferde und zu Fuß war durchaus aufs prächtigste gekleidet, die Herren in den Equipagen, geistliche und weltliche, hatten es auch nicht fehlen lassen, reich und ehrwürdig angetan und geschmückt mit allen Ordenszeichen zu erscheinen. Das Gefolg der kaiserlichen Majestät übertraf nunmehr, wie billig, die übrigen. Die Bereiter, die Handpferde, die Reitzeuge, Schabracken und Decken zogen aller Augen auf sich, und sechzehn sechsspännige Galawagen der kaiserlichen Kammerherren, Geheimenräte, des Oberkämmerers, Oberhofmeisters, Oberstallmeisters beschlossen mit großem Prunk diese Abteilung des Zugs, welche ungeachtet ihrer Pracht und Ausdehnung doch nur der Vortrab sein sollte.

Nun aber konzentrierte sich die Reihe, indem sich Würde und Pracht steigerten, immer mehr. Denn unter einer ausgewählten Begleitung eigener Hausdienerschaft, die meisten zu Fuß, wenige zu Pferde, erschienen die Wahlbotschafter, sowie die Kurfürsten in Person nach aufsteigender Ordnung, jeder in einem prächtigen Staatswagen. Unmittelbar hinter Kur-Mainz kündigten zehn kaiserliche Laufer, einundvierzig Lakaien und acht Heiducken die Majestäten selbst an. Der prächtigste Staatswagen, auch im Rücken mit einem ganzen Spiegelglas versehen, mit Malerei, Lackierung, Schnitzwerk und Vergoldung ausgeziert, mit rotem gesticktem Samt obenher und inwendig bezogen, ließ uns ganz bequem Kaiser und König, die längst erwünschten Häupter, in aller ihrer Herrlichkeit betrachten. Man hatte den Zug einen weiten Umweg geführt, teils aus Notwendigkeit, damit er sich nur entfalten könne, teils um ihn der großen Menge Menschen sichtbar zu machen. Er war durch Sachsenhausen, über die Brücke, die Fahrgasse, sodann die Zeile hinuntergegangen und wendete sich nach der innern Stadt durch die Katharinenpforte, ein ehemaliges Tor und seit Erweiterung der Stadt ein offner Durchgang. Hier hatte man glücklich bedacht, daß die äußere Herrlichkeit der Welt seit einer Reihe von Jahren sich immer mehr in die Höhe und Breite ausgedehnt. Man hatte gemessen und gefunden, daß durch diesen Torweg, durch welchen so mancher Fürst und Kaiser aus- und eingezogen, der jetzige kaiserliche Staatswagen, ohne mit seinem Schnitzwerk und andern Äußerlichkeiten anzustoßen, nicht hindurchkommen könne. Man beratschlagte, und zu Vermeidung eines unbequemen Umwegs entschloß man sich, das Pflaster aufzuheben und eine sanfte Ab- und Auffahrt zu veranstalten. In eben dem Sinne hatte man auch alle Wetterdächer der Läden und Buden in den Straßen ausgehoben, damit weder die Krone noch der Adler, noch die Genien Anstoß und Schaden nehmen möchten.

Sosehr wir auch, als dieses kostbare Gefäß mit so kostbarem Inhalt sich uns näherte, auf die hohen Personen unsere Augen gerichtet hatten, so konnten wir doch nicht umhin, unsern Blick auf die herrlichen Pferde, das Geschirr und dessen Posamentschmuck zu wenden; besonders aber fielen uns die wunderlichen, beide auf den Pferden sitzenden Kutscher und Vorreiter auf. Sie sahen wie aus einer andern Nation, ja wie aus einer andern Welt, in langen schwarz- und gelbsamtnen Röcken und Kappen mit großen Federbüschen, nach kaiserlicher Hofsitte. Nun drängte sich so viel zusammen, daß man wenig mehr unterscheiden konnte. Die Schweizergarde zu beiden Seiten des Wagens, der Erbmarschall, das sächsische Schwert aufwärts in der rechten Hand haltend, die Feldmarschälle, als Anführer der kaiserlichen Garden hinter dem Wagen reitend, die kaiserlichen Edelknaben in Masse und endlich die Hatschiergarde selbst, in schwarzsamtnen Flügelröcken, alle Nähte reich mit Gold galoniert, darunter rote Leibröcke und lederfarbne Kamisole, gleichfalls reich mit Gold besetzt. Man kam vor lauter Sehen, Deuten und Hinweisen gar nicht zu sich selbst, so daß die nicht minder prächtig gekleideten Leibgarden der Kurfürsten kaum beachtet wurden; ja wir hätten uns vielleicht von den Fenstern zurückgezogen, wenn wir nicht noch unsern Magistrat, der in funfzehn zweispännigen Kutschen den Zug beschloß, und besonders in der letzten den Ratsschreiber mit den Stadtschlüsseln auf rotsamtenem Kissen hätten in Augenschein nehmen wollen. Daß unsere Stadtgrenadierkompanie das Ende deckte, deuchte uns auch ehrenvoll genug, und wir fühlten uns als Deutsche und als Frankfurter von diesem Ehrentag doppelt und höchlich erbaut.

Wir hatten in einem Hause Platz genommen, wo der Aufzug, wenn er aus dem Dom zurückkam, ebenfalls wieder an uns vorbei mußte. Des Gottesdienstes, der Musik, der Zeremonien und Feierlichkeiten, der Anreden und Antworten, der Vorträge und Vorlesungen waren in Kirche, Chor und Konklave so viel, bis es zur Beschwörung der Wahlkapitulation kam, daß wir Zeit genug hatten, eine vortreffliche Kollation einzunehmen und auf die Gesundheit des alten und jungen Herrschers manche Flasche zu leeren. Das Gespräch verlor sich indes, wie es bei solchen Gelegenheiten zu gehen pflegt, in die vergangene Zeit, und es fehlte nicht an bejahrten Personen, welche jener vor der gegenwärtigen den Vorzug gaben, wenigstens in Absicht auf ein gewisses menschliches Interesse und einer leidenschaftlichen Teilnahme, welche dabei vorgewaltet. Bei Franz' des Ersten Krönung war noch nicht alles so ausgemacht wie gegenwärtig: der Friede war noch nicht abgeschlossen, Frankreich, Kur-Brandenburg und Kur-Pfalz widersetzten sich der Wahl; die Truppen des künftigen Kaisers standen bei Heidelberg, wo er sein Hauptquartier hatte, und fast wären die von Aachen heraufkommenden Reichsinsignien von den Pfälzern weggenommen worden. Indessen unterhandelte man doch und nahm von beiden Seiten die Sache nicht aufs strengste. Maria Theresia selbst, obgleich in gesegneten Umständen, kommt, um die endlich durchgesetzte Krönung ihres Gemahls in Person zu sehen. Sie traf in Aschaffenburg ein und bestieg eine Jacht, um sich nach Frankfurt zu begeben. Franz, von Heidelberg aus, denkt seiner Gemahlin zu begegnen, allein er kommt zu spät, sie ist schon abgefahren. Ungekannt wirft er sich in einen kleinen Nachen, eilt ihr nach, erreicht ihr Schiff, und das liebende Paar erfreut sich dieser überraschenden Zusammenkunft. Das Märchen davon verbreitet sich sogleich, und alle Welt nimmt teil an diesem zärtlichen, mit Kindern reich gesegneten Ehepaar, das seit seiner Verbindung so unzertrennlich gewesen, daß sie schon einmal auf einer Reise von Wien nach Florenz zusammen an der venezianischen Grenze Quarantäne halten müssen. Maria Theresia wird in der Stadt mit Jubel bewillkommt, sie betritt den Gasthof ›Zum Römischen Kaiser‹, indessen auf der Bornheimer Heide das große Zelt zum Empfang ihres Gemahls errichtet ist. Dort findet sich von den geistlichen Kurfürsten nur Mainz allein, von den Abgeordneten der weltlichen nur Sachsen, Böhmen und Hannover. Der Einzug beginnt, und was ihm an Vollständigkeit und Pracht abgehen mag, ersetzt reichlich die Gegenwart einer schönen Frau. Sie steht auf dem Balkon des wohlgelegnen Hauses und begrüßt mit Vivatruf und Händeklatschen ihren Gemahl: das Volk stimmt ein, zum größten Enthusiasmus aufgeregt. Da die Großen nun auch einmal Menschen sind, so denkt sie der Bürger, wenn er sie lieben will, als seinesgleichen; und das kann er am füglichsten, wenn er sie als liebende Gatten, als zärtliche Eltern, als anhängliche Geschwister, als treue Freunde sich vorstellen darf. Man hatte damals alles Gute gewünscht und prophezeit, und heute sah man es erfüllt an dem erstgebornen Sohne, dem jedermann wegen seiner schönen Jünglingsgestalt geneigt war und auf den die Welt bei den hohen Eigenschaften, die er ankündigte, die größten Hoffnungen setzte.

Wir hatten uns ganz in die Vergangenheit und Zukunft verloren, als einige hereintretende Freunde uns wieder in die Gegenwart zurückriefen. Sie waren von denen, die den Wert einer Neuigkeit einsehen und sich deswegen beeilen, sie zuerst zu verkündigen. Sie wußten auch einen schönen menschlichen Zug dieser hohen Personen zu erzählen, die wir soeben in dem größten Prunk vorbeiziehen gesehn. Es war nämlich verabredet worden, daß unterwegs, zwischen

Heusenstamm und jenem großen Gezelte, Kaiser und König den Landgrafen von Darmstadt im Wald antreffen sollten. Dieser alte, dem Grabe sich nähernde Fürst wollte noch einmal den Herrn sehen, dem er in früherer Zeit sich gewidmet. Beide mochten sich jenes Tages erinnern, als der Landgraf das Dekret der Kurfürsten, das Franzen zum Kaiser erwählte, nach Heidelberg überbrachte und die erhaltenen kostbaren Geschenke mit Beteurung einer unverbrüchlichen Anhänglichkeit erwiderte. Diese hohen Personen standen in einem Tannicht, und der Landgraf, vor Alter schwach, hielt sich an eine Fichte, um das Gespräch noch länger fortsetzen zu können, das von beiden Teilen nicht ohne Rührung geschah. Der Platz ward nachher auf eine unschuldige Weise bezeichnet, und wir jungen Leute sind einigemal hingewandert.

So hatten wir mehrere Stunden mit Erinnerung des Alten, mit Erwägung des Neuen hingebracht, als der Zug abermals, jedoch abgekürzt und gedrängter, vor unsern Augen vorbeiwogte; und wir konnten das einzelne näher beobachten, bemerken und uns für die Zukunft einprägen.

Von dem Augenblick an war die Stadt in ununterbrochener Bewegung: denn bis alle und jede, denen es zukommt und von denen es gefordert wird, den höchsten Häuptern ihre Aufwartung gemacht und sich einzeln denselben dargestellt hatten, war des Hin- und Widerziehens kein Ende, und man konnte den Hofstaat eines jeden der hohen Gegenwärtigen ganz bequem im einzelnen wiederholen.

Nun kamen auch die Reichsinsignien heran. Damit es aber auch hier nicht an hergebrachten Händeln fehlen möge, so mußten sie auf freiem Felde den halben Tag bis in die späte Nacht zubringen, wegen einer Territorial- und Geleitsstreitigkeit zwischen Kur-Mainz und der Stadt. Die letzte gab nach, die Mainzischen geleiteten die Insignien bis an den Schlagbaum, und somit war die Sache für diesmal abgetan.

In diesen Tagen kam ich nicht zu mir selbst. Zu Hause gab es zu schreiben und zu kopieren; sehen wollte und sollte man alles, und so ging der März zu Ende, dessen zweite Hälfte für uns so festreich gewesen war. Von dem, was zuletzt vorgegangen und was am Krönungstag zu erwarten sei, hatte ich Gretchen eine treuliche und ausführliche Belehrung versprochen. Der große Tag nahte heran; ich hatte mehr im Sinne, wie ich es ihr sagen wollte, als was eigentlich zu sagen sei; ich verarbeitete alles, was mir unter die Augen und unter die Kanzleifeder kam, nur geschwind zu diesem nächsten und einzigen Gebrauch. Endlich erreichte ich noch eines Abends ziemlich spät ihre Wohnung und tat mir schon im voraus nicht wenig darauf zugute, wie mein diesmaliger Vortrag noch viel besser als der erste unvorbereitete gelingen sollte. Allein gar oft bringt uns selbst, und andern durch uns, ein augenblicklicher Anlaß mehr Freude, als der entschiedenste Vorsatz nicht gewähren kann. Zwar fand ich ziemlich dieselbe Gesellschaft, allein es waren einige Unbekannte darunter. Sie setzten sich hin zu spielen; nur Gretchen und der jüngere Vetter hielten sich zu mir und der Schiefertafel. Das liebe Mädchen äußerte gar anmutig ihr Behagen, daß sie, als eine Fremde, am Wahltage für eine Bürgerin gegolten habe und ihr dieses einzige Schauspiel zuteil geworden sei. Sie dankte mir aufs verbindlichste, daß ich für sie zu sorgen gewußt und ihr zeither durch Pylades allerlei Einlässe mittels Billette, Anweisungen, Freunde und Vorsprache zu verschaffen die Aufmerksamkeit gehabt.

Von den Reichskleinodien hörte sie gern erzählen. Ich versprach ihr, daß wir diese womöglich zusammen sehen wollten. Sie machte einige scherzhafte Anmerkungen, als sie erfuhr, daß man Gewänder und Krone dem jungen König anprobiert habe. Ich wußte, wo sie den Feierlichkeiten des Krönungstages zusehen würde, und machte sie aufmerksam auf alles, was bevorstand und was besonders von ihrem Platze genau beobachtet werden konnte.

So vergaßen wir, an die Zeit zu denken; es war schon über Mitternacht geworden, und ich fand, daß ich unglücklicherweise den Hausschlüssel nicht bei mir hatte. Ohne das größte Aufsehen zu erregen, konnte ich nicht ins Haus. Ich teilte ihr meine Verlegenheit mit. ›Am Ende‹, sagte sie, ›ist es das beste, die Gesellschaft bleibt beisammen.‹ Die Vettern und jene Fremden hatten schon den Gedanken gehabt, weil man nicht wußte, wo man diese für die Nacht unterbringen sollte. Die Sache war bald entschieden; Gretchen ging, um Kaffee zu kochen, nachdem sie, weil die Lichter auszubrennen drohten, eine große messingene Familienlampe mit Docht und Öl versehen und angezündet hereingebracht hatte. Der Kaffee diente für einige Stunden zur Ermunterung; nach und nach aber ermattete das Spiel: das Gespräch ging aus, die Mutter schlief im großen Sessel, die Fremden, von der Reise müde, nickten da und dort, Pylades und seine Schöne saßen in einer Ecke. Sie hatte ihren Kopf auf seine Schulter gelegt und schlief; auch er wachte nicht lange. Der jüngere Vetter, gegen uns über am Schiefertische sitzend, hatte seine Arme vor sich übereinandergeschlagen und schlief mit aufliegendem Gesichte. Ich saß in der Fensterecke hinter dem Tische und Gretchen neben mir. Wir unterhielten uns leise; aber endlich übermannte auch sie der Schlaf, sie lehnte ihr Köpfchen an meine Schulter und war gleich eingeschlummert. So saß ich nun allein, wachend, in der wunderlichsten Lage, in der auch mich der freundliche Bruder des Todes zu beruhigen wußte. Ich schlief ein, und als ich wieder erwachte, war es schon heller Tag. Gretchen stand vor dem Spiegel und rückte ihr Häubchen zurechte;

sie war liebenswürdiger als je und drückte mir, als ich schied, gar herzlich die Hände. Ich schlich durch einen Umweg nach unserm Hause: denn an der Seite, nach dem kleinen Hirschgraben zu, hatte sich mein Vater in der Mauer ein kleines Guckfenster, nicht ohne Widerspruch des Nachbarn, angelegt. Diese Seite vermieden wir, wenn wir nach Hause kommend, von ihm nicht bemerkt sein wollten. Meine Mutter, deren Vermittelung uns immer zugute kam, hatte meine Abwesenheit des Morgens beim Tee durch ein frühzeitiges Ausgehen meiner zu beschönigen gesucht, und ich empfand also von dieser unschuldigen Nacht keine unangenehmen Folgen.

Überhaupt und im ganzen genommen machte diese unendlich mannigfaltige Welt, die mich umgab, auf mich nur sehr einfachen Eindruck. Ich hatte kein Interesse, als das Äußere der Gegenstände genau zu bemerken, kein Geschäft, als das mir mein Vater und Herr von Königsthal auftrugen, wodurch ich freilich den innern Gang der Dinge gewahr ward. Ich hatte keine Neigung als zu Gretchen und keine andre Absicht, als nur alles recht gut zu sehen und zu fassen, um es mit ihr wiederholen und ihr erklären zu können. Ja ich beschrieb oft, indem ein solcher Zug vorbeiging, diesen Zug halblaut vor mir selbst, um mich alles einzelnen zu versichern und dieser Aufmerksamkeit und Genauigkeit wegen von meiner Schönen gelobt zu werden; und nur als eine Zugabe betrachtete ich den Beifall und die Anerkennung der anderen.

Zwar ward ich manchen hohen und vornehmen Personen vorgestellt; aber teils hatte niemand Zeit, sich um andere zu bekümmern, und teils wissen auch Ältere nicht gleich, wie sie sich mit einem jungen Menschen unterhalten und ihn prüfen sollen. Ich von meiner Seite war auch nicht sonderlich geschickt, mich den Leuten bequem darzustellen. Gewöhnlich erwarb ich ihre Gunst, aber nicht ihren Beifall. Was mich beschäftigte, war mir vollkommen gegenwärtig; aber ich fragte nicht, ob es auch andern gemäß sein könne. Ich war meist zu lebhaft oder zu still und schien entweder zudringlich oder stöckig, je nachdem die Menschen mich anzogen oder abstießen; und so wurde ich zwar für hoffnungsvoll gehalten, aber dabei für wunderlich erklärt.

Der Krönungstag brach endlich an, den 3ten April 1764; das Wetter war günstig und alle Menschen in Bewegung. Man hatte mir, nebst mehrern Verwandten und Freunden, in dem Römer selbst, in einer der obern Etagen, einen guten Platz angewiesen, wo wir das Ganze vollkommen übersehen konnten. Mit dem frühsten begaben wir uns an Ort und Stelle und beschauten nunmehr von oben, wie in der Vogelperspektive, die Anstalten, die wir tags vorher in näheren Augenschein genommen hatten. Da war der neuerrichtete Springbrunnen mit zwei großen Kufen rechts und links, in welche der Doppeladler auf dem Ständer weißen Wein hüben und roten Wein drüben aus seinen zwei Schnäbeln ausgießen sollte. Aufgeschüttet zu einem Haufen lag dort der Haber, hier stand die große Bretterhütte, in der man schon einige Tage den ganzen fetten Ochsen an einem ungeheuren Spieße bei Kohlenfeuer braten und schmoren sah. Alle Zugänge, die vom Römer aus dahin und von andern Straßen nach dem Römer führen, waren zu beiden Seiten durch Schranken und Wachen gesichert. Der große Platz füllte sich nach und nach, und das Wogen und Drängen ward immer stärker und bewegter, weil die Menge wo möglich immer nach der Gegend hinstrebte, wo ein neuer Auftritt erschien und etwas Besonderes angekündigt wurde.

Bei alledem herrschte eine ziemliche Stille, und als die Sturmglocke geläutet wurde, schien das ganze Volk von Schauer und Erstaunen ergriffen. Was nun zuerst die Aufmerksamkeit aller, die von oben herab den Platz übersehen konnten, erregte, war der Zug, in welchem die Herren von Aachen und Nürnberg die Reichskleinodien nach dem Dome brachten. Diese hatten als Schutzheiligtümer den ersten Platz im Wagen eingenommen, und die Deputierten saßen vor ihnen in anständiger Verehrung auf dem Rücksitz. Nunmehr begeben sich die drei Kurfürsten in den Dom. Nach Überreichung der Insignien an Kur-Mainz werden Krone und Schwert sogleich nach dem kaiserlichen Quartier gebracht. Die weiteren Anstalten und mancherlei Zeremoniell beschäftigen mittlerweile die Hauptpersonen sowie die Zuschauer in der Kirche, wie wir andern Unterrichteten uns wohl denken konnten.

Vor unsern Augen fuhren indessen die Gesandten auf den Römer, aus welchem der Baldachin von Unteroffizieren in das kaiserliche Quartier getragen wird. Sogleich besteigt der Erbmarschall Graf von Pappenheim sein Pferd, ein sehr schöner schlankgebildeter Herr, den die spanische Tracht, das reiche Wams, der goldne Mantel, der hohe Federhut und die gestrählten fliegenden Haare sehr wohl kleideten. Er setzt sich in Bewegung, und unter dem Geläute aller Glocken folgen ihm zu Pferde die Gesandten nach dem kaiserlichen Quartier in noch größerer Pracht als am Wahltage. Dort hätte man auch sein mögen, wie man sich an diesem Tage durchaus zu vervielfältigen wünschte. Wir erzählten einander indessen, was dort vorgehe. Nun zieht der Kaiser seinen Hausornat an, sagten wir, eine neue Bekleidung nach dem Muster der alten karolingischen verfertigt. Die Erbämter erhalten die Reichsinsignien und setzen sich damit zu Pferde. Der Kaiser im Ornat, der Römische König im spanischen Habit besteigen gleichfalls ihre Rosse, und indem dies geschieht, hat sie uns der vorausgeschrittene unendliche Zug bereits angemeldet.

Das Auge war schon ermüdet durch die Menge der reichgekleideten Dienerschaft und der übrigen Behörden, durch den stattlich einherwandelnden Adel; und als nunmehr die Wahlbotschafter, die Erbämter und zuletzt unter dem reichgestickten, von zwölf Schöffen und Ratsherren getragenen Baldachin der Kaiser in romantischer Kleidung, zur Linken, etwas hinter ihm, sein Sohn in spanischer Tracht, langsam auf prächtig geschmückten Pferden einherschwebten, war das Auge nicht mehr sich selbst genug. Man hätte gewünscht, durch eine Zauberformel die Erscheinung nur einen Augenblick zu fesseln; aber die Herrlichkeit zog unaufhaltsam vorbei, und den kaum verlassenen Raum erfüllte sogleich wieder das hereinwogende Volk.

Nun aber entstand ein neues Gedränge: denn es mußte ein anderer Zugang, von dem Markte her, nach der Römertüre eröffnet und ein Bretterweg aufgebrückt werden, welchen der aus dem Dom zurückkehrende Zug beschreiten sollte.

Was in dem Dome vorgegangen, die unendlichen Zeremonien, welche die Salbung, die Krönung, den Ritterschlag vorbereiten und begleiten, alles dieses ließen wir uns in der Folge gar gern von denen erzählen, die manches andere aufgeopfert hatten, um in der Kirche gegenwärtig zu sein.

Wir andern verzehrten mittlerweile auf unsern Plätzen eine frugale Mahlzeit: denn wir mußten an dem festlichsten Tage, den wir erlebten, mit kalter Küche vorliebnehmen. Dagegen aber war der beste und älteste Wein aus allen Familienkellern herangebracht worden, so daß wir von dieser Seite wenigstens dies altertümliche Fest altertümlich feierten.

Auf dem Platze war jetzt das Sehenswürdigste die fertig gewordene und mit rot, gelb und weißem Tuch überlegte Brücke, und wir sollten den Kaiser, den wir zuerst im Wagen, dann zu Pferde sitzend angestaunt, nun auch zu Fuße wandelnd bewundern; und sonderbar genug, auf das letzte freuten wir uns am meisten: denn uns deuchte diese Weise sich darzustellen, so wie die natürlichste, so auch die würdigste.

Ältere Personen, welche der Krönung Franz' des Ersten beigewohnt, erzählten: Maria Theresia, über die Maßen schön, habe jener Feierlichkeit an einem Balkonfenster des Hauses Frauenstein, gleich neben dem Römer, zugesehen. Als nun ihr Gemahl in der seltsamen Verkleidung aus dem Dome zurückgekommen und sich ihr sozusagen als ein Gespenst Karls des Großen dargestellt, habe er wie zum Scherz beide Hände erhoben und ihr den Reichsapfel, den Szepter und die wundersamen Handschuh hingewiesen, worüber sie in ein unendliches Lachen ausgebrochen; welches dem ganzen zuschauenden Volke zur größten Freude und Erbauung gedient, indem es darin das gute und natürliche Ehgattenverhältnis des allerhöchsten Paares der Christenheit mit Augen zu sehen gewürdiget worden. Als aber die Kaiserin, ihren Gemahl zu begrüßen, das Schnupftuch geschwungen und ihm selbst ein lautes Vivat zugerufen, sei der Enthusiasmus und der Jubel des Volks aufs höchste gestiegen, so daß das Freudengeschrei gar kein Ende finden können.

Nun verkündigte der Glockenschall und nun die Vordersten des langen Zuges, welche über die bunte Brücke ganz sachte einherschritten, daß alles getan sei. Die Aufmerksamkeit war größer denn je, der Zug deutlicher als vorher, besonders für uns, da er jetzt gerade nach uns zuging. Wir sahen ihn sowie den ganzen volkserfüllten Platz beinah im Grundriß. Nur zu sehr drängte sich am Ende die Pracht: denn die Gesandten, die Erbämter, Kaiser und König unter dem Baldachin, die drei geistlichen Kurfürsten, die sich anschlossen, die schwarzgekleideten Schöffen und Ratsherren, der goldgestickte Himmel, alles schien nur eine Masse zu sein, die nur von *einem* Willen bewegt, prächtig harmonisch und soeben unter dem Geläute der Glocken aus dem Tempel tretend, als ein Heiliges uns entgegenstrahlte.

Eine politisch-religiöse Feierlichkeit hat einen unendlichen Reiz. Wir sehen die irdische Majestät vor Augen, umgeben von allen Symbolen ihrer Macht; aber indem sie sich vor der himmlischen beugt, bringt sie uns die Gemeinschaft beider vor die Sinne. Denn auch der einzelne vermag seine Verwandtschaft mit der Gottheit nur dadurch zu betätigen, daß er sich unterwirft und anbetet.

Der von dem Markt her ertönende Jubel verbreitete sich nun auch über den großen Platz, und ein ungestümes Vivat erscholl aus tausend und aber tausend Kehlen und gewiß auch aus den Herzen. Denn dieses große Fest sollte ja das Pfand eines dauerhaften Friedens werden, der auch wirklich lange Jahre hindurch Deutschland beglückte.

Mehrere Tage vorher war durch öffentlichen Ausruf bekanntgemacht, daß weder die Brücke noch der Adler über dem Brunnen preisgegeben und also nicht vom Volke wie sonst angetastet werden solle. Es geschah dies, um manches bei solchen Anstürmen unvermeidliche Unglück zu verhüten. Allein um doch einigermaßen dem Genius des Pöbels zu opfern, gingen eigens bestellte Personen hinter dem Zuge her, lösten das Tuch von der Brücke, wickelten es bahnenweise zusammen und warfen es in die Luft. Hiedurch entstand nun zwar kein Unglück, aber ein lächerliches Unheil: denn das Tuch entrollte sich in der Luft und bedeckte, wie es niederfiel, eine größere oder geringere Anzahl Menschen. Diejenigen nun, welche die Enden faßten und solche an sich zogen, rissen alle die Mittleren zu Boden, umhüllten und ängstigten sie so lange, bis sie sich durchgerissen oder durchgeschnitten und jeder nach seiner Weise einen Zipfel dieses durch die Fußtritte der Majestäten geheiligten Gewebes davongetragen hatte.

Dieser wilden Belustigung sah ich nicht lange zu, sondern eilte von meinem hohen Standorte durch allerlei Treppchen und Gänge hinunter an die große Römerstiege, wo die aus der Ferne angestaunte, so vornehme als herrliche Masse heraufwallen sollte. Das Gedräng war nicht groß, weil die Zugänge des Rathauses wohl besetzt waren, und ich kam glücklich unmittelbar oben an das eiserne Geländer. Nun stiegen die Hauptpersonen an mir vorüber, indem das Gefolge in den untern Gewölbgängen zurückblieb, und ich konnte sie auf der dreimal gebrochenen Treppe von allen Seiten und zuletzt ganz in der Nähe betrachten.

Endlich kamen auch die beiden Majestäten herauf. Vater und Sohn waren wie Menächmen überein gekleidet. Des Kaisers Hausornat von purpurfarbner Seide, mit Perlen und Steinen reich geziert, sowie Krone, Szepter und Reichsapfel fielen wohl in die Augen: denn alles war neu daran, und die Nachahmung des Altertums geschmackvoll. So bewegte er sich auch in seinem Anzuge ganz bequem, und sein treuherzig würdiges Gesicht gab zugleich den Kaiser und den Vater zu erkennen. Der junge König hingegen schleppte sich in den ungeheuren Gewandstücken mit den Kleinodien Karls des Großen wie in einer Verkleidung einher, so daß er selbst, von Zeit zu Zeit seinen Vater ansehend, sich des Lächelns nicht enthalten konnte. Die Krone, welche man sehr hatte füttern müssen, stand wie ein übergreifendes Dach vom Kopf ab. Die Dalmatika, die Stola, so gut sie auch angepaßt und eingenäht worden, gewährte doch keineswegs ein vorteilhaftes Aussehen. Szepter und Reichsapfel setzten in Verwunderung; aber man konnte sich nicht leugnen, daß man lieber eine mächtige, dem Anzuge gewachsene Gestalt, um der günstigern Wirkung willen, damit bekleidet und ausgeschmückt gesehen hätte.

Kaum waren die Pforten des großen Saales hinter diesen Gestalten wieder geschlossen, so eilte ich auf meinen vorigen Platz, der, von andern bereits eingenommen, nur mit einiger Not mir wieder zuteil wurde.

Es war eben die rechte Zeit, daß ich von meinem Fenster wieder Besitz nahm: denn das Merkwürdigste, was öffentlich zu erblicken war, sollte eben vorgehen. Alles Volk hatte sich gegen den Römer zu gewendet, und ein abermaliges Vivatschreien gab uns zu erkennen, daß Kaiser und König an dem Balkonfenster des großen Saales in ihrem Ornate sich dem Volke zeigten. Aber sie sollten nicht allein zum Schauspiel dienen, sondern vor ihren Augen sollte ein seltsames Schauspiel vorgehen. Vor allen schwang sich nun der schöne schlanke Erbmarschall auf sein Roß; er hatte das Schwert abgelegt, in seiner Rechten hielt er ein silbernes gehenkeltes Gefäß und ein Streichblech in der Linken. So ritt er in den Schranken auf den großen Haferhaufen zu, sprengte hinein, schöpfte das Gefäß übervoll, strich es ab und trug es mit großem Anstande wieder zurück. Der kaiserliche Marstall war nunmehr versorgt. Der Erbkämmerer ritt sodann gleichfalls auf jene Gegend zu und brachte ein Handbecken nebst Gießfaß und Handquehle zurück. Unterhaltender aber für die Zuschauer war der Erbtruchseß, der ein Stück von dem gebratnen Ochsen zu holen kam. Auch er ritt mit einer silbernen Schüssel durch die Schranken bis zu der großen Bretterküche und kam bald mit verdecktem Gericht wieder hervor, um seinen Weg nach dem Römer zu nehmen. Die Reihe traf nun den Erbschenken, der zu dem Springbrunnen ritt und Wein holte. So war nun auch die kaiserliche Tafel bestellt, und aller Augen warteten auf den Erbschatzmeister, der das Geld auswerfen sollte.

Auch er bestieg ein schönes Roß, dem zu beiden Seiten des Sattels anstatt der Pistolenhalftern ein paar prächtige, mit dem kurpfälzischen Wappen gestickte Beutel befestigt hingen. Kaum hatte er sich in Bewegung gesetzt, als er in diese Taschen griff und rechts und links Gold- und Silbermünzen freigebig ausstreute, welche jedesmal in der Luft als ein metallner Regen gar lustig glänzten. Tausend Hände zappelten augenblicklich in der Höhe, um die Gaben aufzufangen; kaum aber waren die Münzen niedergefallen, so wühlte die Masse in sich selbst gegen den Boden und rang gewaltig um die Stücke, welche zur Erde mochten gekommen sein. Da nun diese Bewegung von beiden Seiten sich immer wiederholte, wie der Geber vorwärts ritt, so war es für die Zuschauer ein sehr belustigender Anblick. Zum Schlusse ging es am allerlebhaftesten her, als er die Beutel selbst auswarf und ein jeder noch diesen höchsten Preis zu erhaschen trachtete.

Die Majestäten hatten sich vom Balkon zurückgezogen, und nun sollte dem Pöbel abermals ein Opfer gebracht werden, der in solchen Fällen lieber die Gaben rauben als sie gelassen und dankbar empfangen will. In rohern und derberen Zeiten herrschte der Gebrauch, den Hafer, gleich nachdem der Erbmarschall das Teil weggenommen, den Springbrunnen, nachdem der Erbschenk, die Küche, nachdem der Erbtruchseß sein Amt verrichtet, auf der Stelle preiszugeben. Diesmal aber hielt man, um alles Unglück zu verhüten, so viel es sich tun ließ, Ordnung und Maß. Doch fielen die alten schadenfrohen Späße wieder vor, daß, wenn einer einen Sack Hafer aufgepackt hatte, der andre ihm ein Loch hineinschnitt, und was dergleichen Artigkeiten mehr waren. Um den gebratnen Ochsen aber wurde diesmal wie sonst ein ernsterer Kampf geführt. Man konnte sich denselben nur in Masse streitig machen. Zwei Innungen, die

Metzger und Weinschröter, hatten sich hergebrachtermaßen wieder so postiert, daß einer von beiden dieser ungeheure Braten zuteil werden mußte. Die Metzger glaubten das größte Recht an einen Ochsen zu haben, den sie unzerstückt in die Küche geliefert; die Weinschröter dagegen machten Anspruch, weil die Küche in der Nähe ihres zunftmäßigen Aufenthalts erbaut war und weil sie das letzte Mal obgesiegt hatten, wie denn aus dem vergitterten Giebelfenster ihres Zunft- und Versammlungshauses die Hörner jenes erbeuteten Stiers als Siegeszeichen hervorstarrend zu sehen waren. Beide zahlreichen Innungen hatten sehr kräftige und tüchtige Mitglieder; wer aber diesmal den Sieg davongetragen, ist mir nicht mehr erinnerlich.

Wie nun aber eine Feierlichkeit dieser Art mit etwas Gefährlichem und Schreckhaften schließen soll, so war es wirklich ein fürchterlicher Augenblick, als die bretterne Küche selbst preisgemacht wurde. Das Dach derselben wimmelte sogleich von Menschen, ohne daß man wußte, wie sie hinaufgekommen; die Bretter wurden losgerissen und heruntergestürzt, so daß man, besonders in der Ferne, denken mußte, ein jedes werde ein paar der Zudringenden totschlagen. In einem Nu war die Hütte abgedeckt, und einzelne Menschen hingen an Sparren und Balken, um auch diese aus den Fugen zu reißen; ja manche schwebten noch oben herum, als schon unten die Pfosten abgesägt waren, das Gerippe hin und wider schwankte und jähen Einsturz drohte. Zarte Personen wandten die Augen hinweg, und jedermann erwartete sich ein großes Unglück; allein man hörte nicht einmal von irgendeiner Beschädigung, und alles war, obgleich heftig und gewaltsam, doch glücklich vorübergegangen.

Jedermann wußte nun, daß Kaiser und König aus dem Kabinett, wohin sie vom Balkon abgetreten, sich wieder hervorbegeben und in dem großen Römersaale speisen würden. Man hatte die Anstalten dazu tags vorher bewundern können, und mein sehnlichster Wunsch war, heute womöglich nur einen Blick hinein zu tun. Ich begab mich daher auf gewohnten Pfaden wieder an die große Treppe, welcher die Türe des Saals gerade gegenüber steht. Hier staunte ich nun die vornehmen Personen an, welche sich heute als Diener des Reichsoberhauptes bekannten. Vierundvierzig Grafen, die Speisen aus der Küche herantragend, zogen an mir vorbei, alle prächtig gekleidet, so daß der Kontrast ihres Anstandes mit der Handlung für einen Knaben wohl sinnverwirrend sein konnte. Das Gedränge war nicht groß, doch wegen des kleinen Raums merklich genug. Die Saaltüre war bewacht, indes gingen die Befugten häufig aus und ein. Ich erblickte einen pfälzischen Hausoffizianten, den ich anredete, ob er mich nicht mit hineinbringen könne. Er besann sich nicht lange, gab mir eins der silbernen Gefäße, die er eben trug, welches er um so eher konnte, als ich sauber gekleidet war; und so gelangte ich denn in das Heiligtum. Das pfälzische Büfett stand links, unmittelbar an der Türe, und mit einigen Schritten befand ich mich auf der Erhöhung desselben hinter den Schranken.

Am andern Ende des Saals, unmittelbar an den Fenstern, saßen auf Thronstufen erhöht, unter Baldachinen, Kaiser und König in ihren Ornaten; Krone und Szepter aber lagen auf goldnen Kissen rückwärts in einiger Entfernung. Die drei geistlichen Kurfürsten hatten, ihre Büfette hinter sich, auf einzelnen Estraden Platz genommen: Kur-Mainz den Majestäten gegenüber, Kur-Trier zur Rechten und Kur-Köln zur Linken. Dieser obere Teil des Saals war würdig und erfreulich anzusehen und erregte die Bemerkung, daß die Geistlichkeit sich so lange als möglich mit dem Herrscher halten mag. Dagegen ließen die zwar prächtig aufgeputzten, aber herrenleeren Büfette und Tische der sämtlichen weltlichen Kurfürsten an das Mißverhältnis denken, welches zwischen ihnen und dem Reichsoberhaupt durch Jahrhunderte allmählich entstanden war. Die Gesandten derselben hatten sich schon entfernt, um in einem Seitenzimmer zu speisen; und wenn dadurch der größte Teil des Saales ein gespensterhaftes Ansehn bekam, daß so viele unsichtbare Gäste auf das prächtigste bedient wurden, so war eine große unbesetzte Tafel in der Mitte noch trüber anzusehen: denn hier standen auch so viele Kuverte leer, weil alle die, welche allenfalls ein Recht hatten, sich daran zu setzen, anstandshalber, um an dem größten Ehrentag ihrer Ehre nichts zu vergeben ausblieben, wenn sie sich auch dermalen in der Stadt befanden. Viele Betrachtungen anzustellen erlaubten mir weder meine Jahre noch das Gedräng der Gegenwart. Ich bemühte mich, alles möglichst ins Auge zu fassen, und wie der Nachtisch aufgetragen wurde, da die Gesandten, um ihren Hof zu machen, wieder hereintraten, suchte ich das Freie und wußte mich bei guten Freunden in der Nachbarschaft nach dem heutigen Halbfasten wieder zu erquicken und zu den Illuminationen des Abends vorzubereiten. Diesen glänzenden Abend gedachte ich auf eine gemütliche Weise zu feiern: denn ich hatte mit Gretchen, mit Pylades und der Seinigen abgeredet, daß wir uns zur nächtigen Stunde irgendwo treffen wollten. Schon leuchtete die Stadt an allen Ecken und Enden, als ich meine Geliebten antraf. Ich reichte Gretchen den Arm, wir zogen von einem Quartier zum andern und befanden uns zusammen sehr glücklich. Die Vettern waren anfangs auch bei der Gesellschaft, verloren sich aber nachher unter der Masse des Volks. Vor den Häusern einiger Gesandten, wo man prächtige Illuminationen angebracht hatte (die kurpfälzische zeichnete sich vorzüglich aus), war es so hell, wie es am Tage nur sein kann. Um nicht erkannt zu werden, hatte ich mich einigermaßen vermummt, und Gretchen fand es nicht übel. Wir bewunderten die verschiedenen glänzenden Darstellungen und die feenmäßigen Flammengebäude, womit immer ein Gesandter den andern zu überbieten gedacht hatte. Die Anstalt des Fürsten Esterhazy jedoch übertraf alle die übrigen. Unsere kleine Gesellschaft war von der Erfindung und Ausführung entzückt, und wir wollten eben das einzelne recht genießen, als uns die Vettern wieder begegneten und von der herrlichen Erleuchtung sprachen, womit der brandenburgische Gesandte sein Quartier ausgeschmückt habe. Wir ließen uns nicht verdrießen, den weiten Weg von dem Roßmarkte bis zum Saalhof zu machen, fanden aber, daß man uns auf eine frevle Weise zum besten gehabt hatte.

Der Saalhof ist nach dem Main zu ein regelmäßiges und ansehnliches Gebäude, dessen nach der Stadt gerichteter Teil aber uralt, unregelmäßig und unscheinbar. Kleine, weder in Form noch Größe übereinstimmende, noch auf eine Linie, noch in gleicher Entfernung gesetzte Fenster, unsymmetrisch angebrachte Tore und Türen, ein meist in Kramläden verwandeltes Untergeschoß bilden eine verworrene Außenseite, die von niemand jemals betrachtet wird. Hier war man nun der zufälligen, unregelmäßigen, unzusammenhängenden Architektur gefolgt und hatte jedes Fenster, jede Türe, jede Öffnung für sich mit Lampen umgeben, wie man es allenfalls bei einem wohlgebauten Hause tun kann, wodurch aber hier die schlechteste und mißgebildetste aller Fassaden ganz unglaublich in das hellste Licht gesetzt wurde. Hatte man sich nun hieran, wie etwa an den Späßen des Pagliasso ergetzt, obgleich nicht ohne Bedenklichkeiten, weil jedermann etwas Vorsätzliches darin erkennen mußte – wie man denn schon vorher über das sonstige äußre Benehmen des übrigens sehr geschätzten Plotho glossiert und, da man ihm nun einmal gewogen war, auch den Schalk in ihm bewundert hatte, der sich über alles Zeremoniell wie sein König hinauszusetzen pflege –, so ging man doch lieber in das Esterhazysche Feenreich wieder zurück. Dieser hohe Botschafter hatte, diesen Tag zu ehren, sein ungünstig gelegenes Quartier ganz übergangen und dafür die große Lindenesplanade am Roßmarkt vorn mit einem farbig erleuchteten Portal, im Hintergrund aber mit einem wohl noch prächtigern Prospekte verzieren lassen. Die ganze Einfassung bezeichneten Lampen. Zwischen den Bäumen standen Lichtpyramiden und Kugeln auf durchscheinenden Piedestalen; von einem Baum zum andern zogen sich leuchtende Girlanden, an welchen Hängeleuchter schwebten. An mehreren Orten verteilte man Brot und Würste unter das Volk und ließ es an Wein nicht fehlen.

Hier gingen wir nun zu vieren aneinander geschlossen höchst behaglich auf und ab, und ich an Gretchens Seite deuchte mir wirklich in jenen glücklichen Gefilden Elysiums zu wandeln, wo man die kristallnen Gefäße vom Baume bricht, die sich mit dem gewünschten Wein sogleich füllen, und wo man Früchte schüttelt, die sich in jede beliebige Speise verwandeln. Ein solches Bedürfnis fühlten wir denn zuletzt auch, und geleitet von Pylades, fanden wir ein ganz artig eingerichtetes Speisehaus; und da wir keine Gäste weiter antrafen, indem alles auf den Straßen umherzog, ließen wir es uns um so wohler sein und verbrachten den größten Teil der Nacht im Gefühl von Freundschaft, Liebe und Neigung auf das heiterste und glücklichste. Als ich Gretchen bis an ihre Türe begleitet hatte, küßte sie mich auf die Stirn. Es war das erste und letzte Mal, daß sie mir diese Gunst erwies: denn leider sollte ich sie nicht wiedersehen.

Den andern Morgen lag ich noch im Bette, als meine Mutter verstört und ängstlich hereintrat. Man konnte es ihr gar leicht ansehen, wenn sie sich irgend bedrängt fühlte. – ›Steh auf‹, sagte sie, ›und mach dich auf etwas Unangenehmes gefaßt. Es ist herausgekommen, daß du sehr schlechte Gesellschaft besuchst und dich in die gefährlichsten und schlimmsten Händel verwickelt hast. Der Vater ist außer sich, und wir haben nur so viel von ihm erlangt, daß er die Sache durch einen Dritten untersuchen will. Bleib auf deinem Zimmer und erwarte, was bevorsteht. Der Rat Schneider wird zu dir kommen; er hat sowohl vom Vater als von der Obrigkeit den Auftrag: denn die Sache ist schon anhängig und kann eine sehr böse Wendung nehmen.‹

Ich sah wohl, daß man die Sache viel schlimmer nahm, als sie war; doch fühlte ich mich nicht wenig beunruhigt, wenn auch nur das eigentliche Verhältnis entdeckt werden sollte. Der alte messianische Freund trat endlich herein, die Tränen standen ihm in den Augen; er faßte mich beim Arm und sagte: ›Es tut mir herzlich leid, daß ich in solcher Angelegenheit zu Ihnen komme. Ich hätte nicht gedacht, daß Sie sich so weit verirren könnten. Aber was tut nicht schlechte Gesellschaft und böses Beispiel; und so kann ein junger unerfahrner Mensch Schritt vor Schritt bis zum Verbrechen geführt werden.‹ – Ich bin mir keines Verbrechens bewußt, versetzte ich darauf, so wenig, als schlechte Gesellschaft besucht zu haben. – ›Es ist jetzt nicht von einer Verteidigung die Rede‹, fiel er mir ins Wort, ›sondern von einer Untersuchung, und Ihrerseits von einem aufrichtigen Bekenntnis.‹ – Was verlangen Sie zu wissen? sagte ich dagegen. Er setzte sich und zog sein Blatt hervor und fing zu fragen an: ›Haben Sie nicht den N. N. Ihrem Großvater als einen Klienten zu einer ***Stelle empfohlen?‹ Ich antwortete: Ja. – ›Wo haben Sie ihn kennengelernt?‹ – Auf Spaziergängen. – ›In welcher Gesellschaft?‹ – Ich stutzte: denn ich wollte nicht gern meine Freunde verraten. – ›Das Verschweigen wird nichts helfen‹, fuhr er fort, ›denn es ist alles schon genugsam bekannt.‹ – Was ist denn bekannt? sagte ich. ›Das Ihnen dieser Mensch durch andere seinesgleichen ist vorgeführt worden, und zwar durch ***.‹ Hier nannte er die Namen von drei Personen, die ich niemals gesehen noch gekannt hatte; welches ich dem Fragenden denn auch sogleich erklärte. – ›Sie wollen‹, fuhr jener fort, ›diese Menschen nicht kennen und haben doch mit ihnen öftre Zusammenkünfte gehabt!‹ – Auch nicht die geringste, versetzte ich: denn, wie gesagt, außer dem ersten kenne ich keinen und habe auch den niemals in einem Hause gesehen. – ›Sind Sie nicht oft in der ***Straße gewesen?‹ – Niemals, versetzte ich. Dies war nicht ganz der Wahrheit gemäß. Ich hatte Pylades einmal zu seiner Geliebten begleitet, die in der Straße wohnte; wir waren aber zur Hintertüre hereingegangen und im Gartenhause geblieben. Daher glaubte ich mir die Ausflucht erlauben zu können, in der Straße selbst nicht gewesen zu sein.

Der gute Mann tat noch mehr Fragen, die ich alle verneinen konnte: denn es war mir von alledem, was er zu wissen verlangte, nichts bekannt. Endlich schien er verdrießlich zu werden und sagte: ›Sie belohnen mein Vertrauen und meinen guten Willen sehr schlecht; ich komme, um Sie zu retten. Sie können nicht leugnen, daß Sie für diese Leute selbst oder für ihre Mitschuldigen Briefe verfaßt, Aufsätze gemacht und so zu ihren schlechten Streichen behülflich gewesen. Ich komme, um Sie zu retten: denn es ist von nichts Geringerem als nachgemachten Handschriften, falschen Testamenten, untergeschobnen Schuldscheinen und ähnlichen Dingen die Rede. Ich komme nicht allein als Hausfreund; ich komme im Namen und auf Befehl der Obrigkeit, die, in Betracht Ihrer Familie und Ihrer Jugend, Sie und einige andre Jünglinge verschonen will, die gleich Ihnen ins Netz gelockt worden.‹ – Es war mir auffallend, daß unter den Personen, die er nannte, sich gerade die nicht fanden, mit denen ich Umgang gepflogen. Die Verhältnisse trafen nicht zusammen, aber sie berührten sich, und ich konnte noch immer hoffen, meine jungen Freunde zu schonen. Allein der wackre Mann ward immer dringender. Ich konnte nicht leugnen, daß ich manche Nächte spät nach Hause gekommen war, daß ich mir einen Hausschlüssel zu verschaffen gewußt, daß ich mit Personen von geringem Stand und verdächtigem Aussehen an Lustorten mehr als einmal bemerkt worden, daß Mädchen mit in die Sache verwickelt seien; genug, alles schien entdeckt bis auf die Namen. Dies gab mir Mut, standhaft im Schweigen zu sein. – ›Lassen Sie mich‹, sagte der brave Freund, ›nicht von Ihnen weggehen. Die Sache leidet keinen Aufschub; unmittelbar nach mir wird ein andrer kommen, der Ihnen nicht so viel Spielraum läßt. Verschlimmern Sie die ohnehin böse Sache nicht durch Ihre Hartnäckigkeit.‹

Nun stellte ich mir die guten Vettern, und Gretchen besonders, recht lebhaft vor; ich sah sie gefangen, verhört, bestraft, geschmäht, und mir fuhr wie ein Blitz durch die Seele, daß die Vettern denn doch, ob sie gleich gegen mich alle Rechtlichkeit beobachtet, sich in so böse Händel konnten eingelassen haben, wenigstens der älteste, der mir niemals recht gefallen wollte, der immer später nach Hause kam und wenig Heiters zu erzählen wußte. Noch immer hielt ich mein Bekenntnis zurück. – Ich bin mir, sagte ich, persönlich nichts Böses bewußt und kann von *der* Seite ganz ruhig sein; aber es wäre nicht unmöglich, daß diejenigen, mit denen ich umgegangen bin, sich einer verwegnen oder gesetzwidrigen Handlung schuldig gemacht hätten. Man mag sie suchen, man mag sie finden, sie überführen und bestrafen, ich habe mir bisher nichts vorzuwerfen und will auch gegen die nichts verschulden, die sich freundlich und gut gegen mich benommen haben. – Er ließ mich nicht ausreden, sondern rief mit einiger Bewegung: ›Ja, man wird sie finden. In drei Häusern kamen diese Bösewichter zusammen.‹ (Er nannte die Straßen, er bezeichnete die Häuser, und zum Unglück befand sich auch das darunter, wohin ich zu gehen pflegte.) ›Das erste Nest ist schon ausgehoben‹, fuhr er fort, ›und in diesem Augenblick werden es die beiden andern. In wenig Stunden wird alles im klaren sein. Entziehen Sie sich durch ein redliches Bekenntnis einer gerichtlichen Untersuchung, einer Konfrontation, und wie die garstigen Dinge alle heißen.‹ – Das Haus war genannt und bezeichnet. Nun hielt ich alles Schweigen für unnütz; ja bei der Unschuld unsrer Zusammenkünfte konnte ich hoffen, jenen noch mehr als mir nützlich zu sein. – Setzen Sie sich, rief ich aus und holte ihn von der Türe zurück: ich will Ihnen alles erzählen und zugleich mir und Ihnen das Herz erleichtern; nur das *eine* bitte ich: von nun an keine Zweifel in meine Wahrhaftigkeit.

Ich erzählte nun dem Freunde den ganzen Hergang der Sache, anfangs ruhig und gefaßt; doch je mehr ich mir die Personen, Gegenstände, Begebenheiten ins Gedächtnis rief und vergegenwärtigte und so manche unschuldige Freude, so manchen heitern Genuß gleichsam vor einem Kriminalgericht deponieren sollte, desto mehr wuchs die schmerzlichste Empfindung, so daß ich zuletzt in Tränen ausbrach und mich einer unbändigen Leidenschaft überließ. Der Hausfreund, welcher hoffte, daß eben jetzt das rechte Geheimnis auf dem Wege sein möchte, sich zu offenbaren (denn er hielt meinen Schmerz für ein Symptom, daß ich im Begriff stehe, mit Widerwillen ein Ungeheures zu bekennen), suchte mich, da ihm an der Entdeckung alles gelegen war, aufs beste zu beruhigen; welches ihm zwar nur zum Teil gelang, aber doch insofern, daß ich meine Geschichte notdürftig auserzählen konnte. Er war, obgleich zufrieden über die Unschuld der Vorgänge, doch noch einigermaßen zweifelhaft und erließ neue Fragen an mich, die mich abermals aufregten und in Schmerz und Wut versetzten. Ich versicherte endlich, daß ich nichts weiter zu sagen habe und wohl wisse, daß ich nichts zu fürchten brauche: denn ich sei unschuldig, von gutem Hause und wohl empfohlen; aber jene könnten ebenso unschuldig sein, ohne daß man sie dafür anerkenne oder sonst begünstige. Ich erklärte zugleich, daß, wenn man jene nicht wie mich schonen, ihren Torheiten nachsehen und ihre Fehler verzeihen wolle, wenn ihnen nur im mindesten hart und unrecht geschehe, so würde ich mir ein Leids antun, und daran solle mich niemand hindern. Auch hierüber suchte mich der Freund zu beruhigen; aber ich traute ihm nicht und war, als er mich zuletzt verließ, in der entsetzlichsten Lage. Ich machte mir nun doch Vorwürfe, die Sache erzählt und alle die Verhältnisse ans Licht gebracht zu haben. Ich sah voraus, daß man die kindlichen Handlungen, die jugendlichen Neigungen und Vertraulichkeiten ganz anders auslegen würde, und daß ich vielleicht den guten Pylades mit in diesen Handel verwickeln und sehr unglücklich machen könnte. Alle diese Vorstellungen drängten sich lebhaft hintereinander vor meiner Seele, schärften und spornten meinen Schmerz, so daß ich mir vor Jammer nicht zu helfen wußte, mich die Länge lang auf die Erde warf und den Fußboden mit meinen Tränen benetzte. Ich weiß nicht, wie lange ich mochte gelegen haben, als meine Schwester hereintrat, über meine Gebärde erschrak und alles mögliche tat, mich aufzurichten. Sie erzählte mir, daß eine Magistratsperson unten beim Vater die Rückkunft des Hausfreundes erwartet, und nachdem sie sich eine Zeitlang eingeschlossen gehalten, seien die beiden Herren weggegangen und hätten untereinander sehr zufrieden, ja mit

Lachen geredet, und sie glaube die Worte verstanden zu haben: Es ist recht gut, die Sache hat nichts zu bedeuten. – Freilich, fuhr ich auf, hat die Sache nichts zu bedeuten, für mich, für uns: denn ich habe nichts verbrochen, und wenn ich es hätte, so würde man mir durchzuhelfen wissen; aber jene, jene, rief ich aus, wer wird ihnen beistehn! – Meine Schwester suchte mich umständlich mit dem Argumente zu trösten, daß, wenn man die Vornehmeren retten wolle, man auch über die Fehler der Geringern einen Schleier werfen müsse. Das alles half nichts. Sie war kaum weggegangen, als ich mich wieder meinem Schmerz überließ und sowohl die Bilder meiner Neigung und Leidenschaft als auch des gegenwärtigen und möglichen Unglücks immer wechselsweise hervorrief. Ich erzählte mir Märchen auf Märchen, sah nur Unglück auf Unglück und ließ es besonders daran nicht fehlen, Gretchen und mich recht elend zu machen.

Der Hausfreund hatte mir geboten, auf meinem Zimmer zu bleiben und mit niemand mein Geschäft zu pflegen, außer den Unsrigen. Es war mir ganz recht, denn ich befand mich am liebsten allein. Meine Mutter und Schwester besuchten mich von Zeit zu Zeit und ermangelten nicht, mir mit allerlei gutem Trost auf das kräftigste beizustehen; ja sie kamen sogar schon den zweiten Tag, im Namen des nun besser unterrichteten Vaters mir eine völlige Amnestie anzubieten, die ich zwar dankbar annahm, allein den Antrag, daß ich mit ihm ausgehen und die Reichsinsignien, welche man nunmehr den Neugierigen vorzeigte, beschauen sollte, hartnäckig ablehnte und versicherte, daß ich weder von der Welt noch von dem Römischen Reiche etwas weiter wissen wolle, bis mir bekannt geworden, wie jener verdrießliche Handel, der für mich weiter keine Folgen haben würde, für meine armen Bekannten ausgegangen. Sie wußten hierüber selbst nichts zu sagen und ließen mich allein. Doch machte man die folgenden Tage noch einige Versuche, mich aus dem Hause und zur Teilnahme an den öffentlichen Feierlichkeiten zu bewegen. Vergebens! weder der große Galatag noch was bei Gelegenheit so vieler Standeserhöhungen vorfiel, noch die öffentliche Tafel des Kaisers und Königs, nichts konnte mich rühren. Der Kurfürst von der Pfalz mochte kommen, um den beiden Majestäten aufzuwarten, diese mochten die Kurfürsten besuchen, man mochte zur letzten kurfürstlichen Sitzung zusammenfahren, um die rückständigen Punkte zu erledigen und den Kurverein zu erneuern, nichts konnte mich aus meiner leidenschaftlichen Einsamkeit hervorrufen. Ich ließ am Dankfeste die Glocken läuten, den Kaiser sich in die Kapuzinerkirche begeben, die Kurfürsten und den Kaiser abreisen, ohne deshalb einen Schritt von meinem Zimmer zu tun. Das letzte Kanonieren, so unmäßig es auch sein mochte, regte mich nicht auf, und wie der Pulverdampf sich verzog und der Schall verhallte, war auch alle diese Herrlichkeit vor meiner Seele weggeschwunden.

Ich empfand nun keine Zufriedenheit als im Wiederkäuen meines Elends und in der tausendfachen imaginären Vervielfältigung desselben. Meine ganze Erfindungsgabe, meine Poesie und Rhetorik hatten sich auf diesen kranken Fleck geworfen und drohten, gerade durch diese Lebensgewalt, Leib und Seele in eine unheilbare Krankheit zu verwickeln. In diesem traurigen Zustande kam mir nichts mehr wünschenswert, nichts begehrenswert mehr vor. Zwar ergriff mich manchmal ein unendliches Verlangen, zu wissen, wie es meinen armen Freunden und Geliebten ergehe, was sich bei näherer Untersuchung ergeben, inwiefern sie mit in jene Verbrechen verwickelt oder unschuldig möchten erfunden sein. Auch dies malte ich mir auf das mannigfaltigste umständlich aus und ließ es nicht fehlen, sie für unschuldig und recht unglücklich zu halten. Bald wünschte ich mich von dieser Ungewißheit befreit zu sehen und schrieb heftig drohende Briefe an den Hausfreund, daß er mir den weitern Gang der Sache nicht vorenthalten solle. Bald zerriß ich sie wieder, aus Furcht, mein Unglück recht deutlich zu erfahren und des phantastischen Trostes zu entbehren, mit dem ich mich bis jetzt wechselweise gequält und aufgerichtet hatte.

So verbrachte ich Tag und Nacht in großer Unruhe, in Rasen und Ermattung, so daß ich mich zuletzt glücklich fühlte, als eine körperliche Krankheit mit ziemlicher Heftigkeit eintrat, wobei man den Arzt zu Hülfe rufen und darauf denken mußte, mich auf alle Weise zu beruhigen. Man glaubte es im allgemeinen tun zu können, indem man mir heilig versicherte, daß alle in jene Schuld mehr oder weniger Verwickelten mit der größten Schonung behandelt worden, daß meine nächsten Freunde, so gut wie ganz schuldlos, mit einem leichten Verweise entlassen worden, und daß Gretchen sich aus der Stadt entfernt habe und wieder in ihre Heimat gezogen sei. Mit dem letzten zauderte man am längsten, und ich nahm es auch nicht zum besten auf: denn ich konnte darin keine freiwillige Abreise, sondern nur eine schmähliche Verbannung entdecken. Mein körperlicher und geistiger Zustand verbesserte sich dadurch nicht: die Not ging nun erst recht an, und ich hatte Zeit genug, mir den seltsamsten Roman von traurigen Ereignissen und einer unvermeidlich tragischen Katastrophe selbstquälerisch auszumalen.

Julius Cäsars Triumphzug, gemalt von Mantegna

Des Meisters Kunst im allgemeinsten

An den Werken dieses außerordentlichen Künstlers, vorzüglich auch an dem Triumphzug Cäsars, einer Hauptarbeit, wovon wir näher zu handeln gedenken, glauben wir einen Widerstreit zu fühlen, welcher beim ersten Anblick nicht aufzulösen scheint.

Zuvörderst also werden wir gewahr, daß er nach dem strebt, was man Stil nennt, nach einer allgemeinen Norm der Gestalten; denn sind auch mitunter seine Proportionen zu lang, die Formen zu hager, so ist doch ein allgemein Kräftiges, Tüchtiges, Übereinstimmendes durchaus wahrzunehmen an Menschen und Tieren, nicht weniger in allen Nebensachen von Kleidern, Waffen und erdenklichem Gerät. Hier überzeugt man sich von seinem Studium der Antike; hier muß man anerkennen, er sei in das Altertum eingeweiht, er habe sich darein völlig versenkt.

Nun gelingt ihm aber auch die unmittelbarste und individuellste Natürlichkeit bei Darstellung der mannigfaltigsten Gestalten und Charaktere. Die Menschen, wie sie leiben und leben, mit persönlichen Vorzügen und Mängeln, wie sie auf dem Markte schlendern, in Prozessionen einhergehen, sich in Haufen zusammendrängen, weiß er zu schildern; jedes Alter, jedes Temperament wird in seiner Eigentümlichkeit vorgeführt, so daß, wenn wir erst das allgemeinste ideellste Streben gewahr wurden, wir sodann, nicht etwa nebenan, sondern mit dem Höhern verkörpert, auch das Besonderste, Natürlichste, Gemeinste aufgefaßt und überliefert sehen.

Diese beinahe unmöglich scheinende Leistung erklärt sich nur durch Ereignisse seines Lebens. Ein vorzüglicher Maler jener Zeit, Francesco Squarcione, gewinnt unter vielen Schülern den jungen, früh sich auszeichnenden Mantegna lieb, daß er ihm nicht allein den treusten und entschiedensten Unterricht gönnt, sondern ihn sogar an Kindesstatt annimmt und also mit ihm, für und durch ihn fortwirken zu wollen erklärt.

Als aber endlich dieser herangebildete glückliche Zögling mit der Familie Bellin bekannt wird und sie an ihm gleichfalls den Künstler wie den Menschen anzuerkennen und zu schätzen weiß, in solchem Grade, daß ihm eine Tochter Jakobs, die Schwester von Johann und Gentile, angetraut wird, da verwandelt sich die eifersüchtige Neigung des ersten väterlichen Meisters in einen grenzenlosen Haß, sein Beistand in Verfolgung, sein Lob in Schmähungen.

Nun gehörte aber Squarcione zu den Künstlern, denen im funfzehnten Jahrhunderte der hohe Wert antiker Kunst aufgegangen war; er selbst arbeitete in diesem Sinne nach Vermögen und säumte nicht, seine Schüler unverrückt dahin zu weisen. – Es sei sehr töricht, war sein Behaupten, das Schöne, Hohe, Herrliche mit eigenen Augen in der Natur suchen, es mit eigenen Kräften ihr abgewinnen zu wollen, da unsere großen griechischen Vorfahren sich schon längst des Edelsten und des Darstellenswertesten bemächtigt und wir also aus ihren Schmelzöfen schon das geläuterte Gold erhalten könnten, das wir aus Schutt und Grus der Natur nur mühselig ausklaubend als kümmerlichen Gewinn eines vergeudeten Lebens bedauern müssen.

In diesem Sinne hatte sich denn der hohe Geist des talentvollsten Jünglings unablässig gehalten, zu Freude seines

Meisters und eigenen großen Ehren. Als nun aber Lehrer und Schüler feindselig zerfallen, vergißt jener seines Leitens und Strebens, seines Lehrens und Unterweisens; widersinnig tadelt er nunmehr, was der Jüngling auf seinen Rat, auf sein Geheiß vollbracht hat und vollbringt; er verbindet sich mit der Menge, welche einen Künstler zu sich herabziehen will, um ihn beurteilen zu können. Sie fordert Natürlichkeit und Wirklichkeit, damit sie einen Vergleichspunkt habe, nicht den höheren, der im Geiste ruht, sondern den gemeineren äußeren, wo sich denn Ähnlichkeit und Unähnlichkeit des Originals und der Kopie allenfalls in Anspruch nehmen läßt. Nun soll Mantegna nicht mehr gelten: er vermag, so heißt es, nichts Lebendiges hervorzubringen, seine herrlichsten Arbeiten werden als steinern und hölzern, als starr und steif gescholten. Der edle Künstler, noch in seiner kräftigsten Zeit, ergrimmt und fühlt recht gut, daß ihm eben vom Standpunkt der Antike die Natur nur desto natürlicher, seinem Kunstblick verständlicher geworden; er fühlt sich ihr gewachsen und wagt auch auf dieser Woge zu schwimmen. Von dem Augenblick an ziert er seine Gemälde mit den Ebenbildnissen vieler Mitbürger, und indem er das gereifte Alter im individuellen Freund, die köstliche Jugend in seinen Geliebten verewigt und so den edelsten, würdigsten Menschen das erfreulichste Denkmal setzt, so verschmäht er nicht, auch seltsam ausgezeichnete, allgemein bekannte, wunderlich gebildete, ja den letzten Gegensatz, mißgebildete, darzustellen.

Jene beiden Elemente nun fühlt man in seinen Werken, nicht etwa getrennt, sondern verflochten; das Ideelle, Höhere zeigt sich in der Anlage, in Wert und Würde des Ganzen; hier offenbart sich der große Sinn, Absicht, Grund und Halt. Dagegen dringt aber auch die Natur mit ursprünglicher Gewaltsamkeit herein, und wie der Bergstrom durch alle Zacken des Felsens Wege zu finden weiß und mit gleicher Macht, wie er angekommen, wieder ganz vom Ganzen herunterstürzt, so ist es auch hier. Das Studium der Antike gibt die Gestalt, sodann aber die Natur Gewandtheit und letztes Leben.

Da nun aber selbst das größte Talent, welches in seiner Bildung einen Zwiespalt erfuhr, indem es sich zweimal, und zwar nach entgegengesetzten Seiten, auszubilden Anlaß und Antrieb fand, kaum vermögend ist, diesen Widerspruch ganz auszugleichen, das Entgegengesetzte völlig zu vereinigen, so wird jenes Gefühl, von dem wir zuerst gesprochen, das uns vor Mantegnas Werken ergreift, vielleicht durch einen nicht völlig aufgelösten Widerstreit erregt. Indessen möcht' es der höchste Konflikt sein, in welchem sich jemals ein Künstler befunden, da er ein solches Abenteuer zu bestehen zu einer Zeit berufen war, wo eine sich entwikkelnde höchste Kunst über ihr Wollen und Vermögen sich noch nicht deutliche Rechenschaft ablegen konnte.

Dieses Doppelleben also, welches Mantegnas Werke eigentümlich auszeichnet und wovon noch viel zu sagen wäre, manifestiert sich besonders in seinem Triumphzuge Cäsars, wo er alles, was ein großes Talent vermochte, in höchster Fülle vorüberführt.

Hievon gibt uns nun einen genugsam allgemeinen Begriff die Arbeit, welche Andreas Andreani gegen das Ende des 16ten Jahrhunderts unternommen, indem er die neun Bilder Mantegnas auf ebensoviel Blättern, mit Holzstöcken, in bedeutender Größe nachgebildet und also die Ansicht und den Genuß derselben allgemeiner verbreitet hat. Wir legen sie vor uns und beschreiben sie der Reihe nach.

1. Posaunen und Hörner, kriegerische Ankündigung, pausbäckige Musikanten voraus. Hierauf andringende Soldaten, Feld-, Kriegs- und Glückszeichen auf Stangen hoch

emportragend. Romas Büste voran, Juno, die Verleiherin, der Pfau besonders, Abundantien mit Fruchthorn und Blumenkorb, sie schwanken über fliegenden Wimpeln und schwebenden Tafeln. Dazwischen in den Lüften flammende, dampfende Fackelpfannen, den Elementen zur Ehre, zu Anregung aller Sinne.

Andere Krieger, vorwärts zu schreiten gehindert, stehen still, den unmittelbar nachfolgenden gewaltsamen Drang abzuwehren; je zwei und zwei halten senkrecht hohe, voneinander entfernte Stangen, an denen man hüben und drüben angeheftet Gemälde, lang und schmal ausgespannt, erblickt. Diese Schildereien, in Felder abgeteilt, dienen zur Exposition: hier wird dem Auge bildlich dargebracht, was geschehen mußte, damit dieser überschwengliche Triumphzug stattfände.

Feste Städte, von Kriegsheeren umringt, bestürmt durch Maschinen, eingenommen, verbrannt, zerstört; weggeführte Gefangene zwischen Niederlage und Tod. Völlig die ankündigende Symphonie, die Introduktion einer großen Oper.

2. Hier nun die nächste und höchste Folge des unbedingten Sieges. Weggeführte Götter, welche die nicht mehr zu schützenden Tempel verlassen. Lebensgroße Statuen von Jupiter und Juno auf zweispännigem, Kolossalbüste der Cybele auf einspännigem Wagen, sodann eine kleinere tragbare Gottheit, in den Armen eines Knechtes. Der Hintergrund überhaupt von hochaufgetürmten Wagengerüsten, Tempelmodellen, baulichen Herrlichkeiten angefüllt, zugleich Belagerungsmaschinen, Widder und Ballisten. Aber ganz grenzenlos mannigfaltig aufgeschichtet gleich hinterdrein Waffen aller Heeresarten, mit großem ernsten Geschmack zusammen und übereinander gestellt und gehängt. Erst in der folgenden Abteilung

3. wird jedoch die größte Masse aufgehäuft vorübergeschafft. Sodann sieht man, von tüchtigen Jünglingen getragen, jede Art von Schätzen: dickbäuchige Urnen, angefüllt mit aufgehäuften Münzen, und auf denselben Traggestellen Vasen und Krüge; auf den Schultern lasten diese schon schwer genug, aber nebenbei trägt jeder noch ein Gefäß oder sonst etwas Bedeutendes. Dergleichen Gruppen ziehen sich auch noch ins folgende Blatt fort.

4. Die Gefäße sind von der mannigfaltigsten Art, aber die Hauptbestimmung ist, gemünztes Silber heranzubringen. Nun schieben sich, über dieses Gedränge, überlange Posaunen in die Luft vor; an ihnen spielen herabhängende Bänder, mit inschriftlicher Widmung: dem triumphierenden Halbgott Julius Cäsar; geschmückte Opfertiere; zierliche Kamillen und fleischermäßige Popen.

5. Vier Elefanten, der vordere völlig sichtbar, die drei andern perspektivisch weichend; Blumen und Fruchtkörbe auf den Häuptern, kranzartig. Auf ihrem Rücken hohe flammende Kandelaber; schöne Jünglinge leicht bewegt aufreichend, wohlriechendes Holz in die Flammen zu legen, andere die Elefanten leitend, andere anders beschäftigt.

6. Auf die beschwerliche Masse der ungeheuern Tiere folgt mannigfaltige Bewegung; das Kostbarste, das höchste Gewonnene wird nun herangebracht. Die Träger schlagen einen andern Weg ein, hinter den Elefanten ins Bild schreitend. Was aber tragen sie? Wahrscheinlich lauteres Gold, Goldmünzen in kleinerem Geschirr, kleinere Vasen und Gefäße. Hinter ihnen folgt noch eine Beute von größerem Wert und Wichtigkeit, die Beute der Beuten, die alle vorhergehende in sich begreift. Es sind die Rüstungen der überwundenen Könige und Helden, jede Persönlichkeit als eigene Trophäe. Die Derbheit und Tüchtigkeit der überwundenen Fürsten wird dadurch angezeigt, daß die Träger ihre Stan-

genlast kaum heben können, sie nah am Boden herschleppen oder gar niedersetzen, um, einen Augenblick ausruhend, sie wieder frischer fortzutragen.

7. Doch sie werden nicht sehr gedrängt; hinter ihnen schreiten Gefangene einher; kein Abzeichen unterscheidet sie, wohl aber persönliche Würde. Edle Matronen gehen voran mit erwachsenen Töchtern. Zunächst gegen den Zuschauer geht ein Fräulchen von acht bis zehen Jahren an der Mutter Seite, so schmuck und zierlich als bei dem anständigsten Feste. Treffliche, tüchtige Männer folgen hierauf, in langen Gewändern, ernst, nicht erniedrigt; es ist ein höheres Geschick, das sie hinzieht. Auffallend ist daher im folgenden Glied ein großer, wohlgebildeter, gleichfalls ehrenvoll gekleideter Mann, welcher mit grimmigem, beinahe fratzenhaftem Gesicht rückwärts blickt, ohne daß wir ihn begreifen. Wir lassen ihn vorüber, denn ihm folgt eine Gruppe von anziehenden Frauen. Eine junge Braut in ganzer Jugendfülle, im Vollgesicht dargestellt – wir sagen Braut, weil sie auch ohne Kranz in den Haaren so bezeichnet zu werden verdiente –, steht hinterwärts, vor dem Zuschauer zum Teil verdeckt von einer älteren kinderbelästigten Frau; diese hat ein Wickelkind auf dem rechten Arme, und ihre linke Hand nimmt ein stillstehender Knabe in Anspruch, der den Fuß aufgereckt; weinend will er auch getragen sein. Eine ältere, sich über ihn hinneigende Person, vielleicht die Großmutter, sucht ihn vergebens zu begütigen.

Höchlich rühmen müssen wir indes den Künstler, daß kein Kriegsheld, kein Heerführer als Gefangener vorgeführt wird. Sie sind nicht mehr, ihre Rüstungen trug man hohl vorbei; aber die eigentlichen Staaten, die uralten edlen Familien, die tüchtigen Ratsherrn, die behäbigen, fruchtbar sich fortpflanzenden Bürger führt man im Triumph auf;

und so ist es denn alles gesagt: die einen sind totgeschlagen, und die anderen leiden.

Zwischen diesem und dem folgenden Bilde werden wir nun gewahr, warum der stattliche Gefangene so grimmig zurückblickt. Mißgestaltete Narren und Possenreißer schleichen sich heran und verhöhnen die edlen Unglücklichen; diesem Würdigen ist das noch zu neu, er kann nicht ruhig vorübergehen; wenn er dagegen nicht schimpfen mag, so grinst er dagegen.

8. Aber der Ehrenmann scheint noch auf eine schmählichere Weise verletzt, es folgt ein Chor Musikanten in kontrastierenden Figuren. Ein wohlbehaglicher, hübscher Jüngling, in langer, fast weiblicher Kleidung, singt zur Leier und scheint dabei zu springen und zu gestikulieren. Ein solcher durfte beim Triumphzug nicht fehlen: sein Geschäft war, sich seltsam zu gebärden, neckische Lieder zu singen, die überwundenen Gefangenen frevelhaft zu verspotten. Die Schalksnarren deuten auf ihn und scheinen mit albernen Gebärden seine Worte zu kommentieren, welches jenem Ehrenmann allzu ärgerlich auffallen mag.

Daß übrigens von keiner ernsthaft edlen Musik die Rede sei, ergibt sich sogleich aus der folgenden Figur: denn ein himmellanger, schafbepelzter, hochgemützter Dudelsackpfeifer tritt unmittelbar hinterdrein; Knaben mit Schellentrommeln scheinen den Mißlaut zu vermehren. Einige rückwärts blickende Soldaten aber und andere Andeutungen machen uns aufmerksam, daß nun bald das Höchste erfolgen werde.

9. Und nun erscheint auch, auf einem übermäßig, obgleich mit großem Sinn und Geschmack verzierten Wagen, Julius Cäsar selbst, dem ein tüchtig gestalteter Jüngling auf einer Art Standarte das Veni Vidi Vici entgegenhält. Dieses Blatt ist so gedrängt voll, daß man die nackten Kinder mit

Siegeszweigen zwischen Pferden und Rädern nur mit Angst ansieht; in der Wirklichkeit müßten sie längst zerquetscht sein. Trefflicher war jedoch ein solches Gedränge, das für die Augen immer unfaßlich und für den Sinn verwirrend ist, bildlich nicht darzustellen.

10. Ein zehntes Bild aber ist für uns nun von der größten Bedeutung: denn das Gefühl, der Zug sei nicht geschlossen, wandelt einen jeden an, der die neun Blätter hintereinanderlegt. Wir finden nicht allein den Wagen steil, sondern sogar hinter demselben durch den Rahmen abgeschnittene Figuren; das Auge verlangt einen Nachklang und wenigstens einige der Hauptgestalt nahetretende, den Rücken deckende Gestalten.

Zu Hülfe kommt uns nun ein eigenhändiger Kupferstich, welcher mit der größten Sorgfalt gearbeitet und zu den vorzüglichsten Werken des Meisters dieser Art zu rechnen ist. Eine Schar tritt heran männlicher, älterer und jüngerer, sämtlich charakteristischer Personen. Daß es der Senat sei, ist keineswegs zuzugeben; der Senat wird den Triumphzug am schicklichen Ort durch eine Deputation empfangen haben, aber auch diese konnte ihm nicht weiter entgegengehen, als nötig war, umzukehren und vorauszuschreiten und den versammelten Vätern die Ankömmlinge vorzuführen.

Doch sei diese Untersuchung dem Altertumsforscher vorbehalten. Nach unserer Weise dürfen wir nur das Blatt aufmerksam betrachten, so spricht es sich, wie jedes vortreffliche Kunstwerk, selbst aus; da sagen wir denn geradezu: es ist der Lehrstand, der gern dem siegenden Wehrstand huldiget, weil durch diesen allein Sicherheit und Fördernis zu hoffen ist. Den Nährstand hatte Mantegna in den Triumphzug als Tragende, Bringende, Feiernde, Preisende verteilt, auch in der Umgebung als Zuschauer aufgestellt. Nun aber freut sich der Lehrstand, den Überwinder zu begleiten, weil durch ihn Staat und Kultur wieder gesichert ist.

In Absicht auf Mannigfaltigkeit der Charakteristik ist das beschriebene Blatt eines der schätzbarsten, die wir kennen, und Mantegna hat gewiß diesen Zug auf der hohen Schule von Padua studiert.

Voran im ersten Glied, in langen faltigen Gewändern, drei Männer, mittleren Alters, teils ernsten, teils heiteren Angesichts, wie beides Gelehrten und Lehrern ziemt. Im zweiten Gliede zeichnet sich zunächst eine alte, kolossale, behaglich-dicke, kräftige Natur aus, die hinter allem dem mächtigen Triumphgewirre sich noch ganz tüchtig hervortut. Das bartlose Kinn läßt einen fleischigen Hals sehen, die Haare sind kurz geschnitten; höchst behaglich hält er die Hände auf Brust und Bauch und macht sich nach allen bedeutenden Vorgängern noch immer auffallend bemerklich. Unter den Lebendigen hab' ich niemanden gesehen, der ihm zu vergleichen wäre, außer Gottsched; dieser würde in ähnlichem Fall und gleicher Kleidung ebenso einhergeschritten sein: er sieht vollkommen dem Pfeiler einer dogmatisch-didaktischen Anstalt gleich. Wie er ohne Bart und Haupthaare, sind auch seine Kollegen, wenngleich behaart, doch ohne Bärte; der vorderste, etwas ernster und grämlicher, scheint eher dialektischen Sinn zu haben. Solcher Lehrenden sind sechs, welche in Haupt und Geist alles mit sich zu tragen scheinen; dagegen die Schüler nicht allein durch jüngere, leichtere Gestalten bezeichnet sind, sondern auch dadurch, daß sie gebundene Bücher in Händen tragen, anzuzeigen, daß sie, sowohl hörend als lesend, sich zu unterrichten geneigt seien.

Zwischen jene Ältesten und Mittleren ist ein Knabe von etwa acht Jahren eingeklemmt, um die ersten Lehrjahre zu bezeichnen, wo das Kind sich anzuschließen geneigt ist, sich einzumischen Lust hat; es hängt ein Pennal an seiner Seite, anzudeuten, daß er auf dem Bildungswege sei, wo dem Herankömmling manches Unangenehme begegnet. Wunderlicher und anmutig-natürlicher ist nichts zu ersinnen als dies Figürchen in solcher Lage.

Die Lehrer gehen jeder vor sich hin, die Schüler unterhalten sich untereinander.

Nun aber macht den ganzen Schluß, wie billig, das Militär, von welchem denn doch zuerst und zuletzt die Herrlichkeit des Reiches nach außen erworben und die Sicherheit nach innen erhalten werden muß. Diese ganze große Forderung aber befriedigt Mantegna mit ein paar Figuren: ein jüngerer Krieger, einen Ölzweig tragend, den Blick aufwärts gerichtet, läßt uns im Zweifel, ob er sich des Siegs erfreue, oder ob er sich über das Ende des Kriegs betrübe; dagegen ein alter, ganz abgelebter, in den schwersten Waffen, indem er die Dauer des Krieges repräsentiert, überdeutlich ausspricht, dieser Triumphzug sei ihm beschwerlich und er werde sich glücklich schätzen, heute abend irgendwo zur Ruhe zu kommen.

Der Hintergrund dieses Blatts nun, anstatt daß wir bisher meistens freie Aussichten gehabt, drängt sich, dem Menschendrang gemäß, gleichfalls zusammen; rechter Hand sehen wir einen Palast, zur Linken Turm und Mauern; die Nähe des Stadttors möchte damit angedeutet sein, angezeigt, daß wir uns wirklich am Ende befinden, daß nunmehr der ganze Triumphzug in die Stadt eingetreten und innerhalb derselben beschlossen sei.

Sollten auch dieser Vermutung die Hintergründe der vorhergehenden Blätter zu widersprechen scheinen, indem landschaftliche Aussichten, viel freie Luft, zwar auf Hügeln Tempel und Paläste, doch auch Ruinen gesehen werden, so läßt sich doch auch annehmen, daß der Künstler hiebei die verschiedenen Hügel von Rom gedacht und sie so bebaut und so ruinenhaft, wie er sie zu seiner Zeit gefunden, vorgestellt habe. Diese Auslegung gewinnt um so mehr Kraft, als doch wohl einmal ein Palast, ein Kerker, eine Brücke, die als Wasserleitung gelten kann, eine hohe Ehrensäule da steht, die man denn doch auf städtischem Grund und Boden vermuten muß.

Doch wir halten inne, weil wir sonst ins Grenzenlose gerieten und man mit noch so viel gehäuften Worten den Wert der flüchtig beschriebenen Blätter doch nicht ausdrücken könnte.

*

Nachdem wir nun Blatt für Blatt die inneren und besonderen Verdienste mit Worten auszusprechen versucht, so kommen wir zuletzt auf eine Betrachtung, welche mitzuteilen bedenklich ist.

Die Meister des fünfzehnten Jahrhunderts, welche freilich nicht mehr nackte griechische Wettläufer und Ringer, keine römische Kämpfer beschauen und also Kraft und Schönheit sich nicht vollkommen aneignen konnten, genossen doch des großen südlichen Vorteils, dessen wir Nordländer gänzlich entbehren: auf Markt und Straßen mit dem eigentlichen Volk zu verkehren, mit der Masse, die leben will und leben läßt, sich fügt und schickt, wie sie kann, und eine Veränderung des Zustandes nur gewaltsam angeregt zufällig hervorbringt.

Da findet sich nun, daß gar manches Natürliche, in guter Gesellschaft Verpönte sich gelegentlich einmal, bescheiden oder unbescheiden, hervortut. Da macht man von natürlichen Bedürfnissen kein sonderliches Hehl, einige Frechheit läuft auch mit unter, und ein ernster Moment wird durch ein Zufällig-Possenhaftes erheitert. Alle diese Volksmaler, wie ich sie nennen möchte, des sechzehnten Jahrhunderts erlaubten sich bei den ernstesten Gelegenheiten einen Spaß, um sich den religiosen oder despotischen Druck zu erleichtern. Beispiele lassen sich in Menge anführen, gegenwärtig nur die Späße in Mantegnas Triumphzuge.

Wir finden, daß er sich in diesen Bildern drei possenhafte Motive erlaubt. In der dritten Nummer ist der vorangehende Träger der mit Münzen angefüllten Urne ein schöner Jüngling, und der hinterdreingehende faunenartige Kerl droht jenem gewissermaßen mit dem langen Halse eines Gefäßes, das er unter dem linken Arme trägt. Seine Miene zeigt auch, daß er etwas ausspricht, worüber der schöne Jüngling ärgerlich zurücksieht.

Den zweiten Spaß glauben wir in der siebenten Nummer zu entdecken. Die schöne bekränzte, mit vollem Angesicht uns anschauende Braut wird von der älteren, ärmeren Frau, die das Kind auf dem rechten Arme hat, gegen die Zuschauer verdeckt, und beim ersten Anblick ist nicht zu unterscheiden, ob das Wickelkind der lieblichen Braut oder der kinderreichen Mutter gehöre.

Nun kommt zwar bei untergeordneten Künstlern gar wohl vor, daß ein Glied zwei Figuren zugehören könne, aber von Mantegna, dessen Meisterschaft und Geschmack sich in Bezug der einzelnen Teile und ihrer Verhältnisse aufs höchste bewährt, so wie durchaus, also auch besonders in diesem Triumph, dürfen wir behaupten, daß an einer so bedeutenden Stelle keine Nachlässigkeit zu schelten, vielmehr eine Schalkheit zu vermuten ist.

Der dritte Spaß, den wir zu den unschuldigsten, scherzhaftesten, undarstellbarsten und doch für den allergelungensten halten, ist in No. 10 zu bemerken. Zwischen dem unmäßigen Hinterteile des kolossalen Lehrers, der im zweiten Gliede dem Triumphwagen mit Behaglichkeit nachtritt, und dem frisch folgenden Schülerchor ist das arme Kind schon geklemmt genug, aber es wendet sich ab, es trennt sich so viel als nur möglich von seinem Vorgänger und läßt in der lieblichsten Wendung den Abscheu sehen vor der Atmosphäre, die diesen Triumphzug beschließt.

Wir halten den Ausdruck dieses Figürchens für das Vollkommenste, was wir je in dieser Art gesehen, und müßten unsere Lehre von den Motiven zurücknehmen, wenn es sich nicht gerade hier auswiese, daß der große Künstler auch das Niederträchtigste beherrschen kann.

*

Hier ist nun der schickliche Platz, etwas zu sagen, was mir auf der Zunge schwebt. Man hat mir vorgeworfen, daß ich bei Auslegung von Bildern, z. B. des Abendmahls von Leonard da Vinci, zu viel hineingetragen habe und in der Deutung zu weit gegangen sei. Ich weiß recht gut zu unterscheiden, was ich sehe, denke und sage; das Sehen ist ein Zusammenfassen unendlicher Mannigfaltigkeit, das Denken ein Versuch des Zerlegens; inwiefern das Sagen aber mit Sehen und Denken zusammentrifft, das hängt vom Glück ab. Ich habe die Darstellung des Triumphes nochmals durchgesehen und alles genauer bestimmt, wie ichs meinte.

Aber was kann ich dafür, daß die Menschen nicht mit Augen sehen und daß sie Gläser brauchen, wo die natürliche Gesichtskraft sehr wohl hinreichte, wenn sie dem Geist zu Gebote steht.

Und dann noch eins: wie der Künstler die Natur überbieten muß, um nur wie sie zu scheinen, so muß der Betrachtende des Künstlers Intentionen überbieten, um sich Ihnen nur einigermaßen anzunähern, denn da der Künstler das Unaussprechliche schon ausgesprochen hat, wie will man ihn denn noch in einer andern und zwar in einer Wortsprache aussprechen?

*

Hier können wir nun zum Schluß uns nicht enthalten zu bemerken, daß die Künstler des fünfzehnten und sechzehnten Jahrhunderts immer mit Gelehrten und Altertumsforschern, die damals auch von ihrer Seite künstlerisch arbeiteten, in genauer Verbindung standen. Dieses beweist vorzüglich auch der Triumphzug des Mantegna, denn es ist offenbar, daß er den Triumph des Paulus Ämilius über Perseus, König von Mazedonien, vor Augen gehabt und aus diesem dreitägigen, endlosen und grausamen Zug einen gedrängten, faßlichen, menschlichen Auszug gebildet; deswegen wir denn auch eine Übersetzung beifügen, wovon die Vergleichung mit unsern Bildern einem jeden sinnigen Beschauer ein erfreuendes Nachdenken gewähren muß.

IMP IVLIO CÆSARI
OB GALLIAM DEVICT
MILITARI POTENTIA
TRIVMPHVS
DECRETVS INVIDIA
SPRETA SVPERATA

SPQR DIVO IVLIO CÆSARI DPPD
SPQR·IVLIVS·CÆSAR

S.P.Q.R

VEN
VIDI
VIC

Das Luisenfest

gefeiert Weimar am 9. Juli 1778

Das genannte, hiernächst umständlich zu beschreibende Fest gilt vor allen Dingen als Zeugnis, wie man damals den jungen fürstlichen Herrschaften und ihrer Umgebung etwas Heiteres und Reizendes zu veranstalten und zu erweisen gedachte. Sodann bleibt es auch für uns noch merkwürdig, als von dieser Epoche sich die sämtlichen Anlagen auf dem linken Ufer der Ilm, wie sie auch heißen mögen, datieren und herschreiben.

Die Neigung der damaligen Zeit zum Leben, Verweilen und Genießen in freier Luft ist bekannt, und wie die sich daraus entwickelnde Leidenschaft, eine Gegend zu verschönern und als eine Folge von ästhetischen Bildern darzustellen, durch den Park des Herzogs von Dessau angeregt, sich nach und nach zu verbreiten angefangen habe.

In der Nähe von Weimar war damals nur der mit Bäumen und Büschen wohl ausgestattete Raum, der *Stern* genannt, das einzige, was man jenen Forderungen analog nennen und wegen Nähe der herrschaftlichen Wohnung als angenehm geachtetes Lokal schätzen konnte. Es fanden sich daselbst uralte gradlinige Gänge und Anlagen, hoch in die Luft sich erhebende stämmige Bäume, daher entspringende mannigfaltige Alleen, breite Plätze zu Versammlung und Unterhaltung.

Begünstigt nun durch heitere trockne Witterung, beschloß man hier zum Namenstag der regierenden Frau Herzogin ein heiter geschmücktes Fest, welches an die ältern italienischen Wald- und Buschfabeln (Favole boschereccie) geistreich erinnern sollte. Dazu wurde denn auch ein Plan gemacht und manche Vorbereitung im stillen getroffen. Da sollte es denn an Nymphen und Faunen, Jägern, Schäfern und Schäferinnen nicht fehlen; glückliche wie verschmähte Liebe, Eifersüchtelei und Versöhnung war nicht vergessen.

Unglücklicherweise trat nach gewaltsamem Ungewitter eine Wasserflut ein, Wiesen und Stern überschwemmend, wodurch denn jene Anstalten völlig vereitelt wurden. Denn das Dramatische und die Erscheinung der verschiedenen verschränkten Paare war genau auf das Lokal berechnet; daher, um jene Absicht nicht völlig aufzugeben, mußte man auf etwas anders denken.

Damals führte schon von dem Fürstenhause her ein etwas erhöhter Weg, den die Flut nicht erreichte, an dem linken Ufer der Ilm unter der Höhe weg; man bediente sich aber desselben nur, um an den schon eingerichteten Felsenplatz, sodann über die damalige Floßbrücke, welche nachher der sogenannten Naturbrücke Platz machen mußte, in den Stern zu gelangen.

An dem diesseitigen Ufer stand, ein wenig weiter hinauf, eine von dem Fluß an bis an die Schießhausmauer vorgezogene Wand, wodurch der untere Raum nach der Stadt zu nebst dem Welschengarten völlig abgeschlossen war. Davor lag ein wüster, nie betretener Platz, welcher um so weniger besucht ward, als hier ein Türmchen sich an die Mauer lehnte, welches, jetzt zwar leer und unbenutzt, doch immer noch einige Apprehension gab, weil es früher dem Militär zu Aufbewahrung des Pulvers gedient hatte.

Diesen Platz jedoch erreichte das Wasser nicht. Der bisherige Zustand erlaubte, hier etwas ganz Unerwartetes zu veranstalten; man faßte den Gedanken, die Festlichkeit auf die unmittelbar anstoßende Höhe zu verlegen, dahin, wo hinter jener Mauer eine Gruppe alter Eschen sich erhob, welche noch jetzt Bewunderung erregt. Man ebnete unter denselben, welche glücklicherweise ein Oval bildeten, einen anständigen Platz und baute gleich davor in dem schon damals waltenden und auch lange nachher wirkenden Mönchssinne eine sogenannte Einsiedelei, ein Zimmerchen mäßiger Größe, welches man eilig mit Stroh überdeckte und mit Moos bekleidete.

Alles dieses kam in drei Tagen und Nächten zustande, ohne daß man weder bei Hofe noch in der Stadt etwas davon vermutet hätte. Der nah gelegene Bauplatz lieferte unserm Werk die Materialien, wegen der Überschwemmung hatte niemand Lust, sich nach dem Stern zu begeben.

Nach jenen mönchischen, unter diesen Umständen die Oberhand gewinnenden Ansichten kleidete sich eine Gesellschaft geistreicher Freunde in weiße, höchst reinliche Kutten, Kappen und Überwürfe und bereitete sich zum Empfange. Der Hof war zur gesetzlichen Tagesstunde eingeladen; die Herrschaften kamen jenen untern Weg am Wasser her; die Mönche gingen ihnen bis an den erweiterten Felsenraum entgegen, wo man sich anständig ausbreiten konnte, worauf denn nachstehendes, von Kammerherrn Siegmund von Seckendorf gefertigtes Dramolett gesprochen wurde.

PATER ORATOR

Memento mori! Die Damen und Herrn
Gedachten wohl nicht, uns zu finden am Stern,
Es sei denn, sie hätten im voraus vernommen,
Daß, eben am Tag, wie das Wasser gekommen,
Auch wir mit dem Kloster hieher sind geschwommen.
Zwar ist die Kapelle, der schöne Altar,
Die heiligen Bilder, die Orgel sogar,
Erbärmlich beschädigt, fast alles zerschlagen,
Die Stücke, Gott weiß! wo hinabwärts getragen;
Doch Keller und Küche, zwar wenig verschlemmt,
Hat auch sich, gottlob, mit uns feste gestemmt,

Als wir, durch brausende Fluten getrieben,
Hier dicht an der Mauer sind stehengeblieben.

P. PROVISOR

Ja das war fürs Kloster ein groß Glück,
Sonst wären wir wahrlich geschwommen zurück;
Und ist man auch gleich resigniert in Gefahren,
So mag doch der Teufel die Welt so durchfahren.

P. GUARDIAN

Ich meines Orts freu mich der Nachbarschaft,
Die uns unsre seltsame Reise verschafft.
Und ist auch das Kloster hier gut etabliert –

P. KÜCHENMEISTER

Ja nur etwas kärglich und enge logiert –

P. DEKORATOR

Nun, 's Wasser hat freilich uns viel ruiniert

P. FLORIAN

Von Mücken und Schnacken ganz rasend geplagt!

P. KÜCHENMEISTER

Und vielerlei, was mir noch sonst nicht behagt.

P. DEKORATOR

Ei! Ei! wer wird ewige Klaglieder stimmen –
Sei der Herr zufrieden, nicht weiter zu schwimmen!

P. FLORIAN

Der dicke Herr ist der Pater Guardian,
Ein überaus heilig und stiller Mann,
Den wir, dem löblichen Kloster zum Besten,
Mit allem, was lecker und nährend ist, mästen.
Und dieser hier, Pater Dekorator,
Der all unsern Gärten und Bauwerk steht vor,
Der hat nun beinahe drei Nacht nicht geschlafen,
Um uns hier im Tal ein Paradies zu verschaffen.
Denn wenn der was angreift, so hat er nicht Ruh,
Stopft Tag und Nacht die Löcher mit Heckenwerk zu,

Macht Wiesen zu Felsen und Felsen zu Gänge,
Bald gradaus, bald zickzack die Breit und die Länge.
Sogar auch den Ort, den sonst niemand orniert,
Hat er mit Lavendel und Rosen verziert.

P. PROVISOR

Ei überhaupt von den Patern hier insgesamt
Ist keiner, der wohl nicht verwaltet sein Amt.
Doch pranget freilich Pater Küchenmeister
Als einer der höchst spekulierendsten Geister,
Weil schwerlich auf Erden eine Speise existiert,
Die er doch nicht wenigstens hätte probiert.

P. ORATOR

Ja, der versteht sich aufs Sieden und Braten,
Der macht rechte Saucen und süße Panaten
Und Torten von Zucker und Cremen mit Wein,
Mit dem ist's eine Wollust, im Kloster zu sein.
Drum dächt ich, ihr ließt euch drum eben nicht schrecken;
Wenngleich rauhe Felsen unsre Wohnung bedecken
Und eng sind die Zellen und schlecht dies Gewand,
So bergen sie Reize, die nie ihr gekannt.
Laßt ab, zu verschwenden die köstlichen Tage
Mit quirlenden Sinnen und strebender Plage,
Mit schläfrigen Tänzen und schläfrigem Spiel,
In sinnlicher Trägheit und dumpfem Gefühl!
Bekehrt euch von Kolik, von Zahnweh und Flüssen
Und lernet gesünder des Lebens genießen!
Ihr gähnet im Glanze von festlicher Pracht,
Wir schätzen den Tag und benutzen die Nacht;
Ihr schlaft noch beim Aufgang der lieblichen Sonne,
Wir schöpfen und atmen den Morgen mit Wonne:
Ihr taumelt im Hoffen und Wünschen dahin,
Wir lassen uns lieber vom Augenblick ziehn.

Und beichten wir unsere Sünden im Chor,
So sind wir so heilig und ehrlich wie vor.

P. PROVISOR

Herr Guardian, die Glock hat zwei schon geschlagen.

P. GUARDIAN

Gottlob! Ich fühlt es schon längstens im Magen.

P. KÜCHENMEISTER

Euer Hochwürden, die Speisen sind aufgetragen.

P. ORATOR

Sie rechnen's uns allerseits übel nicht an,
Wenn keiner der Paters verweilen nicht kann.
Sie wissen, die Suppe versäumt man nicht gern.

ALLE

O stünde doch unsre Tafel im Stern!

P. GUARDIAN

Doch will jemand ins Refektorium kommen,
So ist er mir und dem Kloster willkommen.
Ab.

Auf die einladenden Verbeugungen des Pater Guardian folgten die Herrschaften mit dem Hofe in das kleine Zimmer, wo um eine Tafel, auf einem reinlichen, aber groben Tischtuche, um eine Bierkaltschale eine Anzahl irdener tiefer Teller und Blechlöffel zu sehen waren, so daß man bei der Enge des Raumes und den kümmerlichen Anstalten nicht wußte, was es heißen solle, auch die Frau Oberhofmeisterin, Gräfin Giannini, sonst eine heitere, humoristische Dame, ihr Mißbehagen nicht ganz verbergen konnte.

Hierauf sprach

P. GUARDIAN

Herr Dekorator, der Platz ist sehr enge,
Und unsre Klausur ist eben nicht strenge,

Ich dächte, wir führten die Damen ins Grüne.

P. DEKORATOR
Ja wenn die Sonne so warm nur nicht schiene!

P. GUARDIAN
Es wird ja wohl Schatten zu finden sein.

P. KÜCHENMEISTER
Ich meines Orts esse viel lieber im Frein!

P. GUARDIAN *zum P. Dekorator*
Es fehlt ihm ja sonst nicht an guten Ideen.

P. DEKORATOR
Nun, wenn Sie's befehlen, so wollen wir sehen.
Geht ab.

P. GUARDIAN
Es ist ein gar fürtrefflicher Mann.

P. KÜCHENMEISTER
Ich zweifle, daß er uns diesmal helfen kann;
Die Plätze sind alle mit Wasser verschlemmt
Und noch nicht peigniert –

P. ORATOR
Sag Er doch: gekämmt!
Daß Er doch sein Frankreich, wo die Küch Er studiert,
Noch immer und ewig im Munde führt!

P. DEKORATOR *kommt wieder:*
Euer Hochwürden, der Platz ist ersehn;
Wenn's Ihnen gefällig ist, wollen wir gehn.
Alle ab.

In diesem Augenblicke eröffnete sich die hintere Türe, und es erschien eine gegen den engen Vordergrund abstechende prächtig-heitere Szene. Bei einer vollständigen symphonischen Musik sah man, hoch überwölbt und beschattet von den Ästen des Eschenrundes, eine lange, wohlgeschmückte, fürstliche Tafel, welche ohne weiteres schicklich nach herkömmlicher Weise besetzt wurde, da sich denn die eingeladenen übrigen Gäste mit Freuden und glückwünschend einfanden.

Den Mönchen ward die schuldigst angebotene Aufwartung verwehrt und ihnen die sonst gewohnten Plätze bei Tafel angewiesen. Der Tag erzeigte sich vollkommen günstig, die rings umgebende Grüne voll und reich. Ein über Felsen herabstürzender Wasserfall, welcher durch einen kräftigen Zubringer unablässig unterhalten wurde und malerisch genug angelegt war, erteilte dem Ganzen ein frisches romantisches Wesen, welches besonders dadurch erhöht wurde, daß man eine Szene der Art in solcher Nähe, an so wüster Stelle keineswegs hatte vermuten können. Das Ganze war künstlerisch abgeschlossen, alles Gemeine durchaus beseitigt; man fühlte sich so nah und fern vom Hause, daß es fast einem Märchen glich. Genug, der Zustand tat eine durchaus glückliche Wirkung, welche folgereich ward. Man liebte, an den Ort wiederzukehren; der junge Fürst mochte sogar daselbst übernachten, für dessen Bequemlichkeit man die scheinbare Ruine und das simulierte Glockentürmchen einrichtete. Ferner und schließlich aber verdient dieser Lebenspunkt unsre fortdauernde Aufmerksamkeit, indem die sämtlichen Wege an dem Abhange nach Oberweimar zu von hier aus ihren Fortgang gewannen; wobei man die Epoche der übrigen Parkanlagen auf der obern Fläche bis zur Belvederischen Chaussee von diesem glücklich bestandenen Feste an zu rechnen billig befugt ist.

III. Feste des Privaten

Landball am 16. Juni

Warum ich dir nicht schreibe? Fragst du das und bist doch auch der Gelehrten einer. Du solltest raten, daß ich mich wohl befinde, und zwar – Kurz und gut, ich habe eine Bekanntschaft gemacht, die mein Herz näher angeht. Ich habe – ich weiß nicht.

Dir in der Ordnung zu erzählen, wie's zugegangen ist, daß ich eins der liebenswürdigsten Geschöpfe habe kennen lernen, wird schwer halten, ich bin vergnügt und glücklich, und so kein guter Historienschreiber.

Einen Engel! Pfui! das sagt jeder von der seinigen! Nicht wahr? Und doch bin ich nicht im Stande, dir zu sagen, wie sie vollkommen ist, warum sie vollkommen ist, genug, sie hat all meinen Sinn gefangen genommen.

So viel Einfalt bei so viel Verstand, so viel Güte bei so viel Festigkeit, und die Ruhe der Seele bei dem wahren Leben und der Tätigkeit. – Das ist alles garstiges Gewäsche, was ich da von ihr sage, leidige Abstraktionen, die nicht einen Zug ihres Selbst ausdrücken. Ein andermal – Nein, nicht ein andermal, jetzt gleich will ich dir's erzählen. Tu ich's jetzt nicht, geschäh's niemals. Denn, unter uns, seit ich angefangen habe zu schreiben, war ich schon dreimal im Begriffe die Feder niederzulegen, mein Pferd satteln zu lassen und hinaus zu reiten, und doch schwur ich mir heut früh nicht hinaus zu reiten – und gehe doch alle Augenblicke ans Fenster zu sehen, wie hoch die Sonne noch steht.

Ich hab's nicht überwinden können, ich mußte zu ihr hinaus. Da bin ich wieder, Wilhelm, und will mein Butterbrot zu Nacht essen und dir schreiben. Welch eine Wonne das für meine Seele ist, sie in dem Kreise der lieben muntern Kinder ihrer acht Geschwister zu sehen! –

Wenn ich so fortfahre, wirst du am Ende so klug sein wie am Anfange, höre denn, ich will mich zwingen ins Detail zu gehen.

Ich schrieb dir neulich, wie ich den Amtmann S.. habe kennen lernen, und wie er mich gebeten habe, ihn bald in seiner Einsiedelei, oder vielmehr seinem kleinen Königreiche zu besuchen. Ich vernachlässigte das, und wäre vielleicht nie hingekommen, hätte mir der Zufall nicht den Schatz entdeckt, der in der stillen Gegend verborgen liegt.

Unsere jungen Leute hatten einen Ball auf dem Lande angestellt, zu dem ich mich denn auch willig finden ließ. Ich bot einem hiesigen guten, schönen, weiters unbedeutenden Mädchen die Hand, und es wurde ausgemacht, daß ich eine Kutsche nehmen, mit meiner Tänzerin und ihrer Base nach dem Orte der Lustbarkeit hinausfahren, und auf dem Wege Charlotten S.. mitnehmen sollte. Sie werden ein schönes Frauenzimmer kennen lernen, sagte meine Gesellschafterin, da wir durch den weiten schön ausgehauenen Wald nach dem Jagdhause fuhren. Nehmen sie sich in Acht, versetzte die Base, daß Sie sich nicht verlieben! Wie so? sagt' ich: Sie ist schon vergeben, antwortete jene, an einen sehr braven Mann, der weggereist ist, seine Sachen in Ordnung zu bringen nach seines Vaters Tod, und sich um eine ansehnliche Versorgung zu bewerben. Die Nachricht war mir ziemlich gleichgültig.

Die Sonne war noch eine Viertelstunde vom Gebürge, als wir vor dem Hoftore anfuhren, es war sehr schwüle, und die Frauenzimmer äußerten ihre Besorgnis wegen eines Gewitters, das sich in weißgrauen dumpfigen Wölkchen rings am Horizonte zusammen zu ziehen schien. Ich täuschte ihre Furcht mit anmaßlicher Wetterkunde, ob mir gleich selbst zu ahnden anfing, unsere Lustbarkeit werde einen Stoß leiden.

Ich war ausgestiegen. Und eine Magd, die ans Tor kam, bat uns, einen Augenblick zu verziehen, Mamsell Lottchen würde gleich kommen. Ich ging durch den Hof nach dem wohlgebauten Hause, und da ich die vorliegenden Treppen hinaufgestiegen war und in die Türe trat, fiel mir das reizendste Schauspiel in die Augen, das ich jemals gesehen habe. In dem Vorsaale wimmelten sechs Kinder, von eilf zu zwei Jahren, um ein Mädchen von schöner mittlerer Taille, die ein simples weißes Kleid mit blaßroten Schleifen an Arm und Brust anhatte. Sie hielt ein schwarzes Brot und schnitt ihren Kleinen rings herum jedem sein Stück nach Proportion ihres Alters und Appetites ab, gabs jedem mit solcher Freundlichkeit, und jedes rufte so ungekünstelt sein: Danke! indem es mit den kleinen Händchen lang in die Höh gereicht hatte, eh es noch abgeschnitten war, und nun mit seinem Abendbrode vergnügt entweder wegsprang, oder nach seinem stillern Charakter gelassen davon nach dem Hoftore zuging, um die Fremden und die Kutsche zu sehen, darinnen ihre Lotte wegfahren sollte. Ich bitte um Vergebung, sagte sie, daß ich Sie herein bemühe, und die Frauenzimmer warten lasse. Über dem Anziehen und allerlei Bestellungen fürs Haus in meiner Abwesenheit, habe ich vergessen meinen Kindern ihr Vesperstück zu geben, und sie wollen von niemanden Brot geschnitten haben als von mir. Ich machte ihr ein unbedeutendes Kompliment, und meine ganze Seele ruhte auf der Gestalt, dem Tone, dem Betragen, und hatte eben Zeit, mich von der Überraschung zu erholen, als sie in die Stube lief ihre Handschuh und Fächer zu nehmen. Die Kleinen sahen mich in einiger Entfernung so von der Seite an, und ich ging auf das jüngste los, das ein Kind von der glücklichsten Gesichtsbildung war. Es zog sich zurück, als eben Lotte zur Türe herauskam, und sagte: Louis, gib dem Herrn Vetter eine Hand. Das tat der Knabe sehr freimütig, und ich konnte mich nicht enthalten, ihn ohngeachtet seines kleinen Rotznäschens herzlich zu küssen. Vetter? sagt' ich, indem ich ihr die Hand reichte, glauben Sie, daß ich des Glücks wert sei, mit Ihnen verwandt zu sein? O! sagte sie, mit einem leichtfertigen Lächeln, unsere Vetterschaft ist sehr weitläuftig, und es wäre mir leid, wenn sie der Schlimmste drunter sein sollten. Im Gehen gab sie Sophien, der ältsten Schwester nach ihr, einem Mädchen von ohngefähr eilf Jahren, den Auftrag, wohl auf die Kleinen Acht zu haben, und den Papa zu grüßen, wenn er vom Spazierritte zurückkäme. Den Kleinen sagte sie, sie sollten ihrer Schwester Sophie folgen, als wenn sie's selber wäre, das denn auch einige ausdrücklich versprachen. Eine kleine nasweise Blondine aber, von ohngefähr sechs Jahren, sagte: du bist's doch nicht, Lottchen! wir haben dich doch lieber. Die zwei ältsten der Knaben waren hinten auf die Kutsche geklettert, und auf mein Vorbitten erlaubte sie ihnen, bis vor den Wald mit zu fahren, wenn sie versprächen, sich nicht zu necken, und sich recht fest zu halten.

Wir hatten uns kaum zurecht gesetzt, die Frauenzimmer sich bewillkommt, wechselsweis über den Anzug und vorzüglich die Hütchen ihre Anmerkungen gemacht, und die Gesellschaft, die man zu finden erwartete, gehörig durchgezogen; als Lotte den Kutscher halten, und ihre Brüder herabsteigen ließ, die noch einmal ihre Hand zu küssen begehrten, das denn der ältste mit aller Zärtlichkeit, die dem Alter von funfzehn Jahren eigen sein kann, der andere mit viel Heftigkeit und Leichtsinn tat. Sie ließ die Kleinen noch einmal grüßen, und wir fuhren weiter.

Die Base fragte: ob sie mit dem Buche fertig wäre, das sie ihr neulich geschickt hätte. Nein, sagte Lotte, es gefällt mir nicht, sie könnens wieder haben. Das vorige war auch nicht besser. Ich erstaunte, als ich fragte: was es für Bücher wären und sie mir antwortete:* – Ich fand so viel Charakter in allem was sie sagte, ich sah mit jedem Wort neue Reize, neue Strahlen des Geistes aus ihren Gesichtszügen hervorbrechen, die sich nach und nach vergnügt zu entfalten schienen, weil sie an mir fühlte, daß ich sie verstund.

Wie ich jünger war, sagte sie, liebte ich nichts so sehr als die Romanen. Weiß Gott wie wohl mir's war, mich so Sonntags in ein Eckgen zu setzen, und mit ganzem Herzen an dem Glücke und Unstern einer Miß Jenny Teil zu nehmen. Ich leugne auch nicht, daß die Art noch einige Reize für mich hat. Doch da ich so selten an ein Buch komme, so müssen sie auch recht nach meinem Geschmacke sein. Und der Autor ist mir der liebste, in dem ich meine Welt wieder finde, bei dem's zugeht wie um mich, und dessen Geschichte mir doch so interessant so herzlich wird, als mein eigen häuslich Leben, das freilich kein Paradies, aber doch im Ganzen eine Quelle unsäglicher Glückseligkeit ist.

Ich bemühte mich, meine Bewegungen über diese Worte zu verbergen. Das ging freilich nicht weit, denn da ich sie mit solcher Wahrheit im Vorbeigehn vom Landpriester von Wakefield vom** – reden hörte, kam ich eben außer mich und sagte ihr alles was ich mußte, und bemerkte erst nach einiger Zeit, da Lotte das Gespräch an die andern wendete, daß diese die Zeit über mit offnen Augen, als säßen sie nicht da, da gesessen hatten. Die Base sah mich mehr als einmal

* Man sieht sich genötigt, diese Stelle des Briefs zu unterdrücken, um niemand Gelegenheit zu einiger Beschwerde zu geben. Ob gleich im Grunde jedem Autor wenig an dem Urteile eines einzelnen Mädgens, und eines jungen unsteten Menschen gelegen sein kann.

** Man hat auch hier die Namen einiger vaterländischen Autoren ausgelassen. Wer Teil an Lottens Beifall hatte, wird es gewiß an seinem Herzen fühlen, wenn er diese Stelle lesen sollte. Und sonst braucht's ja niemand zu wissen.

mit einem spöttischen Näsgen an, daran mir aber nichts gelegen war.

Das Gespräch fiel auf das Vergnügen am Tanze. Wenn diese Leidenschaft ein Fehler ist, sagte Lotte, so gesteh ich ihnen gern, ich weiß nichts übers Tanzen. Und wenn ich was im Kopfe habe, und mir auf meinem verstimmten Klaviere einen Contretanz vortrommle, so ist alles wieder gut.

Wie ich mich unter dem Gespräche in den schwarzen Augen weidete, wie die lebendigen Lippen und die frischen muntern Wangen meine ganze Seele anzogen, wie ich in den herrlichen Sinn ihrer Rede ganz versunken, oft gar die Worte nicht hörte, mit denen sie sich ausdruckte! Davon hast du eine Vorstellung, weil du mich kennst. Kurz, ich stieg aus dem Wagen wie ein Träumender, als wir vor dem Lusthause still hielten, und war so in Träumen rings in der dämmernden Welt verloren, daß ich auf die Musik kaum achtete, die uns von dem erleuchteten Saale herunter entgegen schallte.

Die zwei Herren Audran und ein gewisser N. N. wer behält all die Namen! die der Base und Lottens Tänzer waren, empfingen uns am Schlage, bemächtigten sich ihrer Frauenzimmer und ich führte die meinige hinauf.

Wir schlangen uns in Menuets um einander herum, ich forderte ein Frauenzimmer nach dem andern auf, und just die unleidlichsten konnten nicht dazu kommen, einem die Hand zu reichen, und ein Ende zu machen. Lotte und ihr Tänzer fingen einen englischen an, und wie wohl mir's war, als sie auch in der Reihe die Figur mit uns anfing, magst du fühlen. Tanzen muß man sie sehen. Siehst du, sie ist so mit ganzem Herzen und mit ganzer Seele dabei, ihr ganzer Körper, eine Harmonie, so sorglos, so unbefangen, als wenn das eigentlich alles wäre, als wenn sie sonst nichts dächte, nichts empfände, und in dem Augenblicke gewiß schwindet alles andere vor ihr.

Ich bat sie um den zweiten Contretanz, sie sagte mir den dritten zu, und mit der liebenswürdigsten Freimütigkeit von der Welt versicherte sie mich, daß sie herzlich gern deutsch tanzte. Es ist hier so Mode, fuhr sie fort, daß jedes paar, das zusammen gehört, beim Deutschen zusammen bleibt, und mein Chapeau walzt schlecht, und dankt mir's, wenn ich ihm die Arbeit erlasse, ihr Frauenzimmer kann's auch nicht und mag nicht, und ich habe im Englischen gesehn, daß sie gut walzen, wenn sie nun mein sein wollen fürs Deutsche, so gehn sie und bitten sich's aus von meinem Herrn, ich will zu ihrer Dame gehn. Ich gab ihr die Hand drauf und es wurde schon arrangiert, daß ihrem Tänzer inzwischen die Unterhaltung meiner Tänzerin aufgetragen ward.

Nun ging's, und wir ergötzten uns eine Weile an mannchfaltigen Schlingungen der Arme. Mit welchem Reize, mit welcher Flüchtigkeit bewegte sie sich! Und da wir nun gar ans Walzen kamen, und wie die Sphären um einander herumrollten, gings freilich anfangs, weil's die wenigsten können, ein bißgen bunt durch einander. Wir waren klug und ließen sie austoben, und wie die ungeschicktesten den Plan geräumt hatten, fielen wir ein, und hielten mit noch einem Paare, mit Audran und seiner Tänzerin, wacker aus. Nie ist mir's so leicht vom Flecke gegangen. Ich war kein Mensch mehr. Das liebenswürdigste Geschöpf in den Armen zu haben, und mit ihr herum zu fliegen wie Wetter, daß alles rings umher verging und – Wilhelm, um ehrlich zu sein, tat ich aber doch den Schwur, daß ein Mädchen, das ich liebte, auf das ich Ansprüche hätte, mir nie mit einem andern walzen sollte, als mit mir, und wenn ich drüber zu Grunde gehen müßte, du verstehst mich.

Wir machten einige Touren gehend im Saale, um zu verschnaufen. Dann setzte sie sich, und die Zitronen, die ich weggestohlen hatte beim Punsch machen, die nun die einzigen noch übrigen waren, und die ich ihr in Schnittchen, mit Zucker zur Erfrischung brachte, taten fürtreffliche Würkung, nur daß mir mit jedem Schnittgen das ihre Nachbarin aus der Tasse nahm, ein Stich durchs Herz ging, der ich's nun freilich Schanden halber mit präsentieren mußte.

Beim dritten Englischen waren wir das zweite Paar. Wie wir die Reihe so durchtanzten, und ich, weiß Gott mit wie viel Wonne, an ihrem Arme und Auge hing, das voll vom wahrsten Ausdrucke des offensten reinsten Vergnügens war, kommen wir an eine Frau, die mir wegen ihrer liebenswürdigen Miene auf einem nicht mehr ganz jungen Gesichte, merkwürdig gewesen war. Sie sieht Lotten lächelnd an, hebt einen drohenden Finger auf, und nennt den Namen Albert zweimal im Vorbeifliegen mit viel Bedeutung.

Wer ist Albert, sagte ich zu Lotten, wenns nicht Vermessenheit ist zu fragen. Sie war im Begriffe zu antworten, als wir uns scheiden mußten die große Achte zu machen, und mich dünkte einiges Nachdenken auf ihrer Stirne zu sehen, als wir so vor einander vorbeikreuzten. Was soll ich's ihnen leugnen, sagte sie, indem sie mir die Hand zur Promenade bot. Albert ist ein braver Mensch, dem ich so gut als verlobt bin! Nun war mir das nichts neues, denn die Mädchen hatten mir's auf dem Wege gesagt, und war mir doch so ganz neu, weil ich das noch nicht im Verhältnisse auf sie, die mir in so wenig Augenblicken so wert geworden war, gedacht hatte. Genug ich verwirrte mich, vergaß mich, und kam zwischen das unrechte Paar hinein, daß alles drunter und drüber ging, und Lottens ganze Gegenwart und Zerren und Ziehen nötig war, um's schnell wieder in Ordnung zu bringen.

Der Tanz war noch nicht zu Ende, als die Blitze, die wir schon lange am Horizonte leuchten gesehn, und die ich immer für Wetterkühlen ausgegeben hatte, viel stärker zu werden anfingen, und der Donner die Musik überstimmte. Drei Frauenzimmer liefen aus der Reihe, denen ihre Herren folgten, die Unordnung ward allgemein, und die Musik hörte auf. Es ist natürlich, wenn uns ein Unglück oder etwas schröckliches im Vergnügen überrascht, daß es stärkere Eindrücke auf uns macht, als sonst, teils wegen dem Gegensatze, der sich so lebhaft empfinden läßt, teils und noch mehr, weil unsere Sinnen einmal der Fühlbarkeit geöffnet sind und also desto schneller einen Eindruck annehmen. Diesen Ursachen muß ich die wunderbaren Grimassen zuschreiben, in die ich mehrere Frauenzimmer ausbrechen sah. Die Klügste setzte sich in eine Ecke, mit dem Rücken gegen das Fenster, und hielt die Ohren zu, eine andere kniete sich vor ihr nieder und verbarg den Kopf in der ersten Schoß, eine dritte schob sich zwischen beide hinein, und umfaßte ihre Schwesterchen mit tausend Tränen. Einige wollten nach Hause, andere, die noch weniger wußten was sie taten, hatten nicht so viel Besinnungskraft, den Keckheiten unserer jungen Schluckers zu steuern, die sehr beschäftigt zu sein schienen, alle die ängstlichen Gebete, die dem Himmel bestimmt waren, von den Lippen der schönen Bedrängten wegzufangen. Einige unserer Herren hatten sich hinab begeben, um ein Pfeifchen in Ruhe zu rauchen, und die übrige Gesellschaft schlug es nicht aus, als die Wirtin auf den klugen Einfall kam, uns ein Zimmer anzuweisen, das Läden und Vorhänge hätte. Kaum waren wir da angelangt, als Lotte beschäftigt war, einen Kreis von Stühlen zu stellen, die Gesellschaft zu setzen, und den Vortrag zu einem Spiele zu tun.

Ich sahe manchen, der in Hoffnung auf ein saftiges Pfand sein Mäulchen spitzte, und seine Glieder reckte. Wir spielen Zählens, sagte sie, nun gebt Acht! Ich gehe im Kreise herum von der Rechten zur Linken, und so zählt ihr auch rings herum jeder die Zahl die an ihn kommt, und das muß gehn wie ein Lauffeuer, und wer stockt, oder sich irrt, kriegt eine Ohrfeige, und so bis tausend. Nun war das lustig anzusehen. Sie ging mit ausgestrecktem Arme im Kreise herum, Eins! fing der erste an, der Nachbar zwei! drei! der folgende und so fort; dann fing sie an geschwinder zu gehn, immer geschwinder. Da versahs einer, Patsch eine Ohrfeige, und über das Gelächter der folgende auch Patsch! Und immer geschwinder. Ich selbst kriegte zwei Maulschellen und glaubte mit innigem Vergnügen zu bemerken, daß sie stärker seien, als sie sie den übrigen zuzumessen pflegte. Ein allgemeines Gelächter und Geschwärme machte dem Spiele ein Ende, ehe noch das Tausend ausgezählt war. Die Vertrautesten zogen einander beiseite, das Gewitter war vorüber, und ich folgte Lotten in den Saal. Unterwegs sagte sie: über die Ohrfeigen haben sie Wetter und alles vergessen! Ich konnte ihr nichts antworten. Ich war, fuhr sie fort, eine der Furchtsamsten, und indem ich mich herzhaft stellte, um den andern Mut zu geben, bin ich mutig geworden. Wir traten ans Fenster, es donnerte abseitwärts und der herrliche Regen säuselte auf das Land, und der erquickendste Wohlgeruch stieg in aller Fülle einer warmen Luft zu uns auf. Sie stand auf ihrem Ellenbogen gestützt und ihr Blick durchdrang die Gegend, sie sah gen Himmel und auf mich, ich sah ihr Auge tränenvoll, sie legte ihre Hand auf die meinige und sagte – Klopstock! Ich versank in dem Strome von Empfindungen, den sie in dieser Losung über mich ausgoß. Ich ertrugs nicht, neigte mich auf ihre Hand und küßte sie unter den wonnevollesten Tränen. Und sah nach ihrem Auge wieder – Edler! hättest du deine Vergötterung in diesem Blicke gesehn, und möcht ich nun deinen so oft entweihten Namen nie wieder nennen hören!

Grundsteinlegung und Charlottes Geburtstag

Der Geburtstag war herbeigekommen, und alles fertig geworden: die ganze Mauer, die den Dorfweg gegen das Wasser zu einfaßte und erhöhte, ebenso der Weg an der Kirche vorbei, wo er eine Zeitlang in dem von Charlotten angelegten Pfade fortlief, sich dann die Felsen hinaufwärts schlang, die Mooshütte links über sich, dann nach einer völligen Wendung links unter sich ließ und so allmählich auf die Höhe gelangte.

Es hatte sich diesen Tag viel Gesellschaft eingefunden. Man ging zur Kirche, wo man die Gemeinde im festlichen Schmuck versammelt antraf. Nach dem Gottesdienste zogen Knaben, Jünglinge und Männer, wie es angeordnet war, voraus; dann kam die Herrschaft mit ihrem Besuch und Gefolge; Mädchen, Jungfrauen und Frauen machten den Beschluß.

Bei der Wendung des Weges war ein erhöhter Felsenplatz eingerichtet; dort ließ der Hauptmann Charlotten und die Gäste ausruhen. Hier übersahen sie den ganzen Weg, die hinaufgeschrittene Männerschar, die nachwandelnden Frauen, welche nun vorbeizogen. Es war bei dem herrlichen Wetter ein wunderschöner Anblick. Charlotte fühlte sich überrascht, gerührt, und drückte dem Hauptmann herzlich die Hand.

Man folgte der sachte fortschreitenden Menge, die nun schon einen Kreis um den künftigen Hausraum gebildet hatte. Der Bauherr, die Seinigen und die vornehmsten Gäste wurden eingeladen, in die Tiefe hinabzusteigen, wo der Grundstein, an einer Seite unterstützt, eben zum Niederlassen bereitlag. Ein wohlgeputzter Maurer, die Kelle in der einen, den Hammer in der andern Hand, hielt in Reimen eine anmutige Rede, die wir in Prosa nur unvollkommen wiedergeben können.

Drei Dinge, fing er an, sind bei einem Gebäude zu beachten: daß es am rechten Fleck stehe, daß es wohl gegründet, daß es vollkommen ausgeführt sei. Das erste ist eigentlich die Sache des Bauherrn: denn wie in der Stadt nur der Fürst und die Gemeine bestimmen können, wohin gebaut werden soll, so ist es auf dem Lande das Vorrecht des Grundherren, daß er sage: hier soll meine Wohnung stehen und nirgends anders.

Eduard und Ottilie wagten nicht, bei diesen Worten einander anzusehen, ob sie gleich nahe gegen einander über standen.

Das dritte, die Vollendung, ist die Sorge gar vieler Gewerke; ja wenige sind, die nicht dabei beschäftigt wären. Aber das zweite, die Gründung, ist des Maurers Angelegenheit und, daß wir es nur keck heraussagen, die Hauptangelegenheit des ganzen Unternehmens. Es ist ein ernstes Geschäft, und unsre Einladung ist ernsthaft: denn diese Feierlichkeit wird in der Tiefe begangen. Hier, innerhalb dieses engen ausgegrabenen Raums, erweisen Sie uns die Ehre, als Zeugen unseres geheimnisvollen Geschäftes zu erscheinen. Gleich werden wir diesen wohl zugehauenen Stein niederlegen, und bald werden diese mit schönen und würdigen Personen gezierten Erdwände nicht mehr zugänglich, sie werden ausgefüllt sein.

Diesen Grundstein, der mit seiner Ecke die rechte Ecke des Gebäudes, mit seiner Rechtwinkligkeit die Regelmäßigkeit desselben, mit seiner wasser- und senkrechten Lage Lot und Waage aller Mauern und Wände bezeichnet, könnten wir ohne weiteres niederlegen: denn er ruhte wohl auf seiner eignen Schwere. Aber auch hier soll es am Kalk, am Bindungsmittel nicht fehlen: denn so wie Menschen, die einander von Natur geneigt sind, noch besser zusammenhalten, wenn das Gesetz sie verkittet, so werden auch Steine, deren Form schon zusammenpaßt, noch besser durch diese bindenden Kräfte vereinigt; und da es sich nicht ziemen will, unter den Tätigen müßig zu sein, so werden Sie nicht verschmähen, auch hier Mitarbeiter zu werden.

Er überreichte hierauf seine Kelle Charlotten, welche damit Kalk unter den Stein warf. Mehreren wurde ein Gleiches zu tun angesonnen, und der Stein alsobald niedergesenkt; worauf denn Charlotten und den übrigen sogleich der Hammer gereicht wurde, um durch ein dreimaliges Pochen die Verbindung des Steins mit dem Grunde ausdrücklich zu segnen.

Des Maurers Arbeit, fuhr der Redner fort, zwar jetzt unter freiem Himmel, geschieht wo nicht immer im Verborgnen, doch zum Verborgnen. Der regelmäßig aufgeführte Grund wird verschüttet, und sogar bei den Mauern, die wir am Tage aufführen, ist man unser am Ende kaum eingedenk. Die Arbeiten des Steinmetzen und Bildhauers fallen mehr in die Augen, und wir müssen es sogar noch gutheißen, wenn der Tüncher die Spur unserer Hände völlig auslöscht und sich unser Werk zueignet, indem er es überzieht, glättet und färbt.

Wem muß also mehr daran gelegen sein, das, was er tut, sich selbst recht zu machen, indem er es recht macht, als dem Maurer? Wer hat mehr als er das Selbstbewußtsein zu nähren Ursach? Wenn das Haus aufgeführt, der Boden geplattet und gepflastert, die Außenseite mit Zieraten überdeckt ist, so sieht er durch alle Hüllen immer noch hinein und erkennt noch jene regelmäßigen sorgfältigen Fugen, denen das Ganze sein Dasein und seinen Halt zu danken hat.

Aber wie jeder, der eine Übeltat begangen, fürchten muß, daß, ungeachtet alles Abwehrens, sie dennoch ans Licht kommen werde, so muß derjenige erwarten, der insgeheim das Gute getan, daß auch dieses wider seinen Willen an den Tag komme. Deswegen machen wir diesen Grundstein zugleich zum Denkstein. Hier in diese unterschiedlichen gehauenen Vertiefungen soll verschiedenes eingesenkt werden, zum Zeugnis für eine entfernte Nachwelt. Diese metallnen zugelöteten Köcher enthalten schriftliche Nachrichten; auf diese Metallplatten ist allerlei Merkwürdiges eingegraben; in diesen schönen gläsernen Flaschen versenken wir den besten alten Wein, mit Bezeichnung seines Geburtsjahrs; es fehlt nicht an Münzen verschiedener Art, in diesem Jahre geprägt: alles dieses erhielten wir durch die Freigebigkeit unseres Bauherrn. Auch ist hier noch mancher Platz, wenn irgendein Gast und Zuschauer etwas der Nachwelt zu übergeben Belieben trüge.

Nach einer kleinen Pause sah der Geselle sich um; aber wie es in solchen Fällen zu gehen pflegt, niemand war vorbereitet, jedermann überrascht, bis endlich ein junger munterer Offizier anfing und sagte: Wenn ich etwas beitragen soll, das in dieser Schatzkammer noch nicht niedergelegt ist, so muß ich ein paar Knöpfe von der Uniform schneiden, die doch wohl auch verdienen, auf die Nachwelt zu kommen. Gesagt, getan! und nun hatte mancher einen ähnlichen Einfall. Die Frauenzimmer säumten nicht, von ihren kleinen Haarkämmen hineinzulegen; Riechfläschchen und andre Zierden wurden nicht geschont: nur Ottilie zauderte, bis Eduard sie durch ein freundliches Wort aus der Betrachtung aller der beigesteuerten und eingelegten Dinge herausriß. Sie löste darauf die goldne Kette vom Halse, an der das Bild ihres Vaters gehangen hatte, und legte sie mit leiser Hand über die anderen Kleinode hin, worauf Eduard mit einiger

Hast veranstaltete, daß der wohlgefugte Deckel sogleich aufgestürzt und eingekittet wurde.

Der junge Gesell, der sich dabei am tätigsten erwiesen, nahm seine Rednermiene wieder an und fuhr fort: Wir gründen diesen Stein für ewig, zur Sicherung des längsten Genusses der gegenwärtigen und künftigen Besitzer dieses Hauses. Allein indem wir hier gleichsam einen Schatz vergraben, so denken wir zugleich, bei dem gründlichsten aller Geschäfte, an die Vergänglichkeit der menschlichen Dinge: wir denken uns eine Möglichkeit, daß dieser festversiegelte Deckel wieder aufgehoben werden könne, welches nicht anders geschehen dürfte, als wenn das alles wieder zerstört wäre, was wir noch nicht einmal aufgeführt haben.

Aber eben, damit dieses aufgeführt werde, zurück mit den Gedanken aus der Zukunft, zurück ins Gegenwärtige! Laßt uns, nach begangenem heutigen Feste, unsre Arbeit sogleich fördern, damit keiner von den Gewerken, die auf unserm Grunde fortarbeiten, zu feiern brauche, daß der Bau eilig in die Höhe steige und vollendet werde und aus den Fenstern, die noch nicht sind, der Hausherr mit den Seinigen und seinen Gästen sich fröhlich in der Gegend umschaue, deren aller sowie sämtlicher Anwesenden Gesundheit hiermit getrunken sei! – Und so leerte er ein wohlgeschliffenes Kelchglas auf einen Zug aus und warf es in die Luft: denn es bezeichnet das Übermaß einer Freude, das Gefäß zu zerstören, dessen man sich in der Fröhlichkeit bedient. Aber diesmal ereignete es sich anders: das Glas kam nicht wieder auf den Boden, und zwar ohne Wunder.

Man hatte nämlich, um mit dem Bau vorwärts zu kommen, bereits an der entgegengesetzten Ecke den Grund völlig herausgeschlagen, ja schon angefangen, die Mauern aufzuführen, und zu dem Endzweck das Gerüst erbaut, so hoch, als es überhaupt nötig war.

Daß man es besonders zu dieser Feierlichkeit mit Brettern belegt und eine Menge Zuschauer hinaufgelassen hatte, war zum Vorteil der Arbeitsleute geschehen. Dort hinauf flog das Glas und wurde von einem aufgefangen, der diesen Zufall als ein glückliches Zeichen für sich ansah. Er wies es zuletzt herum, ohne es aus der Hand zu lassen und man sah darauf die Buchstaben E und O in sehr zierlicher Verschlingung eingeschnitten: es war eins der Gläser, die für Eduarden in seiner Jugend verfertigt worden.

Die Gerüste standen wieder leer, und die leichtesten unter den Gästen stiegen hinauf, sich umzusehen, und konnten die schöne Aussicht nach allen Seiten nicht genugsam rühmen: denn was entdeckt der nicht alles, der auf einem hohen Punkte nur um ein Geschoß höher steht. Nach dem Innern des Landes zu kamen mehrere neue Dörfer zum Vorschein; den silbernen Streifen des Flusses erblickte man deutlich; ja selbst die Türme der Hauptstadt wollte einer gewahr werden. An der Rückseite, hinter den waldigen Hügeln, erhoben sich die blauen Gipfel eines fernen Gebirges, und die nächste Gegend übersah man im ganzen. Nun sollten nur noch, rief einer, die drei Teiche zu einem See vereinigt werden; dann hätte der Anblick alles, was groß und wünschenswert ist.

Das ließe sich wohl machen, sagte der Hauptmann: denn sie bildeten schon vorzeiten einen Bergsee.

Nur bitte ich, meine Platanen- und Pappelgruppe zu schonen, sagte Eduard, die so schön am mittelsten Teich steht. Sehen Sie – wandte er sich zu Ottilien, die er einige Schritte vorführte, indem er hinabwies – diese Bäume habe ich selbst gepflanzt.

Wie lange stehen sie wohl schon? fragte Ottilie. Etwa so lange, versetzte Eduard, als Sie auf der Welt sind. Ja, liebes Kind, ich pflanzte schon, da Sie noch in der Wiege lagen.

Die Gesellschaft begab sich wieder in das Schloß zurück. Nach aufgehobener Tafel wurde sie zu einem Spaziergang durch das Dorf eingeladen, um auch hier die neuen Anstalten in Augenschein zu nehmen. Dort hatten sich, auf des Hauptmanns Veranlassung, die Bewohner vor ihren Häusern versammelt; sie standen nicht in Reihen, sondern familienweise natürlich gruppiert, teils, wie es der Abend forderte, beschäftigt, teils auf neuen Bänken ausruhend. Es ward ihnen zur angenehmen Pflicht gemacht, wenigstens jeden Sonntag und Festtag diese Reinlichkeit, diese Ordnung zu erneuen. – Eine innere Geselligkeit mit Neigung, wie sie sich unter unseren Freunden erzeugt hatte, wird durch eine größere Gesellschaft immer nur unangenehm unterbrochen. Alle vier waren zufrieden, sich wieder im großen Saale allein zu finden; doch ward dieses häusliche Gefühl einigermaßen gestört, indem ein Brief, der Eduarden überreicht wurde, neue Gäste auf morgen ankündigte.

Wie wir vermuteten! rief Eduard Charlotten zu: der Graf wird nicht ausbleiben, er kommt morgen.

Da ist also auch die Baronesse nicht weit, versetzte Charlotte.

Gewiß nicht! antwortete Eduard: sie wird auch morgen von ihrer Seite anlangen. Sie bitten um ein Nachtquartier und wollen übermorgen zusammen wieder fortreisen.

Da müssen wir unsre Anstalten beizeiten machen, Ottilie! sagte Charlotte.

Wie befehlen Sie die Einrichtung? fragte Ottilie.

Charlotte gab es im allgemeinen an, und Ottilie entfernte sich.

Der Hauptmann erkundigte sich nach dem Verhältnis dieser beiden Personen, das er nur im allgemeinsten kannte. Sie hatten früher, beide schon anderwärts verheiratet, sich leidenschaftlich liebgewonnen. Eine doppelte Ehe war nicht ohne Aufsehn gestört; man dachte an Scheidung. Bei der Baronesse war sie möglich geworden, bei dem Grafen nicht. Sie mußten sich zum Scheine trennen, allein ihr Verhältnis blieb; und wenn sie Winters in der Residenz nicht zusammensein konnten, so entschädigten sie sich Sommers auf Lustreisen und in Bädern. Sie waren beide um etwas älter als Eduard und Charlotte und sämtlich genaue Freunde aus früher Hofzeit her. Man hatte immer ein gutes Verhältnis erhalten, ob man gleich nicht alles an seinen Freunden billigte. Nur diesmal war Charlotten ihre Ankunft gewissermaßen ganz ungelegen, und wenn sie die Ursache genau untersucht hätte: es war eigentlich um Ottiliens willen. Das gute reine Kind sollte ein solches Beispiel so früh nicht gewahr werden.

Sie hätten wohl noch ein paar Tage wegbleiben können, sagte Eduard, als eben Ottilie wieder hereintrat, bis wir den Vorwerksverkauf in Ordnung gebracht. Der Aufsatz ist fertig; die eine Abschrift habe ich hier, nun fehlt es aber an der zweiten, und unser alter Kanzellist ist recht krank. – Der Hauptmann bot sich an, auch Charlotte; dagegen waren einige Einwendungen zu machen. Geben Sie mirs nur! rief Ottilie mit einiger Hast.

Du wirst nicht damit fertig, sagte Charlotte.

Freilich müßte ich es übermorgen früh haben, und es ist viel, sagte Eduard. Es soll fertig sein, rief Ottilie und hatte das Blatt schon in den Händen.

Des andern Morgens, als sie sich aus dem obern Stock nach den Gästen umsahen, denen sie entgegenzugehen nicht verfehlen wollten, sagte Eduard: Wer reitet denn so langsam dort die Straße her? Der Hauptmann beschrieb die Figur des Reiters genauer. So ist ers doch, sagte Eduard: denn das einzelne, das du besser siehst als ich, paßt sehr gut zu dem Ganzen, das ich recht wohl sehe. Es ist Mittler. Wie kommt er aber dazu, langsam, und so langsam zu reiten?

Die Figur kam näher, und Mittler war es wirklich. Man empfing ihn freundlich, als er langsam die Treppe heraufstieg. Warum sind Sie nicht gestern gekommen? rief ihm Eduard entgegen.

Laute Feste lieb ich nicht, versetzte jener. Heute komm ich aber, den Geburtstag meiner Freundin mit euch im Stillen nachzufeiern.

Wie können Sie denn so viel Zeit gewinnen? fragte Eduard scherzend.

Meinen Besuch, wenn er euch etwas wert ist, seid ihr einer Betrachtung schuldig, die ich gestern gemacht habe. Ich freute mich recht herzlich den halben Tag in einem Hause, wo ich Frieden gestiftet hatte, und dann hörte ich, daß hier Geburtstag gefeiert werde. Das kann man doch am Ende selbstisch nennen, dachte ich bei mir, daß du dich nur mit denen freuen willst, die du zum Frieden bewogen hast. Warum freust du dich nicht auch einmal mit Freunden, die Frieden halten und hegen? Gesagt, getan! Hier bin ich, wie ich mir vorgenommen hatte.

Gestern hätten Sie große Gesellschaft gefunden, heute finden Sie nur kleine, sagte Charlotte. Sie finden den Grafen und die Baronesse, die Ihnen auch schon zu schaffen gemacht haben.

Aus der Mitte der vier Hausgenossen, die den seltsamen willkommenen Mann umgeben hatten, fuhr er mit verdrießlicher Lebhaftigkeit heraus, indem er sogleich nach Hut und Reitgerte suchte. Schwebt doch immer ein Unstern über mir, sobald ich einmal ruhen und mir wohltun will! Aber warum gehe ich auch aus meinem Charakter heraus! Ich hätte nicht kommen sollen, und nun werd ich vertrieben. Denn mit jenen will ich nicht unter einem Dache bleiben; und nehmt euch in acht: sie bringen nichts als Unheil! Ihr Wesen ist wie ein Sauerteig, der seine Ansteckung fortpflanzt.

Man suchte ihn zu begütigen; aber vergebens. Wer mir den Ehstand angreift, rief er aus, wer mir durch Wort, ja durch Tat diesen Grund aller sittlichen Gesellschaft untergräbt, der hat es mit mir zu tun; oder wenn ich sein nicht Herr werden kann, habe ich nichts mit ihm zu tun. Die Ehe ist der Anfang und der Gipfel aller Kultur. Sie macht den Rohen mild, und der Gebildetste hat keine bessere Gelegenheit, seine Milde zu beweisen. Unauflöslich muß sie sein: denn sie bringt so vieles Glück, daß alles einzelne Unglück dagegen gar nicht zu rechnen ist. Und was will man von Unglück reden? Ungeduld ist es, die den Menschen von Zeit zu Zeit anfällt, und dann beliebt er, sich unglücklich zu finden. Lasse man den Augenblick vorübergehen, und man wird sich glücklich preisen, daß ein so lange Bestandenes noch besteht. Sich zu trennen, gibts gar keinen hinlänglichen Grund. Der menschliche Zustand ist so hoch in Leiden und Freuden gesetzt, daß gar nicht berechnet werden kann, was ein Paar Gatten einander schuldig werden. Es ist eine unendliche Schuld, die nur durch die Ewigkeit abgetragen werden kann. Unbequem mag es manchmal sein, das glaub ich wohl, und das ist eben recht. Sind wir nicht auch mit dem Gewissen verheiratet, das wir oft gerne lossein möchten, weil es unbequemer ist, als uns je ein Mann oder eine Frau werden könnte?

So sprach er lebhaft und hätte wohl noch lange fortgesprochen, wenn nicht blasende Postillions die Ankunft der Herrschaften verkündigt hätten, welche wie abgemessen von beiden Seiten zu gleicher Zeit in den Schloßhof hereinfuhren. Als ihnen die Hausgenossen entgegeneilten, versteckte sich Mittler, ließ sich das Pferd an den Gasthof bringen und ritt verdrießlich davon.

IV. Karnevaleske Feste

Das Römische Karneval

Indem wir eine Beschreibung des Römischen Karnevals unternehmen, müssen wir den Einwurf befürchten, daß eine solche Feierlichkeit eigentlich nicht beschrieben werden könne. Eine so große lebendige Masse sinnlicher Gegenstände sollte sich unmittelbar vor dem Auge bewegen und von einem jeden nach seiner Art angeschaut und gefaßt werden.

Noch bedenklicher wird diese Einwendung, wenn wir selbst gestehen müssen, daß das Römische Karneval einem fremden Zuschauer, der es zum erstenmal sieht und nur sehen will und kann, weder einen ganzen noch einen erfreulichen Eindruck gebe, weder das Auge sonderlich ergötze, noch das Gemüt befriedige.

Die lange und schmale Straße, in welcher sich unzählige Menschen hin und wider wälzen, ist nicht zu übersehen; kaum unterscheidet man etwas in dem Bezirk des Getümmels, den das Auge fassen kann. Die Bewegung ist einförmig, der Lärm betäubend, das Ende der Tage unbefriedigend. Allein diese Bedenklichkeiten sind bald gehoben, wenn wir uns näher erklären; und vorzüglich wird die Frage sein, ob uns die Beschreibung selbst rechtfertigt.

Das Römische Karneval ist ein Fest, das dem Volke eigentlich nicht gegeben wird, sondern das sich das Volk selbst gibt.

Der Staat macht wenig Anstalten, wenig Aufwand dazu. Der Kreis der Freuden bewegt sich von selbst, und die Polizei regiert ihn nur mit gelinder Hand.

Hier ist nicht ein Fest, das wie die vielen geistlichen Feste Roms die Augen der Zuschauer blendete; hier ist kein Feuerwerk, das von dem Kastell Sankt Angelo einen einzigen überraschenden Anblick gewährte; hier ist keine Erleuchtung der Peterskirche und Kuppel, welche so viel Fremde aus allen Landen herbeilockt und befriedigt; hier ist keine glänzende Prozession, bei deren Annäherung das Volk beten und staunen soll; hier wird vielmehr nur ein Zeichen gegeben, daß jeder so töricht und toll sein dürfe, als er wolle, und daß außer Schlägen und Messerstichen fast alles erlaubt sei.

Der Unterschied zwischen Hohen und Niedern scheint einen Augenblick aufgehoben: alles nähert sich einander, jeder nimmt, was ihm begegnet, leicht auf, und die wechselseitige Frechheit und Freiheit wird durch eine allgemeine gute Laune im Gleichgewicht erhalten.

In diesen Tagen freuet sich der Römer noch zu unsern Zeiten, daß die Geburt Christi das Fest der Saturnalien und seiner Privilegien wohl um einige Wochen verschieben, aber nicht aufheben konnte.

Wir werden uns bemühen, die Freuden und den Taumel dieser Tage vor die Einbildungskraft unserer Leser zu bringen. Auch schmeicheln wir uns, solchen Personen zu dienen, welche dem Römischen Karneval selbst einmal beigewohnt und sich nun mit einer lebhaften Erinnerung jener Zeiten vergnügen mögen; nicht weniger solchen, welchen jene Reise noch bevorsteht und denen diese wenigen Blätter Übersicht und Genuß einer überdrängten und vorbeirauschenden Freude verschaffen können.

Der Corso

Das Römische Karneval versammelt sich in dem Corso. Diese Straße beschränkt und bestimmt die öffentliche Feierlichkeit dieser Tage. An jedem andern Platz würde es ein ander Fest sein; und wir haben daher vor allen Dingen den Corso selbst zu beschreiben.

Er führt den Namen wie mehrere lange Straßen italienischer Städte von dem Wettrennen der Pferde, womit zu Rom sich jeder Karnevalsabend schließt und womit an andern Orten andere Feierlichkeiten, als das Fest eines Schutzpatrons, ein Kirchweihfest, geendigt werden.

Die Straße geht von der Piazza del Popolo schnurgerade bis an den venezianischen Palast. Sie ist ungefähr viertehalbtausend Schritte lang und von hohen, meistenteils prächtigen Gebäuden eingefaßt. Ihre Breite ist gegen ihre Länge und gegen die Höhe der Gebäude nicht verhältnismäßig. An beiden Seiten nehmen Pflastererhöhungen für die Fußgänger ungefähr sechs bis acht Fuß weg. In der Mitte bleibt für die Wagen an den meisten Orten nur der Raum von zwölf bis vierzehn Schritten, und man sieht also leicht, daß höchstens drei Fuhrwerke sich in dieser Breite nebeneinander bewegen können.

Der Obelisk auf der Piazza del Popolo ist im Karneval die unterste Grenze dieser Straße; der venezianische Palast die obere.

Spazierfahrt im Corso

Schon alle Sonn- und Festtage eines Jahres ist der römische Corso belebt. Die vornehmern und reichern Römer fahren hier eine oder anderthalb Stunden vor Nacht in einer sehr zahlreichen Reihe spazieren; die Wagen kommen vom venezianischen Palast herunter, halten sich an der linken Seite, fahren, wenn es schön Wetter ist, an dem Obelisk vorbei, zum Tore hinaus und auf den Flaminischen Weg, manchmal bis Ponte molle.

Die früher oder später Umkehrenden halten sich an die

andere Seite; so ziehen die beiden Wagenreihen in der besten Ordnung aneinander hin.

Die Gesandten haben das Recht, zwischen beiden Reihen auf und nieder zu fahren. Dem Prätendenten, der sich unter dem Namen eines Herzogs von Albanien in Rom aufhielt, war es gleichfalls zugestanden.

Sobald die Nacht eingeläutet wird, ist diese Ordnung unterbrochen; jeder wendet, wo es ihm beliebt, und sucht seinen nächsten Weg, oft zur Unbequemlichkeit vieler andern Equipagen, welche in dem engen Raum dadurch gehindert und aufgehalten werden.

Diese Abendspazierfahrt, welche in allen großen italienischen Städten brillant ist und in jeder kleinen Stadt, wäre es auch nur mit einigen Kutschen, nachgeahmt wird, lockt viele Fußgänger in den Corso; jedermann kommt, um zu sehen oder gesehen zu werden.

Das Karneval ist, wie wir bald bemerken können, eigentlich nur eine Fortsetzung oder vielmehr der Gipfel jener gewöhnlichen sonn- und festtägigen Freuden; es ist nichts Neues, nichts Fremdes, nichts Einziges, sondern es schließt sich nur an die römische Lebensweise ganz natürlich an.

Klima, geistliche Kleidungen

Ebensowenig fremd wird es uns scheinen, wenn wir nun bald eine Menge Masken in freier Luft sehen, da wir so manche Lebensszene unter dem heitern frohen Himmel das ganze Jahr durch zu erblicken gewohnt sind.

Bei einem jeden Feste bilden ausgehängte Teppiche, gestreute Blumen, übergespannte Tücher die Straßen gleichsam zu großen Sälen und Galerien um.

Keine Leiche wird ohne vermummte Begleitung der Brüderschaften zu Grabe gebracht; die vielen Mönchskleidungen gewöhnen das Auge an fremde und sonderbare Gestalten; es scheint das ganze Jahr Karneval zu sein, und die Abbaten in schwarzer Kleidung scheinen unter den übrigen geistlichen Masken die edlern Tabarros vorzustellen.

Erste Zeit

Schon von dem neuen Jahre an sind die Schauspielhäuser eröffnet, und das Karneval hat seinen Anfang genommen. Man sieht hie und da in den Logen eine Schöne, welche als Offizier ihre Epauletten mit größter Selbstzufriedenheit dem Volke zeigt. Die Spazierfahrt im Corso wird zahlreicher; doch die allgemeine Erwartung ist auf die letzten acht Tage gerichtet.

Vorbereitungen auf die letzten Tage

Mancherlei Vorbereitungen verkündigen dem Publikum diese paradiesischen Stunden.

Der Corso, eine von den wenigen Straßen in Rom, welche das ganze Jahr rein gehalten werden, wird nun sorgfältiger gekehrt und gereinigt. Man ist beschäftigt, das schöne, aus kleinen, viereckig zugehauenen, ziemlich gleichen Basaltstücken zusammengesetzte Pflaster, wo es nur einigermaßen abzuweichen scheint, auszuheben und die Basaltkeile wieder neu instand zu setzen.

Außer diesem zeigen sich auch lebendige Vorboten. Jeder Karnevalsabend schließt sich, wie wir schon erwähnt haben, mit einem Wettrennen. Die Pferde, welche man zu diesem Endzweck unterhält, sind meistenteils klein und werden wegen fremder Herkunft der besten unter ihnen Barberi genennt.

Ein solches Pferdchen wird mit einer Decke von weißer Leinwand, welche am Kopf, Hals und Leib genau anschließt und auf den Nähten mit bunten Bändern besetzt ist, vor dem Obelisk an die Stelle gebracht, wo es in der Folge auslaufen soll. Man gewöhnt es, den Kopf gegen den Corso gerichtet, eine Zeitlang stillzustehen, führt es alsdann sachte die Straße hin und gibt ihm oben am venezianischen Palast ein wenig Hafer, damit es ein Interesse empfinde, seine Bahn desto geschwinder zu durchlaufen.

Da diese Übung mit den meisten Pferden, deren oft funfzehn bis zwanzig an der Zahl sind, wiederholt und eine solche Promenade immer von einer Anzahl lustig schreiender Knaben begleitet wird, so gibt es schon einen Vorschmack von einem größern Lärm und Jubel, der bald folgen soll.

Ehemals nährten die ersten römischen Häuser dergleichen Pferde in ihren Marställen; man schätzte sich es zur Ehre, wenn ein solches den Preis davontragen konnte. Es wurden Wetten angestellt und der Sieg durch ein Gastmahl verherrlicht.

In den letzten Zeiten hingegen hat diese Liebhaberei sehr abgenommen, und der Wunsch, durch seine Pferde Ruhm zu erlangen, ist in die mittlere, ja in die unterste Klasse des Volks herabgestiegen.

Aus jenen Zeiten mag sich noch die Gewohnheit herschreiben, daß der Trupp Reiter, welcher, von Trompetern begleitet, in diesen Tagen die Preise in ganz Rom herumzeigt, in die Häuser der Vornehmen hineinreitet und nach einem geblasenen Trompeterstückchen ein Trinkgeld empfängt.

Der Preis bestehet aus einem etwa drittehalb Ellen langen und nicht gar eine Elle breiten Stück Gold- oder Silberstoff, das an einer bunten Stange wie eine Flagge befestigt schwebt und an dessen unterm Ende das Bild einiger rennender Pferde quer eingewirkt ist.

Es wird dieser Preis Palio genannt, und soviel Tage das Karneval dauert, so viele solcher Quasi-Standarten werden von dem erst erwähnten Zug durch die Straßen von Rom aufgezeigt.

Inzwischen fängt auch der Corso an, seine Gestalt zu verändern; der Obelisk wird nun die Grenze der Straße. Vor demselben wird ein Gerüste mit vielen Sitzreihen übereinander aufgeschlagen, welches gerade in den Corso hineinsieht. Vor dem Gerüste werden die Schranken errichtet, zwischen welche man künftig die Pferde zum Ablaufen bringen soll.

An beiden Seiten werden ferner große Gerüste gebaut, welche sich an die ersten Häuser des Corso anschließen und auf diese Weise die Straße in den Platz herein verlängern. An beiden Seiten der Schranken stehen kleine, erhöhte und bedeckte Bogen für die Personen, welche das Ablaufen der Pferde regulieren sollen.

Den Corso hinauf sieht man vor manchen Häusern ebenfalls Gerüste aufgerichtet. Die Plätze von Sankt Carlo und der Antoninischen Säule werden durch Schranken von der Straße abgesondert, und alles bezeichnet genug, daß die ganze Feierlichkeit sich in dem langen und schmalen Corso einschränken solle und werde.

Zuletzt wird die Straße in der Mitte mit Puzzolane bestreut, damit die wettrennenden Pferde auf dem glatten Pflaster nicht so leicht ausgleiten mögen.

Signal der vollkommnen Karnevalsfreiheit

So findet die Erwartung sich jeden Tag genährt und beschäftigt, bis endlich eine Glocke vom Kapitol bald nach Mittage das Zeichen gibt, es sei erlaubt, unter freiem Himmel töricht zu sein.

In diesem Augenblick legt der ernsthafte Römer, der sich das ganze Jahr sorgfältig vor jedem Fehltritt hütet, seinen Ernst und seine Bedächtigkeit auf einmal ab.

Die Pflasterer, die bis zum letzten Augenblicke gekläppert haben, packen ihr Werkzeug auf und machen der Arbeit scherzend ein Ende. Alle Balkone, alle Fenster werden nach und nach mit Teppichen behängt, auf den Pflastererhöhungen zu beiden Seiten der Straße werden Stühle herausgesetzt, die geringern Hausbewohner, alle Kinder sind auf der Straße, die nun aufhört, eine Straße zu sein; sie gleicht vielmehr einem großen Festsaal, einer ungeheuren ausgeschmückten Galerie.

Denn wie alle Fenster mit Teppichen behängt sind, so stehen auch alle Gerüste mit alten gewirkten Tapeten beschlagen; die vielen Stühle vermehren den Begriff von Zimmer, und der freundliche Himmel erinnert selten, daß man ohne Dach sei.

So scheint die Straße nach und nach immer wohnbarer. Indem man aus dem Hause tritt, glaubt man nicht im Freien und unter Fremden, sondern in einem Saale unter Bekannten zu sein.

Wache

Indessen daß der Corso immer belebter wird und unter den vielen Personen, die in ihren gewöhnlichen Kleidern spazieren, sich hier und da ein Pulcinell zeigt, hat sich das Militär vor der Porta del Popolo versammelt. Es zieht, angeführt von dem General zu Pferde, in guter Ordnung und neuer Montur mit klingendem Spiel den Corso herauf und besetzt sogleich alle Eingänge in denselben, errichtet ein paar Wachen auf den Hauptplätzen und übernimmt die Sorge für die Ordnung der ganzen Anstalt.

Die Verleiher der Stühle und Gerüste rufen nun emsig den Vorbeigehenden an: »*Luoghi! Luoghi, Padroni! Luoghi!*«

Masken

Nun fangen die Masken an, sich zu vermehren. Junge Männer, geputzt in Festtagskleidern der Weiber aus der untersten Klasse, mit entblößtem Busen und frecher Selbstgenügsamkeit, lassen sich meist zuerst sehen. Sie liebkosen die ihnen begegnenden Männer, tun gemein und vertraut mit den Weibern als mit ihresgleichen, treiben sonst, was ihnen Laune, Witz oder Unart eingeben.

Wir erinnern uns unter andern eines jungen Menschen, der die Rolle einer leidenschaftlichen, zanksüchtigen und auf keine Weise zu beruhigenden Frau vortrefflich spielte und so den ganzen Corso hinab zankte, jedem etwas anhängte, indes seine Begleiter sich alle Mühe zu geben schienen, ihn zu besänftigen.

Hier kommt ein Pulcinell gelaufen, dem ein großes Horn an bunten Schnüren um die Hüften gaukelt. Durch eine geringe Bewegung, indem er sich mit den Weibern unterhält, weiß er die Gestalt des alten Gottes der Gärten in dem heiligen Rom kecklich nachzuahmen, und seine Leichtfertigkeit erregt mehr Lust als Unwillen. Hier kommt ein anderer seinesgleichen, der, bescheidner und zufriedner, seine schöne Hälfte mit sich bringt.

Da die Frauen ebensoviel Lust haben, sich in Mannskleidern zu zeigen, als die Männer, sich in Frauenskleidern sehen zu lassen, so haben sie die beliebte Tracht des Pulcinells sich anzupassen nicht verfehlt, und man muß bekennen, daß es ihnen gelingt, in dieser Zwittergestalt oft höchst reizend zu sein.

Mit schnellen Schritten, deklamierend, wie vor Gericht, drängt sich ein Advokat durch die Menge; er schreit an die Fenster hinauf, packt maskierte und unmaskierte Spaziergänger an, droht einem jeden mit einem Prozeß, macht bald jenem eine lange Geschichtserzählung von lächerlichen Verbrechen, die er begangen haben soll, bald diesem eine genaue Spezifikation seiner Schulden. Die Frauen schilt er wegen ihrer Cicisbeen, die Mädchen wegen ihrer Liebhaber; er beruft sich auf ein Buch, das er bei sich führt, produziert Dokumente, und das alles mit einer durchdringenden Stimme und geläufigen Zunge. Er sucht jedermann zu beschämen und konfus zu machen. Wenn man denkt, er höre auf, so fängt er erst recht an; denkt man, er gehe weg, so kehrt er um; auf den einen geht er gerade los und spricht ihn nicht an, er packt einen andern, der schon vorbei ist; kommt nun gar ein Mitbruder ihm entgegen, so erreicht die Tollheit ihren höchsten Grad.

Aber lange können sie die Aufmerksamkeit des Publikums nicht auf sich ziehen; der tollste Eindruck wird gleich von Menge und Mannigfaltigkeit wieder verschlungen.

Besonders machen die Quacqueri zwar nicht so viel Lärm, doch ebensoviel Aufsehen als die Advokaten. Die Maske der Quacqueri scheint so allgemein geworden zu sein durch die Leichtigkeit, auf dem Trödel altfränkische Kleidungsstücke finden zu können.

Die Haupterfordernisse dieser Maske sind, daß die Kleidung zwar altfränkisch, aber wohlerhalten und von edlem

Stoff sei. Man sieht sie selten anders als mit Samt oder Seide bekleidet, sie tragen brokatene oder gestickte Westen, und der Statur nach muß der Quacquero dickleibig sein; seine Gesichtsmaske ist ganz, mit Pausbacken und kleinen Augen; seine Perücke hat wunderliche Zöpfchen; sein Hut ist klein und meistens bordiert.

Man siehet, daß sich diese Figur sehr dem *Buffo caricato* der komischen Oper nähert, und wie dieser meistenteils einen läppischen, verliebten, betrogenen Toren vorstellt, so zeigen sich auch diese als abgeschmackte Stutzer. Sie hüpfen mit großer Leichtigkeit auf den Zehen hin und her, führen große schwarze Ringe ohne Glas statt der Lorgnetten, womit sie in alle Wagen hineingucken, nach allen Fenstern hinaufblicken. Sie machen gewöhnlich einen steifen, tiefen Bückling, und ihre Freude, besonders wenn sie sich einander begegnen, geben sie dadurch zu erkennen, daß sie mit gleichen Füßen mehrmals gerade in die Höhe hüpfen und einen hellen, durchdringenden, unartikulierten Laut von sich geben, der mit den Konsonanten *brr* verbunden ist.

Oft geben sie sich durch diesen Ton das Zeichen, und die nächsten erwidern das Signal, so daß in kurzer Zeit dieses Geschrille den ganzen Corso hin und wider läuft.

Mutwillige Knaben blasen indes in große gewundne Muscheln und beleidigen das Ohr mit unerträglichen Tönen.

Man sieht bald, daß bei der Enge des Raums, bei der Ähnlichkeit so vieler Maskenkleidungen (denn es mögen immer einige hundert Pulcinelle und gegen hundert Quacqueri im Corso auf und nieder laufen) wenige die Absicht haben können, Aufsehn zu erregen oder bemerkt zu werden. Auch müssen diese früh genug im Corso erscheinen. Vielmehr geht ein jeder nur aus, sich zu vergnügen, seine Tollheit auszulassen und der Freiheit dieser Tage auf das beste zu genießen.

Besonders suchen und wissen die Mädchen und Frauen

sich in dieser Zeit nach ihrer Art lustig zu machen. Jede sucht nur aus dem Hause zu kommen, sich, auf welche Art es sei, zu vermummen, und weil die wenigsten in dem Fall sind, viel Geld aufwenden zu können, so sind sie erfinderisch genug, allerlei Arten auszudenken, wie sie sich mehr verstecken als zieren.

Sehr leicht sind die Masken von Bettlern und Bettlerinnen zu schaffen; schöne Haare werden vorzüglich erfordert, dann eine ganz weiße Gesichtsmaske, ein irdenes Töpfchen an einem farbigen Bande, ein Stab und ein Hut in der Hand. Sie treten mit demütiger Gebärde unter die Fenster und vor jeden hin und empfangen statt Almosen Zuckerwerk, Nüsse und was man ihnen sonst Artiges geben mag.

Andere machen sich es noch bequemer, hüllen sich in Pelze oder erscheinen in einer artigen Haustracht nur mit Gesichtsmasken. Sie gehen meistenteils ohne Männer und führen als Off- und Defensivwaffe ein Besenchen, aus der Blüte eines Rohrs gebunden, womit sie teils die Überlästigen abwehren, teils auch, mutwillig genug, Bekannten und Unbekannten, die ihnen ohne Masken entgegenkommen, im Gesicht herumfahren.

Wenn einer, auf den sie es gemünzt haben, zwischen vier oder fünf solcher Mädchen hineinkommt, weiß er sich nicht zu retten. Das Gedränge hindert ihn zu fliehen, und wo er sich hinwendet, fühlt er die Besenchen unter der Nase. Sich ernstlich gegen diese oder andere Neckereien zu wehren, würde sehr gefährlich sein, weil die Masken unverletzlich sind und jede Wache ihnen beizustehen beordert ist.

Ebenso müssen die gewöhnlichen Kleidungen aller Stände als Masken dienen. Stallknechte mit ihren großen Bürsten kommen, einem jeden, wenn es ihnen beliebt, den Rücken auszukehren. Vetturine bieten ihre Dienste mit ihrer gewöhnlichen Zudringlichkeit an. Zierlicher sind die Masken der Landmädchen, Fraskatanerinnen, Fischer, neapolitaner Schiffer, neapolitanischer Sbirren und Griechen.

Manchmal wird eine Maske vom Theater nachgeahmt. Einige machen sich's sehr bequem, indem sie sich in Teppiche oder Leintücher hüllen, die sie über dem Kopfe zusammenbinden.

Die weiße Gestalt pflegt gewöhnlich andern in den Weg zu treten und vor ihnen zu hüpfen und glaubt auf diese Weise ein Gespenst vorzustellen. Einige zeichnen sich durch sonderbare Zusammensetzungen aus, und der Tabarro wird immer für die edelste Maske gehalten, weil sie sich gar nicht auszeichnet.

Witzige und satirische Masken sind sehr selten, weil diese schon Endzweck haben und bemerkt sein wollen. Doch sah man einen Pulcinell als Hahnrei. Die Hörner waren beweglich, er konnte sie wie eine Schnecke heraus- und hineinziehen. Wenn er unter ein Fenster vor neu Verheiratete trat und *ein* Horn nur ein wenig sehen ließ, oder vor einem andern beide Hörner recht lang streckte und die an den obern Spitzen befestigten Schellen recht wacker klingelten, entstand auf Augenblicke eine heitere Aufmerksamkeit des Publikums und manchmal ein großes Gelächter.

Ein Zauberer mischt sich unter die Menge, läßt das Volk ein Buch mit Zahlen sehn und erinnert es an seine Leidenschaft zum Lottospiel.

Mit zwei Gesichtern steckt einer im Gedränge: man weiß nicht, welches sein Vorderteil, welches sein Hinterteil ist, ob er kommt, ob er geht.

Der Fremde muß sich auch gefallen lassen, in diesen Tagen verspottet zu werden. Die langen Kleider der Nordländer, die großen Knöpfe, die wunderlichen runden Hüte fallen den Römern auf, und so wird ihnen der Fremde eine Maske.

Weil die fremden Maler, besonders die, welche Landschaften und Gebäude studieren, in Rom überall öffentlich sitzen und zeichnen, so werden sie auch unter der Karnevalsmenge emsig vorgestellt und zeigen sich mit großen Portefeuillen, langen Surtouts und kolossalischen Reißfedern sehr geschäftig.

Die deutschen Bäckerknechte zeichnen sich in Rom gar oft betrunken aus, und sie werden auch mit einer Flasche Wein in ihrer eigentlichen oder auch etwas verzierten Tracht taumelnd vorgestellt.

Wir erinnern uns einer einzigen anzüglichen Maske. Es sollte ein Obelisk vor der Kirche Trinità de' Monti aufgerichtet werden. Das Publikum war nicht sehr damit zufrieden, teils weil der Platz eng ist, teils weil man dem kleinen Obelisk, um ihn in eine gewisse Höhe zu bringen, ein sehr hohes Piedestal unterbauen mußte. Es nahm daher einer den Anlaß, ein großes weißes Piedestal als Mütze zu tragen, auf welchem oben ein ganz kleiner rötlicher Obelisk befestigt war. An dem Piedestal standen große Buchstaben, deren Sinn vielleicht nur wenige errieten.

Kutschen

Indessen die Masken sich vermehren, fahren die Kutschen nach und nach in den Corso hinein, in derselben Ordnung, wie wir sie oben beschrieben haben, als von der sonn- und festtägigen Spazierfahrt die Rede war, nur mit dem Unterschied, daß gegenwärtig die Fuhrwerke, welche vom venezianischen Palast an der linken Seite herunterfahren, da, wo die Straße des Corso aufhört, wenden und sogleich an der andern Seite wieder herauffahren.

Wir haben schon oben angezeigt, daß die Straße, wenn

man die Erhöhungen für die Fußgänger abrechnet, an den meisten Orten wenig über drei Wagenbreiten hat.

Die Seitenerhöhungen sind alle mit Gerüsten versperrt, mit Stühlen besetzt, und viele Zuschauer haben schon ihre Plätze eingenommen. An Gerüsten und Stühlen geht ganz nahe eine Wagenreihe hinunter und an der andern Seite hinauf. Die Fußgänger sind in eine Breite von höchstens acht Fuß zwischen den beiden Reihen eingeschlossen; jeder drängt sich hin- und herwärts, so gut er kann, und von allen Fenstern und Balkonen sieht wieder eine gedrängte Menge auf das Gedränge herunter.

In den ersten Tagen sieht man meist nur die gewöhnlichen Equipagen; denn jeder verspart auf die folgenden, was er Zierliches oder Prächtiges allenfalls aufführen will. Gegen Ende des Karnevals kommen mehr offene Wagen zum Vorschein, deren einige sechs Sitze haben: zwei Damen sitzen erhöht gegeneinander über, so daß man ihre ganze Gestalt sehen kann, vier Herren nehmen die vier übrigen Sitze der Winkel ein, Kutscher und Bediente sind maskiert, die Pferde mit Flor und Blumen geputzt.

Oft steht ein schöner, weißer, mit rosenfarbnen Bändern gezierter Pudel dem Kutscher zwischen den Füßen, an dem Geschirre klingen Schellen, und die Aufmerksamkeit des Publikums wird einige Augenblicke auf diesen Aufzug geheftet.

Man kann leicht denken, daß nur schöne Frauen sich so vor dem ganzen Volke zu erhöhen wagen, und daß nur die Schönste ohne Gesichtsmaske sich sehen läßt. Wo sich denn aber auch der Wagen nähert, der gewöhnlich langsam genug fahren muß, sind alle Augen darauf gerichtet, und sie hat die Freude, von manchen Seiten zu hören: »*O quanto è bella!*«

Ehemals sollen diese Prachtwagen weit häufiger und kostbarer, auch durch mythologische und allegorische Vorstellungen interessanter gewesen sein; neuerdings aber scheinen die Vornehmern, es sei nun aus welchem Grunde es wolle, verloren in dem Ganzen, das Vergnügen, das sie noch bei dieser Feierlichkeit finden, mehr genießen, als sich vor andern auszeichnen zu wollen.

Je weiter das Karneval vorrückt, desto lustiger sehen die Equipagen aus.

Selbst ernsthafte Personen, welche unmaskiert in den Wagen sitzen, erlauben ihren Kutschern und Bedienten, sich zu maskieren. Die Kutscher wählen meistenteils die Frauentracht, und in den letzten Tagen scheinen nur Weiber die Pferde zu regieren. Sie sind oft anständig, ja reizend gekleidet; dagegen macht denn auch ein breiter, häßlicher Kerl in völlig neumodischem Putz mit hoher Frisur und Federn eine große Karikatur; und wie jene Schönheiten ihr Lob zu hören hatten, so muß er sich gefallen lassen, daß ihm einer unter die Nase tritt und ihm zuruft: »*O fratello mio, che brutta puttana sei!*«

Gewöhnlich erzeigt der Kutscher einer oder einem paar seiner Freundinnen den Dienst, wenn er sie im Gedränge antrifft, sie auf den Bock zu heben. Diese sitzen denn gewöhnlich in Mannstracht an seiner Seite, und oft gaukeln dann die niedlichen Pulcinellbeinchen mit kleinen Füßchen und hohen Absätzen den Vorübergehenden um die Köpfe.

Ebenso machen es die Bedienten und nehmen ihre Freunde und Freundinnen hinten auf den Wagen, und es fehlt nichts, als daß sie sich noch wie auf die englischen Landkutschen oben auf den Kasten setzten.

Die Herrschaften selbst scheinen es gerne zu sehen, wenn ihre Wagen recht bepackt sind; alles ist in diesen Tagen vergönnt und schicklich.

Man werfe nun einen Blick über die lange und schmale Straße, wo von allen Balkonen und aus allen Fenstern über lang herabhängende bunte Teppiche gedrängte Zuschauer auf die mit Zuschauern angefüllten Gerüste, auf die langen Reihen besetzter Stühle an beiden Seiten der Straße herunterschauen. Zwei Reihen Kutschen bewegen sich langsam in dem mittlern Raum, und der Platz, den allenfalls eine dritte Kutsche einnehmen könnte, ist ganz mit Menschen ausgefüllt, welche nicht hin und wider gehen, sondern sich hin und wider schieben. Da die Kutschen, so lang als es nur möglich ist, sich immer ein wenig voneinander abhalten, um nicht bei jeder Stockung gleich aufeinander zu fahren, so wagen sich viele Fußgänger, um nur einigermaßen Luft zu schöpfen, aus dem Gedränge der Mitte zwischen die Räder des vorausfahrenden und die Deichsel und Pferde des nachfahrenden Wagens, und je größer die Gefahr und Beschwerlichkeit der Fußgänger wird, desto mehr scheint ihre Laune und Kühnheit zu steigen.

Da die meisten Fußgänger, welche zwischen den beiden Kutschenreihen sich bewegen, um ihre Glieder und Kleidungen zu schonen, die Räder und Achsen sorgfältig vermeiden, so lassen sie gewöhnlich mehr Platz zwischen sich und den Wagen, als nötig ist; wer nun mit der langsamen Masse sich fortzubewegen nicht länger ausstehen mag und Mut hat, zwischen den Rädern und Fußgängern, zwischen der Gefahr und dem, der sich davor fürchtet, durchzuschlüpfen, der kann in kurzer Zeit einen großen Weg zurücklegen, bis er sich wieder durch ein anderes Hindernis aufgehalten sieht.

Schon gegenwärtig scheint unsere Erzählung außer den Grenzen des Glaubwürdigen zu schreiten, und wir würden kaum wagen fortzufahren, wenn nicht so viele, die dem Römischen Karneval beigewohnt, bezeugen könnten, daß wir uns genau an der Wahrheit gehalten, und wenn es nicht ein Fest wäre, das sich jährlich wiederholt und das von manchem mit diesem Buche in der Hand künftig betrachtet werden wird.

Denn was werden unsere Leser sagen, wenn wir ihnen erklären, alles bisher Erzählte sei nur gleichsam der erste Grad des Gedränges, des Getümmels, des Lärms und der Ausgelassenheit?

Zug des Gouverneurs und Senators

Indem die Kutschen sachte vorwärts rücken und, wenn es eine Stockung gibt, stille halten, werden die Fußgänger auf mancherlei Weise geplagt.

Einzeln reitet die Garde des Papstes durch das Gedränge hin und wider, um die zufälligen Unordnungen und Stokkungen der Wagen ins Geleis zu bringen, und indem einer den Kutschpferden ausweicht, fühlt er, ehe er sich's versieht, den Kopf eines Reitpferdes im Nacken; allein es folgt eine größere Unbequemlichkeit.

Der Gouverneur fährt in einem großen Staatswagen mit einem Gefolge von mehreren Kutschen durch die Mitte zwischen den beiden Reihen der übrigen Wagen durch. Die Garde des Papstes und die vorausgehenden Bedienten warnen und machen Platz, und dieser Zug nimmt für den Augenblick die ganze Breite ein, die kurz vorher den Fußgängern noch übrigblieb. Sie drängen sich, so gut sie können, zwischen die übrigen Wagen hinein und auf eine oder die andere Weise beiseite. Und wie das Wasser, wenn ein Schiff durchfährt, sich nur einen Augenblick trennt und hinter dem Steuerruder gleich wieder zusammenstürzt, so strömt auch die Masse der Masken und der übrigen Fußgänger hinter dem Zuge gleich wieder in eins zusammen. Nicht lange, so stört eine neue Bewegung die gedrängte Gesellschaft.

Der Senator rückt mit einem ähnlichen Zuge heran; sein großer Staatswagen und die Wagen seines Gefolges schwimmen wie auf den Köpfen der erdrückten Menge, und wenn jeder Einheimische und Fremde von der Liebenswürdigkeit des gegenwärtigen Senators, des Prinzen Rezzonico, eingenommen und bezaubert wird, so ist vielleicht dieses der einzige Fall, wo eine Masse von Menschen sich glücklich preist, wenn er sich entfernt.

Wenn diese beiden Züge der ersten Gerichts- und Polizeiherren von Rom, nur um das Karneval feierlich zu eröffnen, den ersten Tag durch den Corso gedrungen waren, fuhr der Herzog von Albanien täglich zu großer Unbequemlichkeit der Menge gleichfalls diesen Weg und erinnerte zur Zeit der allgemeinen Mummerei die alte Beherrscherin der Könige an das Fastnachtsspiel seiner königlichen Prätensionen.

Die Gesandten, welche das gleiche Recht haben, bedienen sich dessen sparsam und mit einer humanen Diskretion.

Schöne Welt am Palast Ruspoli

Aber nicht allein durch diese Züge wird die Zirkulation des Corso unterbrochen und gehindert; am Palast Ruspoli und in dessen Nähe, wo die Straße um nichts breiter wird, sind die Pflasterwege an beiden Seiten mehr erhöht. Dort nimmt die schöne Welt ihren Platz, und alle Stühle sind bald besetzt oder besprochen. Die schönsten Frauenzimmer der Mittelklasse, reizend maskiert, umgeben von ihren Freunden, zeigen sich dort dem vorübergehenden neugierigen Auge. Jeder, der in die Gegend kommt, verweilt, um die angenehmen Reihen zu durchschauen; jeder ist neugierig, unter den vielen männlichen Gestalten, die dort zu sitzen scheinen, die weiblichen herauszusuchen und vielleicht in einem niedlichen Offizier den Gegenstand seiner Sehnsucht zu entdekken. Hier an diesem Flecke stockt die Bewegung zuerst, denn die Kutschen verweilen, so lange sie können, in dieser Gegend, und wenn man zuletzt halten soll, will man doch lieber in dieser angenehmen Gesellschaft bleiben.

Konfetti

Wenn unsere Beschreibung bisher nur den Begriff von einem engen, ja beinahe ängstlichen Zustande gegeben hat, so wird sie einen noch sonderbarern Eindruck machen, wenn wir ferner erzählen, wie diese gedrängte Lustbarkeit durch eine Art von kleinem, meist scherzhaftem, oft aber nur allzu ernstlichem Kriege in Bewegung gesetzt wird.

Wahrscheinlich hat einmal zufällig eine Schöne ihren vorbeigehenden guten Freund, um sich ihm unter der Menge und Maske bemerklich zu machen, mit verzuckerten Körnern angeworfen, da denn nichts natürlicher ist, als daß der Getroffene sich umkehre und die lose Freundin entdecke; dieses ist nun ein allgemeiner Gebrauch, und man sieht oft nach einem Wurfe ein Paar freundliche Gesichter sich einander begegnen. Allein man ist teils zu haushälterisch, um wirkliches Zuckerwerk zu verschwenden, teils hat der Mißbrauch desselben einen größern und wohlfeilern Vorrat nötig gemacht.

Es ist nun ein eignes Gewerbe, Gipszeltlein, durch den Trichter gemacht, die den Schein von Dragéen haben, in großen Körben zum Verkauf mitten durch die Menge zu tragen.

Niemand ist vor einem Angriff sicher; jedermann ist im Verteidigungszustande, und so entsteht aus Mutwillen oder Notwendigkeit bald hier, bald da ein Zweikampf, ein Scharmützel oder eine Schlacht. Fußgänger, Kutschenfahrer, Zuschauer aus Fenstern, von Gerüsten oder Stühlen greifen einander wechselsweise an und verteidigen sich wechselsweise.

Die Damen haben vergoldete und versilberte Körbchen voll dieser Körner, und die Begleiter wissen ihre Schönen sehr wacker zu verteidigen. Mit niedergelassenen Kutschenfenstern erwartet man den Angriff, man scherzt mit seinen Freunden und wehrt sich hartnäckig gegen Unbekannte.

Nirgends aber wird dieser Streit ernstlicher und allgemeiner als in der Gegend des Palasts Ruspoli. Alle Masken, die sich dort niedergelassen haben, sind mit Körbchen, Säckchen, zusammengebundnen Schnupftüchern versehen. Sie greifen öfter an, als sie angegriffen werden; keine Kutsche fährt ungestraft vorbei, ohne daß ihr nicht wenigstens einige Masken etwas anhängen. Kein Fußgänger ist vor ihnen sicher; besonders wenn sich ein Abbate im schwarzen Rocke sehen läßt, werfen alle von allen Seiten auf ihn, und weil Gips und Kreide, wohin sie treffen, abfärben, so sieht ein solcher bald über und über weiß und grau punktiert aus. Oft aber werden die Händel sehr ernsthaft und allgemein, und man sieht mit Erstaunen, wie Eifersucht und persönlicher Haß sich freien Lauf lassen.

Unbemerkt schleicht sich eine vermummte Figur heran und trifft mit einer Hand voll Konfetti eine der ersten Schönheiten so heftig und so gerade, daß die Gesichtsmaske widerschallt und ihr schöner Hals verletzt wird. Ihre Begleiter zu beiden Seiten werden heftig aufgereizt, aus ihren Körbchen und Säckchen stürmen sie gewaltig auf den Angreifenden los; er ist aber so gut vermummt, zu stark geharnischt, als daß er ihre wiederholten Würfe empfinden sollte. Je sicherer er ist, desto heftiger setzt er seinen Angriff fort; die Verteidiger decken das Frauenzimmer mit den Tabarros zu, und weil der Angreifende in der Heftigkeit des Streits auch die Nachbarn verletzt und überhaupt durch seine Grobheit und Ungestüm jedermann beleidigt, so nehmen die Umhersitzenden teil an diesem Streit, sparen ihre Gipskörner nicht und haben meistenteils auf solche Fälle eine etwas größere Munition, ungefähr wie gezuckerte Mandeln, in Reserve, wodurch der Angreifende zuletzt so zugedeckt und von allen Seiten her überfallen wird, daß ihm nichts als die Retraite übrigbleibt, besonders wenn er sich verschossen haben sollte.

Gewöhnlich hat einer, der auf ein solches Abenteuer ausgeht, einen Sekundanten bei sich, der ihm Munition zusteckt, inzwischen daß die Männer, welche mit solchen Gipskonfetti handeln, während des Streits mit ihren Körben geschäftig sind und einem jeden, soviel Pfund er verlangt, eilig zuwiegen.

Wir haben selbst einen solchen Streit in der Nähe gesehn, wo zuletzt die Streitenden aus Mangel an Munition sich die vergoldeten Körbchen an die Köpfe warfen und sich durch die Warnungen der Wachen, welche selbst heftig mit getroffen wurden, nicht abhalten ließen.

Gewiß würde mancher solche Handel mit Messerstichen sich endigen, wenn nicht die an mehreren Ecken aufgezogenen Corden, die bekannten Strafwerkzeuge italienischer Polizei, jeden mitten in der Lustbarkeit erinnerten, daß es in diesem Augenblicke sehr gefährlich sei, sich gefährlicher Waffen zu bedienen.

Unzählig sind diese Händel und die meisten mehr lustig als ernsthaft.

So kommt z. E. ein offner Wagen voll Pulcinellen gegen Ruspoli heran. Er nimmt sich vor, indem er bei den Zuschauern vorbeifährt, alle nacheinander zu treffen; allein unglücklicherweise ist das Gedränge zu groß, und er bleibt in der Mitte stecken. Die ganze Gesellschaft wird auf einmal eines Sinnes, und von allen Seiten hagelt es auf den Wagen los. Die Pulcinelle verschießen ihre Munition und bleiben eine gute Weile dem kreuzenden Feuer von allen Seiten ausgesetzt, so daß der Wagen am Ende ganz wie mit Schnee und Schloßen bedeckt, unter einem allgemeinen Gelächter und von Tönen des Mißbilligens begleitet, sich langsam entfernt.

Dialog am obern Ende des Corso

Indessen in dem Mittelpunkte des Corso diese lebhaften und heftigen Spiele einen großen Teil der schönen Welt beschäftigen, findet ein anderer Teil des Publikums an dem obern Ende des Corso eine andere Art von Unterhaltung.

Unweit der französischen Akademie tritt in spanischer Tracht mit Federhut, Degen und großen Handschuhen unversehens mitten aus den von einem Gerüst zuschauenden Masken der sogenannte Capitano des italienischen Theaters auf und fängt an, seine großen Taten zu Land und Wasser in emphatischem Ton zu erzählen. Es währt nicht lange, so erhebt sich gegen ihm über ein Pulcinell, bringt Zweifel und Einwendungen vor, und indem er ihm alles zuzugeben scheint, macht er die Großsprecherei jenes Helden durch Wortspiele und eingeschobene Plattheiten lächerlich.

Auch hier bleibt jeder Vorbeigehende stehen und hört dem lebhaften Wortwechsel zu.

Pulcinellenkönig

Ein neuer Aufzug vermehret oft das Gedränge. Ein Dutzend Pulcinelle tun sich zusammen, erwählen einen König, krönen ihn, geben ihm ein Zepter in die Hand, begleiten ihn mit Musik und führen ihn unter lautem Geschrei auf einem verzierten Wägelchen den Corso herauf. Alle Pulcinelle springen herbei, wie der Zug vorwärts geht, vermehren das Gefolge und machen sich mit Geschrei und Schwenken der Hüte Platz.

Alsdann bemerkt man erst, wie jeder diese allgemeine Maske zu vermannigfaltigen sucht.

Der eine trägt eine Perücke, der andere eine Weiberhaube zu seinem schwarzen Gesicht, der dritte hat statt der Mütze einen Käfig auf dem Kopfe, in welchem ein Paar Vögel, als Abbate und Dame gekleidet, auf den Stängelchen hin und wider hüpfen.

Nebenstraßen

Das entsetzliche Gedränge, das wir unsern Lesern soviel als möglich zu vergegenwärtigen gesucht haben, zwingt natürlicherweise eine Menge Masken aus dem Corso hinaus in die benachbarten Straßen. Da gehen verliebte Paare ruhiger und vertrauter zusammen, da finden lustige Gesellen Platz, allerlei tolle Schauspiele vorzustellen.

Eine Gesellschaft Männer in der Sonntagstracht des gemeinen Volkes, in kurzen Wämsern mit goldbesetzten Westen darunter, die Haare in ein lang herunterhängendes Netz gebunden, gehen mit jungen Leuten, die sich als Weiber verkleidet haben, hin und wider spazieren. Eine von den Frauen scheint hochschwanger zu sein, sie gehen friedlich auf und nieder. Auf einmal entzweien sich die Männer, es entstehet ein lebhafter Wortwechsel, die Frauen mischen sich hinein, der Handel wird immer ärger, endlich ziehen die Streitenden große Messer von versilberter Pappe und fallen einander an. Die Weiber halten sie mit gräßlichem Geschrei auseinander, man zieht den einen da-, den andern dorthin, die Umstehenden nehmen teil, als wenn es Ernst wäre, man sucht jede Partei zu besänftigen.

Indessen befindet sich die hochschwangere Frau durch den Schrecken übel; es wird ein Stuhl herbeigebracht, die übrigen Weiber stehen ihr bei, sie gebärdet sich jämmerlich, und ehe man sich's versieht, bringt sie zu großer Erlustigung der Umstehenden irgendeine unförmliche Gestalt zur Welt. Das Stück ist aus, und die Truppe zieht weiter, um dasselbe oder ein ähnliches Stück an einem andern Platze vorzustellen.

So spielt der Römer, dem die Mordgeschichten immer vor der Seele schweben, gern bei jedem Anlaß mit den Ideen von Ammazzieren. Sogar die Kinder haben ein Spiel, das sie »Chiesa« nennen, welches mit unserm »Frischauf in allen Ecken« übereinkommt, eigentlich aber einen Mörder vorstellt, der sich auf die Stufe einer Kirche geflüchtet hat; die übrigen stellen die Sbirren vor und suchen ihn auf allerlei Weise zu fangen, ohne jedoch den Schutzort betreten zu dürfen.

So geht es denn in den Seitenstraßen, besonders der Strada Babuino und auf dem Spanischen Platze, ganz lustig zu.

Auch kommen die Quacqueri zu Scharen, um ihre Galanterien freier anzubringen.

Sie haben ein Manöver, welches jeden zu lachen macht. Sie kommen zu zwölf Mann hoch ganz strack auf den Zehen mit kleinen und schnellen Schritten anmarschiert, formieren eine sehr gerade Fronte; auf einmal, wenn sie auf einen Platz kommen, bilden sie mit Rechts- und Linksum eine Kolonne und trippeln nun hintereinander weg. Auf einmal wird mit Rechtsum die Fronte wiederhergestellt, und so geht's eine Straße hinein; dann, ehe man sich's versieht, wieder linksum: die Kolonne ist wie an einem Spieß zu einer Haustüre hineingeschoben, und die Toren sind verschwunden.

Abend

Nun geht es nach dem Abend zu, und alles drängt sich immer mehr in den Corso hinein. Die Bewegung der Kutschen stockt schon lange, ja, es kann geschehen, daß zwei Stunden vor Nacht schon kein Wagen mehr von der Stelle kann.

Die Garde des Papstes und die Wachen zu Fuß sind nun beschäftigt, alle Wagen, soweit es möglich, von der Mitte ab und in eine ganz gerade Reihe zu bringen, und es gibt bei der Menge hier mancherlei Unordnung und Verdruß. Da wird gehuft, geschoben, gehoben, und indem einer huft, müssen alle hinter ihm auch zurückweichen, bis einer zuletzt so in die Klemme kommt, daß er mit seinen Pferden in die Mitte hineinlenken muß. Alsdann geht das Schelten der Garde, das Fluchen und Drohen der Wache an.

Vergebens, daß der unglückliche Kutscher die augenscheinliche Unmöglichkeit dartut; es wird auf ihn hineingescholten und gedroht, und entweder es muß sich wieder fügen, oder wenn ein Nebengäßchen in der Nähe ist, muß er ohne Verschulden aus der Reihe hinaus. Gewöhnlich sind die Nebengäßchen auch mit haltenden Kutschen besetzt, die zu spät kamen und, weil der Umgang der Wagen schon ins Stocken geraten war, nicht mehr einrücken konnten.

Vorbereitung zum Wettrennen

Der Augenblick des Wettrennens der Pferde nähert sich nun immer mehr, und auf diesen Augenblick ist das Interesse so vieler tausend Menschen gespannt.

Die Verleiher der Stühle, die Unternehmer der Gerüste vermehren nun ihr anbietendes Geschrei: »*Luoghi! Luoghi avanti! Luoghi nobili! Luoghi, Padroni!*« Es ist darum zu tun, daß ihnen wenigstens in diesen letzten Augenblikken, auch gegen ein geringeres Geld, alle Plätze besetzt werden.

Und glücklich, daß hier und da noch Platz zu finden ist; denn der General reitet nunmehr mit einem Teil der Garde den Corso zwischen den beiden Reihen Kutschen herunter und verdrängt die Fußgänger von dem einzigen Raum, der ihnen noch übrigblieb. Jeder sucht alsdann noch einen Stuhl, einen Platz auf einem Gerüste, auf einer Kutsche, zwischen den Wagen oder bei Bekannten an einem Fenster zu finden, die denn nun alle von Zuschauern über und über strotzen.

Indessen ist der Platz vor dem Obelisk ganz vom Volke gereinigt worden und gewährt vielleicht einen der schönsten Anblicke, welche in der gegenwärtigen Welt gesehen werden können.

Die drei mit Teppichen behängten Fassaden der oben beschriebenen Gerüste schließen den Platz ein. Viele tausend Köpfe schauen übereinander hervor und geben das Bild eines alten Amphitheaters oder Zirkus. Über dem mittelsten Gerüste steigt die ganze Länge des Obelisken in die Luft; denn das Gerüste bedeckt nur sein Piedestal, und man bemerkt nun erst seine ungeheure Höhe, da er der Maßstab einer so großen Menschenmasse wird.

Der freie Platz läßt dem Auge eine schöne Ruhe, und man

sieht die leeren Schranken mit dem vorgespannten Seile voller Erwartung.

Nun kommt der General den Corso herab, zum Zeichen, daß er gereiniget ist, und hinter ihm erlaubt die Wache niemanden, aus der Reihe der Kutschen hervorzutreten. Er nimmt auf einer der Logen Platz.

Abrennen

Nun werden die Pferde nach geloster Ordnung von geputzten Stallknechten in die Schranken hinter das Seil geführt. Sie haben kein Zeug noch sonst eine Bedeckung auf dem Leibe. Man heftet ihnen hier und da Stachelkugeln mit Schnüren an den Leib und bedeckt die Stelle, wo sie spornen sollen, bis zum Augenblicke mit Leder, auch klebt man ihnen große Blätter Rauschgold an.

Sie sind meist schon wild und ungeduldig, wenn sie in die Schranken gebracht werden, und die Reitknechte brauchen alle Gewalt und Geschicklichkeit, um sie zurückzuhalten.

Die Begierde, den Lauf anzufangen, macht sie unbändig, die Gegenwart so vieler Menschen macht sie scheu. Sie hauen oft in die benachbarte Schranke hinüber, oft über das Seil, und diese Bewegung und Unordnung vermehrt jeden Augenblick das Interesse der Erwartung.

Die Stallknechte sind im höchsten Grade gespannt und aufmerksam, weil in dem Augenblicke des Abrennens die Geschicklichkeit des Loslassenden sowie zufällige Umstände zum Vorteile des einen oder des andern Pferdes entscheiden können.

Endlich fällt das Seil, und die Pferde rennen los.

Auf dem freien Platze suchen sie noch einander den Vorsprung abzugewinnen, aber wenn sie einmal in den engen

Raum zwischen die beiden Reihen Kutschen hineinkommen, wird meist aller Wetteifer vergebens.

Ein paar sind gewöhnlich voraus, die alle Kräfte anstrengen. Ungeachtet der gestreuten Puzzolane gibt das Pflaster Feuer, die Mähnen fliegen, das Rauschgold rauscht, und kaum daß man sie erblickt, sind sie vorbei. Die übrige Herde hindert sich untereinander, indem sie sich drängt und treibt; spät kommt manchmal noch eins nachgesprengt, und die zerrissenen Stücke Rauschgold flattern einzeln auf der verlassenen Spur. Bald sind die Pferde allem Nachschauen verschwunden, das Volk drängt zu und füllt die Laufbahn wieder aus.

Schon warten andere Stallknechte am venezianischen Palaste auf die Ankunft der Pferde. Man weiß sie in einem eingeschlossenen Bezirk auf gute Art zu fangen und festzuhalten. Dem Sieger wird der Preis zuerkannt.

So endigt sich diese Feierlichkeit mit einem gewaltsamen, blitzschnellen, augenblicklichen Eindruck, auf den so viele tausend Menschen eine ganze Weile gespannt waren, und wenige können sich Rechenschaft geben, warum sie den Moment erwarteten, und warum sie sich daran ergötzten.

Nach der Folge unserer Beschreibung sieht man leicht ein, daß dieses Spiel den Tieren und Menschen gefährlich werden könne. Wir wollen nur einige Fälle anführen: Bei dem engen Raume zwischen den Wagen darf nur ein Hinterrad ein wenig herauswärts stehen und zufälligerweise hinter diesem Wagen ein etwas breiterer Raum sein. Ein Pferd, das mit den andern gedrängt herbeieilt, sucht den erweiterten Raum zu nutzen, springt vor und trifft gerade auf das herausstehende Rad.

Wir haben selbst einen Fall gesehen, wo ein Pferd von einem solchen Choc niederstürzte, drei der folgenden über das erste hinausfielen, sich überschlugen und die letzten glücklich über die gefallenen wegsprangen und ihre Reise fortsetzten.

Oft bleibt ein solches Pferd auf der Stelle tot, und mehrmals haben Zuschauer unter solchen Umständen ihr Leben eingebüßt. Ebenso kann ein großes Unheil entstehen, wenn die Pferde umkehren.

Es ist vorgekommen, daß boshafte, neidische Menschen einem Pferde, das einen großen Vorsprung hatte, mit dem Mantel in die Augen schlugen und es dadurch umzukehren und an die Seite zu rennen zwangen. Noch schlimmer ist es, wenn die Pferde auf dem venezianischen Platze nicht glücklich aufgefangen werden; sie kehren alsdann unaufhaltsam zurück, und weil die Laufbahn vom Volke schon wieder ausgefüllt ist, richten sie manches Unheil an, das man entweder nicht erfährt oder nicht achtet.

Aufgehobne Ordnung

Gewöhnlich laufen die Pferde mit einbrechender Nacht erst ab. Sobald sie oben bei dem venezianischen Palast angelangt sind, werden kleine Mörser gelöst; dieses Zeichen wird in der Mitte des Corso wiederholt und in der Gegend des Obelisken das letzte Mal gegeben.

In diesem Augenblicke verläßt die Wache ihren Posten, die Ordnung der Kutschenreihen wird nicht länger gehalten, und gewiß ist diese selbst für den Zuschauer, der ruhig an seinem Fenster steht, ein ängstlicher und verdrießlicher Zeitpunkt, und es ist wert, daß man einige Bemerkungen darüber mache.

Wir haben schon oben gesehen, daß die Epoche der einbrechenden Nacht, welche so vieles in Italien entscheidet, auch die gewöhnlichen sonn- und festtägigen Spazierfahrten auflöset. Dort sind keine Wachen und keine Garden, es ist ein altes Herkommen, eine alte Konvention, daß man in gebührender Ordnung auf- und abfahre; aber sobald Ave Maria geläutet wird, läßt sich niemand sein Recht nehmen, umzukehren, wann und wie er will. Da nun die Umfahrt im Karneval in derselben Straße und nach ähnlichen Gesetzen geschieht, obgleich hier die Menge und andere Umstände einen großen Unterschied machen, so will sich doch niemand sein Recht nehmen lassen, mit einbrechender Nacht aus der Ordnung zu lenken.

Wenn wir nun auf das ungeheure Gedränge in dem Corso zurückblicken und die für einen Augenblick nur gereinigte Rennbahn gleich wieder mit Volk überschwemmt sehen, so scheinet uns Vernunft und Billigkeit das Gesetz einzugeben, daß eine jede Equipage nur suchen solle, in ihrer Ordnung das nächste ihr bequeme Gäßchen zu erreichen und so nach Hause zu eilen.

Allein es lenken gleich nach abgeschossenen Signalen einige Wagen in die Mitte hinein, hemmen und verwirren das Fußvolk, und weil in dem engen Mittelraume es einem einfällt, hinunter-, dem andern, hinaufzufahren, so können beide nicht von der Stelle und hindern oft die Vernünftigern, die in der Reihe geblieben sind, auch vom Platze zu kommen.

Wenn nun gar ein zurückkehrendes Pferd auf einen solchen Knoten trifft, so vermehrt sich Gefahr, Unheil und Verdruß von allen Seiten.

Nacht

Und doch entwickelt sich diese Verwirrung, zwar später, aber meistens glücklich. Die Nacht ist eingetreten, und ein jedes wünscht sich zu einiger Ruhe Glück.

Theater

Alle Gesichtsmasken sind von dem Augenblick an abgelegt, und ein großer Teil des Publikums eilt nach dem Theater. Nur in den Logen sieht man allenfalls noch Tabarros und Damen in Maskenkleidern; das ganze Parterre zeigt sich wieder in bürgerlicher Tracht.

Die Theater Aliberti und Argentina geben ernsthafte Opern mit eingeschobenen Balletten; Valle und Capranica Komödien und Tragödien mit komischen Opern als Intermezzo; Pace ahmt ihnen, wiewohl unvollkommen, nach, und so gibt es bis zum Puppenspiel und zur Seiltänzerbude herunter noch manche subordinierte Schauspiele.

Das große Theater Tordenone, das einmal abbrannte, und, da man es wieder aufgebauet hatte, gleich zusammenstürzte, unterhält nun leider das Volk nicht mehr mit seinen Haupt- und Staatsaktionen und andern wunderbaren Vorstellungen.

Die Leidenschaft der Römer für das Theater ist groß und war ehemals in der Karnevalszeit noch heftiger, weil sie in dieser einzigen Epoche befriedigt werden konnte. Gegenwärtig ist wenigstens *ein* Schauspielhaus auch im Sommer und Herbst offen, und das Publikum kann seine Lust den größten Teil des Jahres durch einigermaßen befriedigen.

Es würde uns hier zu sehr von unserm Zwecke abführen, wenn wir uns in eine umständliche Beschreibung der Theater, und was die römischen allenfalls Besonderes haben möchten, hier einlassen wollten. Unsre Leser erinnern sich, daß an andern Orten von diesem Gegenstande gehandelt worden.

Festine

Gleichfalls werden wir von den sogenannten Festinen wenig zu erzählen haben; es sind dieses große maskierte Bälle, welche in dem schön erleuchteten Theater Aliberti einigemal gegeben werden.

Auch hier werden Tabarros sowohl von den Herren als Damen für die anständigste Maske gehalten, und der ganze Saal ist mit schwarzen Figuren angefüllt; wenige bunte Charaktermasken mischen sich drunter.

Desto größer ist die Neugierde, wenn sich einige edle Gestalten zeigen, die, wiewohl seltener, aus den verschiedenen Kunstepochen ihre Masken erwählen und verschiedene Statuen, welche sich in Rom befinden, meisterlich nachahmen.

So zeigen sich hier ägyptische Gottheiten, Priesterinnen, Bacchus und Ariadne, die tragische Muse, die Muse der Geschichte, eine Stadt, Vestalinnen, ein Konsul, mehr oder weniger gut und nach dem Kostüme ausgeführt.

Tanz

Die Tänze bei diesen Festen werden gewöhnlich in langen Reihen nach Art der englischen getanzt; nur unterscheiden sie sich dadurch, daß sie in ihren wenigen Touren meistenteils etwas Charakteristisches pantomimisch ausdrücken; zum Beispiel, es entzweien und versöhnen sich zwei Liebende, sie scheiden und finden sich wieder.

Die Römer sind durch die pantomimischen Ballette an stark gezeichnete Gestikulation gewöhnt; sie lieben auch in ihren gesellschaftlichen Tänzen einen Ausdruck, der uns übertrieben und affektiert scheinen würde. Niemand wagt leicht zu tanzen, als wer es kunstmäßig gelernt hat; besonders wird der Menuett ganz eigentlich als ein Kunstwerk betrachtet und nur von wenigen Paaren gleichsam aufgeführt. Ein solches Paar wird dann von der übrigen Gesellschaft in einen Kreis eingeschlossen, bewundert und am Ende applaudiert.

Morgen

Wenn die galante Welt sich auf diese Weise bis an den Morgen erlustiget, so ist man bei anbrechendem Tage schon wieder in dem Corso beschäftiget, denselben zu reinigen und in Ordnung zu bringen. Besonders sorgt man, daß die Puzzolane in der Mitte der Straße gleich und reinlich ausgebreitet werde.

Nicht lange, so bringen die Stallknechte das Rennpferd, das sich gestern am schlechtesten gehalten, vor den Obelisk. Man setzt einen kleinen Knaben darauf, und ein anderer Reiter mit einer Peitsche treibt es vor sich her, so daß es alle seine Kräfte anstrengt, um seine Bahn so geschwind als möglich zurückzulegen.

Ungefähr zwei Uhr Nachmittag nach dem gegebenen Glockenzeichen beginnt jeden Tag der schon beschriebene Zirkel des Festes. Die Spaziergänger finden sich ein, die Wache zieht auf, Balkone, Fenster, Gerüste werden mit Teppichen behängt, die Masken vermehren sich und treiben ihre Torheiten, die Kutschen fahren auf und nieder, und die Straße ist mehr oder weniger gedrängt, je nachdem die Witterung oder andere Umstände günstig oder ungünstig ihren

Einfluß zeigen. Gegen das Ende des Karnevals vermehren sich, wie natürlich, die Zuschauer, die Masken, die Wagen, der Putz und der Lärm. Nichts aber reicht an das Gedränge, an die Ausschweifungen des letzten Tages und Abends.

Letzter Tag

Meist halten die Kutschenreihen schon zwei Stunden vor Nacht stille, kein Wagen kann mehr von der Stelle, keiner aus den Seitengassen mehr hereinrücken. Die Gerüste und Stühle sind früher besetzt, obgleich die Plätze teuer gehalten werden; jeder sucht aufs baldigste unterzukommen, und man erwartet das Ablaufen der Pferde mit mehrerer Sehnsucht als jemals.

Endlich rauscht auch dieser Augenblick vorbei, die Zeichen werden gegeben, daß das Fest beendigt sei; allein weder Wagen, noch Masken, noch Zuschauer weichen aus der Stelle.

Alles ist ruhig, alles still, indem die Dämmerung sachte zunimmt.

Moccoli

Kaum wird es in der engen und hohen Straße düster, so siehet man hie und da Lichter erscheinen, an den Fenstern, auf den Gerüsten sich bewegen und in kurzer Zeit die Zirkulation des Feuers dergestalt sich verbreiten, daß die ganze Straße von brennenden Wachskerzen erleuchtet ist.

Die Balkone sind mit durchscheinenden Papierlaternen verziert, jeder hält seine Kerze zum Fenster heraus, alle Gerüste sind erhellt, und es sieht sich gar artig in die Kutschen hinein, an deren Decken oft kleine kristallne Armleuchter die Gesellschaft erhellen; indessen in einem andern Wagen die Damen mit bunten Kerzen in den Händen zur Betrachtung ihrer Schönheit gleichsam einzuladen scheinen.

Die Bedienten bekleben den Rand des Kutschendeckels mit Kerzchen, offne Wagen mit bunten Papierlaternen zeigen sich, unter den Fußgängern erscheinen manche mit hohen Lichterpyramiden auf den Köpfen, andere haben ihr Licht auf zusammengebundene Rohre gesteckt und erreichen mit einer solchen Rute oft die Höhe von zwei, drei Stockwerken.

Nun wird es für einen jeden Pflicht, ein angezündetes Kerzchen in der Hand zu tragen, und die Favoritverwünschung der Römer *»Sia ammazzato«* hört man von allen Ecken und Enden wiederholen.

»Sia ammazzato chi non porta moccolo!« »Ermordet werde, der kein Lichtstümpfchen trägt!« ruft einer dem andern zu, indem er ihm das Licht auszublasen sucht. Anzünden und ausblasen und ein unbändiges Geschrei: *»Sia ammazzato«*, bringt nun bald Leben und Bewegung und wechselseitiges Interesse unter die ungeheure Menge.

Ohne Unterschied, ob man Bekannte oder Unbekannte vor sich habe, sucht man nur immer das nächste Licht auszublasen oder das seinige wieder anzuzünden und bei dieser Gelegenheit das Licht des Anzündenden auszulöschen. Und je stärker das Gebrüll *»Sia ammazzato«* von allen Enden widerhallt, desto mehr verliert das Wort von seinem fürchterlichen Sinn, desto mehr vergißt man, daß man in Rom sei, wo diese Verwünschung um einer Kleinigkeit willen in kurzem an einem und dem andern erfüllt werden kann.

Die Bedeutung des Ausdrucks verliert sich nach und nach gänzlich. Und wie wir in andern Sprachen oft Flüche und unanständige Worte zum Zeichen der Bewunderung und Freude gebrauchen hören, so wird *»Sia ammazzato«* diesen

Abend zum Losungswort, zum Freudengeschrei, zum Refrain aller Scherze, Neckereien und Komplimente.

So hören wir spotten: »*Sia ammazzato il Signore Abbate che fa l'amore.*« Oder einen vorbeigehenden guten Freund anrufen: »*Sia ammazzato il Signore Filippo.*« Oder Schmeichelei und Kompliment damit verbinden: »*Sia ammazzata la bella Principessa! Sia ammazzata la Signora Angelica, la prima pittrice del secolo.*«

Alle diese Phrasen werden heftig und schnell mit einem langen haltenden Ton auf der vorletzten oder drittletzten Silbe ausgerufen. Unter diesem unaufhörlichen Geschrei geht das Ausblasen und Anzünden der Kerzen immer fort. Man begegne jemanden im Haus, auf der Treppe, es sei eine Gesellschaft im Zimmer beisammen, aus einem Fenster ans benachbarte, überall sucht man über den andern zu gewinnen und ihm das Licht auszulöschen.

Alle Stände und Alter toben gegeneinander, man steigt auf die Tritte der Kutschen, kein Hängeleuchter, kaum die Laternen sind sicher, der Knabe löscht dem Vater das Licht aus und hört nicht auf zu schreien: »*Sia ammazzato il Signore Padre!*« Vergebens, daß ihm der Alte diese Unanständigkeit verweist; der Knabe behauptet die Freiheit dieses Abends und verwünscht nur seinen Vater desto ärger. Wie nun an beiden Enden des Corso sich bald das Getümmel verliert, desto unbändiger häuft sich's nach der Mitte zu, und dort entsteht ein Gedränge, das alle Begriffe übersteigt, ja, das selbst die lebhafteste Erinnerungskraft sich nicht wieder vergegenwärtigen kann.

Niemand vermag sich mehr von dem Platze, wo er steht oder sitzt, zu rühren; die Wärme so vieler Menschen, so vieler Lichter, der Dampf so vieler immer wieder ausgeblasenen Kerzen, das Geschrei so vieler Menschen, die nur um desto heftiger brüllen, je weniger sie ein Glied rühren können, machen zuletzt selbst den gesundesten Sinn schwindeln; es scheint unmöglich, daß nicht manches Unglück geschehen, daß die Kutschpferde nicht wild, nicht manche gequetscht, gedruckt oder sonst beschädigt werden sollten.

Und doch weil sich endlich jeder weniger oder mehr hinweg sehnt, jeder ein Gäßchen, an das er gelangen kann, einschlägt oder auf dem nächsten Platze freie Luft und Erholung sucht, löst sich diese Masse auch auf, schmilzt von den Enden nach der Mitte zu, und dieses Fest allgemeiner Freiheit und Losgebundenheit, dieses moderne Saturnal endigt sich mit einer allgemeinen Betäubung.

Das Volk eilt nun, sich bei einem wohlbereiteten Schmause an dem bald verbotenen Fleische bis Mitternacht zu ergötzen, die feinere Welt nach den Schauspielhäusern, um dort von den sehr abgekürzten Theaterstücken Abschied zu nehmen, und auch diesen Freuden macht die herannahende Mitternachtsstunde ein Ende.

Aschermittwoch

So ist denn ein ausschweifendes Fest wie ein Traum, wie ein Märchen vorüber, und es bleibt dem Teilnehmer vielleicht weniger davon in der Seele zurück als unsern Lesern, vor deren Einbildungskraft und Verstand wir das Ganze in seinem Zusammenhange gebracht haben.

Wenn uns während des Laufs dieser Torheiten der rohe Pulcinell ungebührlich an die Freuden der Liebe erinnert, denen wir unser Dasein zu danken haben, wenn eine Baubo auf öffentlichem Platze die Geheimnisse der Gebärerin entweiht, wenn so viele nächtlich angezündete Kerzen uns an die letzte Feierlichkeit erinnern, so werden wir mitten unter dem Unsinne auf die wichtigsten Szenen unsers Lebens aufmerksam gemacht.

Noch mehr erinnert uns die schmale, lange, gedrängt volle Straße an die Wege des Weltlebens, wo jeder Zuschauer und Teilnehmer mit freiem Gesicht oder unter der Maske vom Balkon oder vom Gerüste nur einen geringen Raum vor und neben sich übersieht, in der Kutsche oder zu Fuße nur Schritt vor Schritt vorwärts kommt, mehr geschoben wird als geht, mehr aufgehalten wird als willig stille steht, nur eifriger dahin zu gelangen sucht, wo es besser und froher zugeht, und dann auch da wieder in die Enge kommt und zuletzt verdrängt wird.

Dürfen wir fortfahren, ernsthafter zu sprechen, als es der Gegenstand zu erlauben scheint, so bemerken wir, daß die lebhaftesten und höchsten Vergnügen, wie die vorbeifliegenden Pferde, nur einen Augenblick uns erscheinen, uns rühren und kaum eine Spur in der Seele zurücklassen, daß Freiheit und Gleichheit nur in dem Taumel des Wahnsinns genossen werden können, und daß die größte Lust nur dann am höchsten reizt, wenn sie sich ganz nahe an die Gefahr drängt und lüstern ängstlichsüße Empfindungen in ihrer Nähe genießet.

Und so hätten wir, ohne selbst daran zu denken, auch unser Karneval mit einer Aschermittwochsbetrachtung geschlossen, wodurch wir keinen unsrer Leser traurig zu machen fürchten. Vielmehr wünschen wir, daß jeder mit uns, da das Leben im ganzen wie das Römische Karneval unübersehlich, ungenießbar, ja bedenklich bleibt, durch diese unbekümmerte Maskengesellschaft an die Wichtigkeit jedes augenblicklichen, oft gering scheinenden Lebensgenusses erinnert werden möge.

V. *Fest und Geschichte*

Des Epimenides Erwachen

Den Frieden kann das Wollen nicht bereiten:
Wer alles will will sich vor allen mächtig,
Indem er siegt, lehrt er die andern streiten;
Bedenkend macht er seinen Feind bedächtig;
So wachsen Kraft und List nach allen Seiten,
Der Weltkreis ruht von Ungeheuern trächtig,
Und der Geburten zahlenlose Plage
Droht jeden Tag als mit dem jüngsten Tage.

Der Dichter sucht das Schicksal zu entbinden,
Das, wogenhaft und schrecklich ungestaltet,
Nicht Maß, noch Ziel, noch Richte weiß zu finden
Und brausend webt, zerstört und knirschend waltet.
Da faßt die Kunst, in liebendem Entzünden,
Der Masse Wust, die ist sogleich entfaltet,
Durch Mitverdienst gemeinsamen Erregens,
Gesang und Rede, sinnigen Bewegens.

Erster Aufzug

Ein prächtiger Säulenhof; im Grunde ein tempelähnliches Wohngebäude.

Erster Auftritt

DIE MUSE *Zwei Genien, der eine, an einem Thyrsus Leier, Masken, geschriebene Rolle, trophäenartig, tragend; der andere einen Sternenkreis um sich her.*
In tiefe Sklaverei lag ich gebunden
Und mir gefiel der Starrheit Eigensinn;

Ein jedes Licht der Freiheit war verschwunden;
Die Fesseln selbst, sie schienen mir Gewinn;
Da nahte sich, in holden Frühlingsstunden,
Ein Glanzbild; – gleich entzückt – so wie ich bin –
Seh' ich es weit und breiter sich entfalten,
Und rings umher ist keine Spur des Alten.

Die Fesseln fallen ab von Händ' und Füßen,
Wie Schuppen fällt's herab vom starren Blick,
Und eine Träne, von den liebesüßen,
Zum ersten Mal sie kehrt ins Aug' zurück;
Sie fließt – ihr nach die Götter-Schwestern fließen,
Das Herz empfindet längst entwohntes Glück,
Und mir erscheint, was mich bisher gemieden,
Ganz ohne Kampf, der reine Seelenfrieden.

Und mir entgegnet, was mich sonst entzückte:
Der Leier Klang, der Töne süßes Licht,
Und, was mich schnell der Wirklichkeit entrückte,
Bald ernst, bald frohgemut, ein Kunstgesicht;
Und das den Pergamenten Aufgedrückte,
Ein unergründlich schweres Leichtgewicht;
Der Sterne Kreis erhebt den Blick nach oben
Und alle wollen nur das Eine loben.

Und Glück und Unglück tragen so sich besser,
Die eine Schale sinkt, die andre steigt,
Das Unglück mindert sich, das Glück wird größer,
So auf den Schultern trägt man beide leicht!
Da leere das Geschick die beiden Fässer,
Der Segen trifft, wenn Fluch uns nie erreicht;
Wir sind für stets dem guten Geist zu Teile,
Der böse selbst er wirkt zu unserm Heile.

So ging es mir! Mög' es euch so ergehen,
Daß aller Haß sich augenblicks entfernte,
Und wo wir noch ein dunkles Wölkchen sehen,
Sich alsobald der Himmel übersternte,
Es tausendfach erglänzte von den Höhen
Und alle Welt von uns die Eintracht lernte;
Und so genießt das höchste Glück hienieden,
Nach hartem äußern Kampf den innern Frieden.

Die Muse bewegt sich als wenn sie abgehen wollte; die Kinder ziehen voran und sind schon in der Kulisse, sie aber ist noch auf dem Theater, wenn Epimenides erscheint; dann spricht sie folgende Stanze, geht ab und jener kommt die Stufen herab.

MUSE

Und diesen lass' ich euch an meiner Stelle,
Der, früher schon, geheimnisvoll belehrt,
Als Mann, der Weisheit unversiegter Quelle
Und ihrem Schau'n sich treulich zugekehrt,
Nun freigesinnt, beinah zur Götterhelle,
Die wunderbarsten Bilder euch erklärt;
Doch laßt vorher die wildesten Gestalten
In eigensinn'ger Kraft zerstörend walten. *Ab.*

Zweiter Auftritt

EPIMENIDES

Uralten Waldes majestätische Kronen,
Schroffglatter Felsenwände Spiegelflächen
Im Schein der Abendsonne zu betrachten –
Erreget Geist und Herz zu der Natur
Erhabnen Gipfeln, ja zu Gott hinan.

Auch schau' ich gern der Menschenhände Werk,
Woher des Meisters Hochgedanke strahlt;
Und dieser Pfeiler, dieser Säulen Pracht
Umwandl' ich sinnend, wo sich alles fügte,
Wo alles trägt und alles wird getragen!
So freut mich auch zu sehn ein edles Volk
Mit seinem Herrscher, die im Einklang sich
Zusammenwirkend fügen, für den Tag
Ja für Jahrhunderte, wenn es gelingt.
Und so begrüß' ich froh die Morgensonne,
Begrüße gleicherweis die scheidende;
Dann wend' ich meinen Blick den Sternen zu,
Und dort wie hier ist Einklang der Bewegung.
Der Jugend Nachtgefährt' ist Leidenschaft,
Ein wildes Feuer leuchtet ihrem Pfad;
Der Greis hingegen wacht mit hellem Sinn
Und sein Gemüt verschließt das Ewige.

Dritter Auftritt

GENIEN *treten rasch auf und stellen sich ihm zu beiden Seiten.*
Wandelt der Mond und bewegt sich der Stern,
Junge wie Alte sie schlafen so gern;
Leuchtet die Sonne nach löblichem Brauch:
Junge wie Alte sie schlafen wohl auch.

EPIMENIDES
Ein heitres Lied, ihr Kinder; doch voll Sinn.
Ich kenn' euch wohl! Sobald ihr scherzend kommt,
Dann ist es Ernst, und wenn ihr ernstlich sprecht
Vermut' ich Schalkheit. Schlafen, meint ihr, schlafen?
An meine Jugend wollt ihr mich erinnern.

Auf Kreta's Höhn, des Vaters Herde weidend,
Die Insel unter mir, ringsum das Meer,
Den Tages-Himmel von der einzigen Sonne
Von tausenden den nächtigen erleuchtet;
Da strebt's in meiner Seele dieses All,
Das herrliche, zu kennen; doch umsonst:
Der Kindheit Bande fesselten mein Haupt.
Da nahmen sich die Götter meiner an,
Zur Höhle führten sie den Sinnenden,
Versenkten mich in tiefen langen Schlaf.
Als ich erwachte hört' ich einen Gott:
»Bist vorbereitet«, sprach er, »wähle nun!
Willst du die Gegenwart und das was ist,
Willst du die Zukunft sehn, was sein wird.« Gleich
Mit heiterm Sinn verlangt' ich zu verstehn,
Was mir das Auge, was das Ohr mir beut.
Und gleich erschien durchsichtig diese Welt,
Wie ein Krystallgefäß mit seinem Inhalt. –
Den schau' ich nun so viele Jahre schon;
Was aber künftig ist, bleibt mir verborgen.
Soll ich vielleicht nun schlafen, sagt mir an,
Daß ich zugleich auch Künftiges gewahre?

GENIEN

Wärest du fieberhaft, wärest du krank,
Wüßtest dem Schlafe du herzlichen Dank:
Zeiten sie werden so fieberhaft sein,
Laden die Götter zum Schlafen dich ein.

EPIMENIDES

Zum Schlafen? jetzt? – Ein sehr bedeutend Wort.
Zwei euresgleichen sind's, wo nicht ihr selbst,
Sind Zwillingsbrüder, einer Schlaf genannt,
Den andern mag der Mensch nicht gerne nennen;
Doch reicht der Weise einem wie dem andern

Die Hand mit Willen – also, Kinder, hier!
Er reicht ihnen die Hände, welche sie anfassen.
Hier habt ihr mich! Vollziehet den Befehl,
Ich lebte nur mich ihm zu unterwerfen.

GENIEN

Wie man es wendet und wie man es nimmt,
Alles geschieht was die Götter bestimmt!
Laß nun den Sonnen, den Monden den Lauf,
Kommen wir zeitig und wecken dich auf.

Epimenides steigt, begleitet von den Knaben die Stufen hinan und als die Vorhänge sich öffnen, sieht man ein prächtiges Lager, über demselben eine wohlerleuchtende Lampe. Er besteigt es; man sieht ihn sich niederlegen und einschlafen. Sobald der Weise ruht, schließen die Knaben zwei eherne Pfortenflügel, auf welchen man den Schlaf und Tod, nach antiker Weise, vorgestellt sieht. Fernes Donnern.

Vierter Auftritt

HEERESZUG. *Im Kostüm der sämtlichen Völker, welche von den Römern zuerst bezwungen und dann als Bundesgenossen gegen die übrige Welt gebraucht worden.*

Der Ruf des Herrn
Der Herrn ertönt;
Wir folgen gern,
Wir sind's gewöhnt;
Geboren sind
Wir all' zum Streit
Wie Schall und Wind
Zum Weg bereit.
Wir ziehn, wir ziehn
Und sagen's nicht,

Wohin? wohin?
Wir fragen's nicht;
Und Schwert und Spieß
Wir tragen's fern,
Und jens und dies
Wir wagen's gern.

Fünfter Auftritt

DÄMON DES KRIEGS *sehr schnell auftretend.*
Mit Staunen seh' ich euch, mit Freude,
Der ich euch schuf bewundr' euch heute:
Ihr zieht mich an, ihr zieht mich fort,
Mich muß ich unter euch vergessen:
Mein einzig Streben sei immerfort
An eurem Eifer mich zu messen.
Des Höchsten bin ich mir bewußt,
Dem Wunderbarsten widm' ich mich mit Lust:
Denn wer Gefahr und Tod nicht scheut
Ist Herr der Erde, Herr der Geister;
Was auch sich gegensetzt und dräut,
Er bleibt zuletzt allein der Meister.
Kein Widerspruch! kein Widerstreben!
Ich kenne keine Schwierigkeit,
Und wenn umher die Länder beben,
Dann erst ist meine Wonnezeit.
Ein Reich mag nach dem andern stürzen,
Ich steh' allein und wirke frei;
Und will sich wo ein schneller Knoten schürzen,
Um desto schneller hau' ich ihn entzwei.
Kaum ist ein großes Werk getan,
Ein neues war schon ausgedacht,

Und wär' ich ja aufs Äußerste gebracht,
Da fängt erst meine Kühnheit an. –
Ein Schauder überläuft die Erde,
Ich ruf' ihr zu ein neues Werde.

Ein Brandschein verbreitet sich über das Theater.

Es werde Finsternis! – Ein brennend Meer
Soll allen Horizont umrauchen
Und sich der Sterne zitternd Heer
Im Blute meiner Flammen tauchen.
Die höchste Stunde bricht herein,
Wir wollen ihre Gunst erfassen:
Gleich unter dieser Ahnung Schein
Entfaltet euch, gedrängte Massen,
Vom Berg ins Land, flußab ans Meer
Verbreite dich, unüberwindlich Heer!
Und wenn der Erdkreis überzogen
Kaum noch den Atem heben mag,
Demütig seine Herrn bewirtet –
Am Ufer schließet mir des Zwanges ehrnen Bogen:
Denn wie euch sonst das Meer umgürtet,
Umgürtet ihr die kühnen Wogen:
So Nacht für Nacht, so Tag für Tag;
Nur keine Worte – Schlag auf Schlag!

HEERESZUG *sich entfernend.*

So geht es kühn
Zur Welt hinein;
Was wir beziehn
Wird unser sein:
Will einer das,
Verwehren wir's;
Hat einer was,
Verzehren wir's.

Hat einer g'nug
Und will noch mehr;
Der wilde Zug
Macht alles leer.
Da sackt man auf,
Und brennt das Haus;
Da packt man auf
Und rennt heraus.

So zieht vom Ort
Mit festem Schritt
Der Erste fort,
Den Zweiten mit;
Wenn Wahn und Bahn
Der Beste brach,
Kommt an und an
Der Letzte nach.

Sechster Auftritt

DÄMONEN DER LIST *treten, in verschiedenen Gestalten, von derselben Seite, nach welcher das Kriegsheer abzieht, auf, schlingen sich durch die Kolonne durch, welche in ihrem raschen Schritt gehindert langsamer abzieht.*

Wenn unser Sang
Gefällig lockt,
Der Sieges-Drang
Er schwankt und stockt;
Wenn unser Zug
Sich krümmt und schlingt,

Der Waffen Flug
Wird selbst bedingt.

Nur alle mit
Dahin! dahin!
Nur Schritt vor Schritt,
Gelassen kühn.
Wie's steht und fällt
Ihr tretet ein,
Geschwind die Welt
Wird euer sein.

Wenn der Kriegszug das Theater verlassen hat, haben die Neuangekommenen dasselbe schon völlig eingenommen, und indem der Dämon des Kriegs den Seinigen folgen will, treten ihm die Dämonen der List in den Weg.

Siebenter Auftritt

Dämonen der List

ALLE
Halt ein! Du rennst in dein Verderben!

DÄMON DES KRIEGS
Wer also spricht der müsse sterben.

PFAFFE
Erkenn' ich doch daß du unsterblich bist,
Doch auch unsterblich ist die Pfaffenlist.

DÄMON DES KRIEGS
So sprecht.

JURIST
Fürwahr, dein ungezähmter Mut
Läßt sich durch Güte nicht erbitten.

Du wirst mit einem Meer von Blut
Den ganzen Erdkreis überschütten.

DIPLOMAT

Doch wandl' ich dir nicht still voran
Und folg' ich nicht den raschen Pfaden;
So hast du wenig nur getan
Und wirst dir immer selber schaden.

DAME

Wer leise reizt und leise quält,
Erreicht zuletzt des Herrschers höchstes Ziel
Und wie den Marmor selbst der Tropfen Folge höhlt,
So töt' ich endlich das Gefühl.

DIPLOMAT

Du eilst uns vor, wir folgen still
Und mußt uns noch am Ende schätzen:
Denn wer der List sich wohl noch fügen will,
Wird der Gewalt sich widersetzen.

DÄMON DES KRIEGS

Verweilet ihr, ich eile fort!
Der Abschluß der ist meine Sache.
Du wirkest hier, du wirkest dort,
Und wenn ich nicht ein Ende mache,
So hat ein jeder noch ein Wort.
Ich löse rasch mit einem Male
Die größten Zweifel Angesichts.
So legte Brennus in die Schale
Das Schwert statt goldenen Gewichts.
Du magst nur dein Gewerbe treiben
In dem dich niemand übertrifft;
Ich kann nur mit dem Schwerte schreiben,
Mit blut'gen Zügen, meine Schrift. *Geht rasch ab.*

Achter Auftritt

Dämonen der List

PFAFFE

Der Kriegesgott er wüte jetzt,
Und ihr umgarnt ihn doch zuletzt.

DIPLOMAT

Zertret' er goldner Saaten Halme
Mit flügelschnellem Siegeslauf,
Allein wenn ich sie nicht zermalme
Gleich richten sie sich wieder auf.

DAME

Die Geister macht er nie zu Sklaven,
Durch offne Rache, harte Strafen
Macht er sie nur der Freiheit reif.

HOFMANN

Doch alles was wir je ersonnen
Und alles was wir je begonnen
Gelinge nur durch Unterschleif.

PFAFFE

Den Völkern wollen wir versprechen,
Sie reizen zu der kühnsten Tat;
Wenn Worte fallen, Worte brechen,
Nennt man uns weise, klug im Rat.

JURIST

Durch Zaudern wollen wir verwehren
Und alle werden uns vertraun.
Es sei ein ewiges Zerstören,
Es sei ein ew'ges Wiederbaun.

LUSTIGE PERSON

Steht nur nicht so in eng geschloßnen Reihen,
Schließt mich in eure Zirkel ein!

Damit zu euren Gaukeleien
Die meinigen behülflich sei'n!

Bin der Gefährlichste von allen!
Dieweil man mich für nichtig hält,
Daran hat jedermann Gefallen
Und so betrüg' ich alle Welt.

Euch dien' es allen zum Bescheide:
Ich spiele doppelte Person:
Erst komm' ich an in diesem Kleide,
In diesem mach' ich mich davon.

Zeigt sich als böser Geist, versinkt, eine Flamme schlägt empor.

DIPLOMAT

Und nun beginnet gleich – das herrliche Gebäude,
Der Augen Lust, des Geistes Freude,
Im Wege steht es mir von allen;
Durch eure Künste soll es fallen.

HOFMANN

Leise müßt ihr das vollbringen,
Die gelinde Macht ist groß;
Wurzelfasern, wie sie dringen,
Sprengen wohl die Felsen los.

CHOR

Leise müßt ihr das vollbringen,
Die geheime Macht ist groß.

HOFMANN

Und so löset still die Fugen
An dem herrlichen Palast;
Und die Pfeiler, wie sie trugen,
Stürzen durch die eigne Last.

In das Feste sucht zu dringen
Ungewaltsam, ohne Stoß.

CHOR

Leise müßt ihr das vollbringen,
Die geheime Macht ist groß.

Während dieses letzten Chors verteilen sich die Dämonen an alle Kulissen, nur der Hofmann bleibt in der Mitte, die übrigen sind mit dem letzten Laute auf einmal alle verschwunden.

Neunter Auftritt

DÄMON ALS HOFMANN *allein. Lauschend.*

Ich trete sacht, ich halte Puls und Oden, –
Ich fühle sie wohl, doch hör' ich sie nicht;
Es zittert unter mir der Boden;
Ich fürchte selbst, er schwankt und bricht:
Er entfernt sich von der einen Seite.
Die mächtig riesenhaften Quadern
Sie scheinen unter sich zu hadern;
Er entfernt sich von der andern Seite.
Die schlanken Säulenschäfte zittern,
Die schönen Glieder, die in Liebesbanden
Einträchtig sich zusammen fanden,
Jahrhunderte als Eins bestanden –
Erdbeben scheinen sie zu wittern,
Bei dringender Gefahr und Not,
Die einem wie dem andern droht
Sich gegenseitig zu erbittern.
Er tritt in die Mitte, argwöhnisch gegen beide Seiten.
Ein Wink, ein Hauch den Bau zu Grunde stößt
Wo sich von selbst das Feste löst.

In dem Augenblicke bricht alles zusammen. Er steht in schweigender, umsichtiger Betrachtung.

Zehnter Auftritt

Dämon der Unterdrückung tritt auf. Im Kostüm eines orientalischen Despoten.

DÄMON DER LIST *ehrerbietig.*
Mein Fürst! mein Herrscher, so allein?
DÄMON DER UNTERDRÜCKUNG
Da wo ich bin, da soll kein andrer sein.
DÄMON DER LIST
Auch die nicht, die dir angehören?
DÄMON DER UNTERDRÜCKUNG
Ich werde niemals dir verwehren
Zu schaun mein fürstlich Angesicht;
Doch weiß ich wohl, du liebst mich nicht.
Dein Vielbemühn was hilft es dir?
Denn ewig dienstbar bist du mir.
DÄMON DER LIST
Herr, du verkennest meinen Sinn!
Zu dienen dir ist mein Gewinn;
Und wo kann freieres Leben sein
Als dir zu dienen, dir allein!
Was Großes auch die Welt gesehn,
Für deinen Zepter ist's geschehn,
Was Himmel zeugte, Hölle fand,
Ergossen über Meer und Land
Es kommt zuletzt in deine Hand.
DÄMON DER UNTERDRÜCKUNG
Sehr wohl! Die Mühe mir verkürzen

Das ist dein edelster Beruf:
Denn was die Freiheit langsam schuf,
Es kann nicht schnell zusammen stürzen,
Nicht auf der Kriegsposaune Ruf;
Doch hast du klug den Boden untergraben,
So stürzt das alles Blitz vor Blitz.
Da kann ich meinen stummen Sitz
In sel'gen Wüsteneien haben.
Du hast getan, wie ich gedacht:
Ich will nun sehn was du vollbracht.
Verliert sich unter die Ruinen.

Eilfter Auftritt

DÄMON DER LIST *zuversichtlich.*
Ja gehe nur und sieh dich um!
In unsrer Schöpfung magst du wohnen.
Du findest alles still und stumm,
Denkst du in Sicherheit zu thronen.
Ihr brüstet euch ihr unteren Dämonen,
So mögt ihr wüten, mögt auch ruhn,
Ich deut' euch beides heimlich an;
Da mag denn jener immer tun
Und dieser glauben es sei getan.

Ich aber wirke schleichend immer zu,
Um beide nächstens zu erschrecken:
Dich Kriegesgott bring' ich zur Ruh,
Dich Sklavenfürsten will ich wecken.

Zu dringen und zu weichen,
Das ist die größte Kunst,

Und so zu überschleichen
Das Glück und seine Gunst.
Die Wege die sie gehen,
Sie sind nach meinem Sinn;
Der Übermut soll gestehen
Daß ich allmächtig bin. *Ab.*

Zwölfter Auftritt

DÄMON DER UNTERDRÜCKUNG *aus den Ruinen hervortretend.*

Es ist noch allzu frisch, man könnt' es wieder bauen;
Die graue Zeit, wirkend ein neues Grauen –
Verwittrung, Staub und Regenschlick,
Mit Moos und Wildnis düstre sie die Räume.
Nun wachst empor, ehrwürd'ge Bäume!
Und zeiget dem erstaunten Blick
Ein längst veraltetes verschwundenes Geschick,
Begraben auf ewig jedes Glück.

Während dieser Arie begrünet sich die Ruine nach und nach.

Nicht zu zieren – zu verdecken,
Nicht zu freuen – zu erschrecken,
Wachse dieses Zaubertal!
Und so schleichen und so wanken,
Wie verderbliche Gedanken,
Sich die Büsche, sich die Ranken
Als Jahrhunderte zumal.

So sei die Welt denn einsam! aber mir,
Dem Herrscher, ziemt es nicht, daß er allein:
Mit Männern mag er nicht verkehren,

Eunuchen sollen Männern wehren,
Und halb umgeben wird er sein;
Nun aber sollen schöne Frauen
Mit Taubenblick mir in die Augen schauen,
Mit Pfauenwedeln luftig wehen,
Gemeßnen Schrittes mich umgehen,
Mich liebenswürdig all' umsehnen,
Und ganze Scharen mir allein.
Das Paradies es tritt herein!
Er ruht im Überfluß gebettet,
Und jene die sich glücklich wähnen
Sie sind bewacht, sie sind gekettet.

Dreizehnter Auftritt

LIEBE *ungesehen aus der Ferne.*
Ja, ich schweife schon im Weiten
Dieser Wildnis leicht und froh:
Denn der Liebe sind die Zeiten
Alle gleich und immer so.

DÄMON DER UNTERDRÜCKUNG
Wie? was hör' ich da von weiten?
Ist noch eine Seele froh? –
Ich vernichte Zeit auf Zeiten
Und sie sind noch immer so! –

Melodie jenes Gesangs, durch blasende Instrumente. Der Dämon zeigt indessen Gebärden der Überraschung und Rührung.

Doch, dein Busen will entflammen,
Dich besänftigt dieser Schall?
Nimm, o nimm dich nur zusammen
Gegen diese Nachtigall!

LIEBE *tritt auf. Der Dämon ist zurückgetreten.*

Ja, ich walle gern im Weiten
Dieser Pfade leicht und froh:
Denn der Liebe sind die Zeiten
Alle gleich und immer so.

DÄMON DER UNTERDRÜCKUNG

O, wie kommt sie da von weiten,
Ohne Furcht und immer froh!

LIEBE

Denn der Liebe sind die Zeiten
Immer gleich und immer so.

DÄMON DER UNTERDRÜCKUNG *zu ihr tretend.*

Wen suchst du denn? Du suchest wen!
Ich dächte doch du mußt ihn kennen.

LIEBE

Ich suche wohl – es ist so schön!
Und weiter weiß ich nichts zu nennen.

DÄMON DER UNTERDRÜCKUNG *anständig zudringlich, gehalten und scherzhaft.*

Nun! o nenne mir den Lieben
Dem entgegen man so eilt.

LIEBE

Ja, es ist, es ist das Lieben,
Das im Herzen still verweilt!

Der Dämon entfernt sich.

Vierzehnter Auftritt

Glaube hat die Schwester am Gesang erkannt, kommt eilig herbei, wirft sich ihr an die Brust. Liebe fährt in ihrem heitern Gesange noch eine Zeit lang fort, bis Glaube sich leidenschaftlich losreißt und abwärts tritt.

GLAUBE

O liebste Schwester! kannst du mich
Und meine Leiden so empfangen?
Ich irre trostlos, suche dich,
An deinem Herzen auszubangen;
Nun flieh' ich leider wie ich kam,
Mich abgestoßen muß ich fühlen:
Wer teilt nun Zweifel, Kummer, Gram
Wie sie das tiefste Herz durchwühlen!

LIEBE *sich nähernd.*

O Schwester! mich so im Verdacht?
Die immer neu und immer gleich
Unsterbliche unsterblich macht,
Die Sterblichen alle gut und reich.
Von oben kommt mir der Gewinn,
Die höchste Gabe willst du lästern?
Denn ohne diesen heitren Sinn,
Was wären wir und unsre Schwestern!

GLAUBE

Nein, in diesen Jammerstunden
Klinget keine Freude nach!
Schmerzen tausendfach empfunden,
Herz um Herz das knirschend brach,
Leer Gebet, vergebne Tränen,
Eingekettet unser Sehnen,
Unsrer Herrlichkeit Verhöhnen,
Der Erniedrigung Gewöhnen! –
Ewig deckt die Nacht den Tag.

LIEBE

Es sind nicht die letzten Stunden,
Laß den Göttern das Gericht!

GLAUBE

Nie hast du ein Glück empfunden:

Denn der Jammer rührt dich nicht!
Sie treten auseinander.

DÄMON DER UNTERDRÜCKUNG
Still! nun hab' ich überwunden –
Schwestern und verstehn sich nicht!
Zum Glauben.
Herrlich Mädchen! welches Bangen,
Welche Neigung, welch Verlangen
Reget diese schöne Brust?

GLAUBE
Herr, o Herr! gerecht Verlangen
War die Schwester zu umfangen,
Treue bin ich mir bewußt.

DÄMON DER UNTERDRÜCKUNG *zur Liebe.*
Wie? Du Holde, das Verlangen
Deine Schwester zu umfangen
Weigert sich die süße Brust.

LIEBE
Sie, die Beste, zu umfangen
Fühl' ich ewiges Verlangen;
Komm, o komm an meine Brust!

GLAUBE
O verzeih dem Schmerz, dem Bangen!
Kaum getraut' ich zu verlangen
Lieb' um Liebe, Lust um Lust! *Sie umarmen sich.*

DÄMON DER UNTERDRÜCKUNG *für sich.*
Immer wächst mir das Verlangen,
Zu betören; sie zu fangen
Sei mein Streben, meine Lust.
Zwischen sie tretend.
Holdsel'ges Paar, das himmlisch mir begegnet,
Es sei der Tag für euch und mich gesegnet,
Er sei bezeichnet immerdar!

Ja! dieser Stunde jedes von uns gedenke.
Kleine Dämonen mit Juwelen.
Verschmähet nicht die wenigen Geschenke
Aus meiner Hand, verehrtes Paar.
Die Liebe liebkosend und ihr Armbänder anlegend.
Hände, meiner Augen Weide,
O wie drück' und küss' ich sie,
Nimm das köstlichste Geschmeide,
Trag' es und vergiß mich nie!

Den Glauben liebkosend und ihr einen köstlichen Gürtel oder vielmehr Brustschmuck anlegend.

Wie sie sich in dir vereinen
Hoher Sinn und Lebenslust:
So mit bunten Edelsteinen
Schmück' ich dir die volle Brust.

Die kleinen Dämonen bringen heimlich schwarze schwere Ketten hervor.

GLAUBE

Das verdient wohl dieser Busen
Daß ihn die Juwele schmückt.

Der eine Dämon hängt ihr die Kette hinten in den Gürtel, in dem Augenblick fühlt sie Schmerzen, sie ruft, indem sie auf die Brust sieht.

Doch wie ist mir! von Medusen
Werd' ich greulich angeblickt.

LIEBE

O! wie sich das Auge weidet,
Und die Hand wie freut sie sich!

Sie streckt die Arme aus und besieht die Armbänder von oben; das Dämonchen hängt von unten eine Doppelkette ein.

Was ist das? wie sticht's und schneidet
Und unendlich foltert's mich!

DÄMON DER UNTERDRÜCKUNG *zur Liebe, mäßig spottend.*

So ist dein zartes Herz belohnt!
Von diesen wird dich nichts erretten;
Doch finde dich, du bist's gewohnt,
Du gehst doch immerfort in Ketten.

Zum Glauben, der sich ängstlich gebärdet, mit geheuchelter Teilnahme.

Ja schluchze nur aus voller Brust
Und mache den Versuch zu weinen!

Zu beiden gewaltsam.

Verzichtet aber auf Glück und Lust;
Das Beßre wird euch nie erscheinen!

Sie fahren von ihm weg, werfen sich an den Seiten nieder; Liebe liegt ringend, Glaube still.

DÄMON DER UNTERDRÜCKUNG

So hab' ich euch dahin gebracht
Beim hellsten Tag in tiefste Nacht.
Getrennt wie sie gefesselt sind,
Ist Liebe töricht, Glaube blind.
Allein die Hoffnung schweift noch immer frei,
Mein Zauber winke sie herbei!
Ich bin schon oft ihr listig nachgezogen,
Doch wandelbar wie Regenbogen
Setzt sie den Fuß bald da, bald dort, bald hier;
Und hab' ich diese nicht betrogen,
Was hilft das alles andre mir!

Fünfzehnter Auftritt

Hoffnung erscheint auf der Ruine linker Hand des Zuschauers, bewaffnet mit Helm, Schild und Speer.

DÄMON DER UNTERDRÜCKUNG

Sie kommt! sie ist's! – Ich will sie kirren,
's ist auch ein Mädchenhaupt, ich will's verwirren.
Sie sieht mich, bleibt gelassen stehn,
Sie soll mir diesmal nicht entgehn.
Sanft teilnehmend.
Im Gedränge hier auf Erden
Kann nicht jeder was er will;
Was nicht ist, es kann noch werden,
Hüte dich und bleibe still.

Sie hebt den Speer gegen ihn auf und steht in drohender Gebärde unbeweglich.

Doch welch ein Nebel, welche Dünste
Verbergen plötzlich die Gestalt!
Wo find' ich sie? Ich weiß nicht wo sie wallt;
An ihr verschwend' ich meine Künste.
Verdichtet schwankt der Nebelrauch und wächst
Und webt, er webt undeutliche Gestalten,
Die deutlich doch undeutlich immer fort
Das Ungeheure mir entfalten.
Gespenster sind's, nicht Wolken, nicht Gespenster,
Die Wirklichen sie dringen auf mich ein.
Wie kann das aber wirklich sein
Das Webende, das immer sich entschleiert?
Verschleierte Gestalten, Ungestalten,
In ewigem Wechseltrug erneuert!
Wo bin ich? Bin ich mir bewußt? –
Sie sind's! Sie sind auch nicht, und aus dem Grauen
Muß ich voran lebendig Kräft'ge schauen;

Fürwahr es drängt sich Brust an Brust
Voll Lebensmacht und Kampfeslust;
Die Häupter in den Wolken sind gekrönt,
Die Füße schlangenartig ausgedehnt,
Verschlungen schlingend
Mit sich selber ringend,
Doch alle klappernd nur auf mich gespitzt.
Die breite Wolke senkt sich, eine Wolke
Lebendig tausendfach, vom ganzen Volke
Von allen Edlen schwer; sie sinkt, sie drückt,
Sie beugt mich nieder, sie erstickt!

Er wehrt sich gegen die von der Einbildungskraft ihm vorgespiegelte Vision, weicht ihr aus, wähnt in die Enge getrieben zu sein, ist ganz nahe zu knien. Die Hoffnung nimmt ihre ruhige Stellung wieder an. Er ermannt sich.

Aufgeregte Höllenbilder,
Zeigt euch wild und immer wilder,
Und ihr fechtet mich nicht an!
Euer Wanken, euer Weben
Sind Gedanken; sollt' ich beben?
Vor dem selbstgeschaffnen Wahn?
Euer Lasten, euer Streben,
Ihr Verhaßten, ist kein Leben;
Eure Häupter, eure Kronen
Sind nur Schatten, trübe Luft.
Doch ich wittre Grabesduft,
Unten schein' ich mir zu wohnen
Und schon modert mir die Gruft.

Er entflieht mit Grauen. Hoffnung ist nicht mehr zu sehen.
Der Vorhang fällt.
Ende des ersten Aufzugs.

Zweiter Aufzug

Erster Auftritt

LIEBE *erhebt sich nach einiger Zeit, wie abwesend, wo nicht wahnsinnig.*

Sag', wie ist dir denn zumalen?
Was beengt dir so das Herz?
Was ich fühle, sind nicht Qualen,
Was ich leide, ist nicht Schmerz.
Ob ich gleich den Namen höre,
Liebe, so hieß ich immer fort;
Es ist als ob ich gar nicht wäre,
Liebe 's ist ein leeres Wort.

GLAUBE *die indessen aufgestanden, aber nicht sicher auf ihren Füßen steht.*

Wankt der Felsen unter mir,
Der mich sonst so kräftig trug?
Nein! ich wanke, sinke hier,
Habe nicht mehr Kraft genug
Mich zu halten, meine Knie
Brechen, ach, ich beuge sie
Nicht zum Beten; sinnenlos,
Herzlos lieg' ich an dem Boden,
Mir versagt, mir stockt der Oden;
Götter! meine Not ist groß!

LIEBE *weiterschreitend.*

Zwar gefesselt sind die Hände,
Doch der Fuß bewegt sich noch;
Wenn ich, ach, dorthin mich wende,
Schüttl' ich ab das schwere Joch.

GLAUBE *wie jene, nur etwas rascher und lebhafter.*

Will ich mich vom Ort bewegen,

Wird vielleicht der Busen frei.
Sieht die Schwester herankommen.
O, die Schwester! Welch ein Segen!
Ja, die Gute kommt herbei.

Indem sie gegeneinander die Arme ausstrecken, sehen sie sich so weit entfernt, daß sie sich nicht berühren können.

LIEBE
Gott! ich kann dich nicht erreichen,
Ach, von dir steh ich gebannt!
Indem sie an ihren vorigen Platz eilig zurückkehrt.

GLAUBE
Gibt's ein Elend solchesgleichen!

Die noch gezögert und sich hin und wieder umgesehen hat, stürmt auch nach ihrer Seite.

Nein! die Welt hat's nicht gekannt.
Beide werfen sich an ihrer Stelle nieder.

Zweiter Auftritt

HOFFNUNG *welche indessen oben erschienen und herunter getreten ist.*
Ich höre jammern, höre klagen,
In Banden meine Schwestern? wie,
O wie sie ringen, wie sie zagen!
Vernehmt mein Wort, es fehlet nie.
Ihr zeigt mir freilich eure Ketten,
Getrauet nicht mich anzuschaun;
Doch bin ich, hoff' euch zu erretten,
Erhebt euch, kommt mir zu vertraun!

GENIEN *herbei eilend.*
Immer sind wir noch im Lande,
Hier und dort mit raschem Lauf.
Sie nehmen die Ketten ab, zugleich mit dem Schmuck.
Erstlich lösen wir die Bande,
Richte du sie wieder auf!
Denn uns Genien gegeben
Ward gewiß ein schönes Teil;
Euer eigenes Bestreben
Wirke nun das eigne Heil. *Sie entfernen sich.*

HOFFNUNG *zu den wegeilenden Genien.*
Nehmt Gotteslohn, ihr süßen Brüder!
Sie hebt erst den Glauben auf und bringt ihn gegen die Mitte.
Und steht nur erst der Glaube fest,
So hebt sich auch die Liebe wieder.

LIEBE *die von selbst aufspringt und auf die Hoffnung loseilt.*
Ja, ich bin's, und neugeboren
Werf' ich mich an deine Brust.

GLAUBE
Völlig hatt' ich mich verloren,
Wieder find' ich mich mit Lust.

HOFFNUNG
Ja, wer sich mit mir verschworen,
Ist sich alles Glücks bewußt;
Denn wie ich bin, so bin ich auch beständig,
Nie der Verzweiflung geb' ich mich dahin;
Ich mildre Schmerz, das höchste Glück vollend' ich;
Weiblich gestaltet, bin ich männlich kühn.

Das Leben selbst ist nur durch mich lebendig,
Ja übers Grab kann ich's hinüber ziehn,
Und wenn sie mich sogar als Asche sammeln,
So müssen sie noch meinen Namen stammeln.

Und nun vernehmt! – Wie einst, in Grabeshöhlen,
Ein frommes Volk geheim sich flüchtete,
Und allen Drang der himmlisch reinen Seelen
Nach oben voll Vertrauen richtete,
Nicht unterließ auf höchsten Schutz zu zählen
Und auszudauern sich verpflichtete:
So hat die Tugend still ein Reich gegründet
Und sich, zu Schutz und Trutz, geheim verbündet.

Im Tiefsten, hohl, das Erdreich untergraben,
Auf welchem jene schrecklichen Gewalten
Nun offenbar ihr wildes Wesen haben,
In majestätisch häßlichen Gestalten,
Und mit den holden überreifen Gaben
Der Oberfläche nach Belieben schalten;
Doch wird der Boden gleich zusammen stürzen
Und jenes Reich des Übermuts verkürzen.

Von Osten rollt, Lauinen gleich, herüber
Der Schnee- und Eisball, wälzt sich groß und größer,
Er schmilzt und nah und näher stürzt vorüber
Das alles überschwemmende Gewässer:
So strömt's nach Westen, dann zum Süd hinüber,
Die Welt sieht sich zerstört – und fühlt sich besser:
Vom Ozean, vom Belt her, kommt uns Rettung;
So wirkt das All in glücklicher Verkettung.

GENIEN *den drei Schwestern Kronen darreichend.*
Und so bestärkt euch, Königinnen!
Ihr seid es, obschon jetzt gebeugt;
Ihr müßt noch alles Glück gewinnen:
Vom Himmel seid ihr uns gezeugt;
Zum Himmel werdet ihr euch heben, –
Die Sterblichen sie sehn's entzückt, –
Und glorreich über Welten schweben,
Die ihr auf ewig nun beglückt.

Doch, was dem Abgrund kühn entstiegen
Kann, durch ein ehernes Geschick,
Den halben Weltkreis übersiegen,
Zum Abgrund muß es doch zurück.
Schon droht ein ungeheures Bangen,
Vergebens wird er widerstehn!
Und alle die noch an ihm hangen,
Sie müssen mit zu Grunde gehn.

HOFFNUNG
Nun begegn' ich meinen Braven,
Die sich in der Nacht versammlet
Um zu schweigen, nicht zu schlafen,
Und das schöne Wort der Freiheit
Wird gelispelt und gestammlet,
Bis in ungewohnter Neuheit
Wir an unsrer Tempel Stufen
Wieder neu entzückt es rufen:
Mit Überzeugung, laut.
Freiheit!
Gemäßigter.
Freiheit!

Von allen Enden Echo.

Freiheit!

LIEBE

Kommt, zu sehn was unsre frommen
Guten Schwestern unternommen,
Die mit Seufzen sich bereiten
Auf die blutig wilden Zeiten.

GLAUBE

Denn der Liebe Hülf' und Laben
Wird den schönsten Segen haben,
Und im Glauben überwinden
Sie die Furcht, die sie empfinden.

GENIUS I

Ihr werdet eure Kraft beweisen,
Bereitet still den jüngsten Tag.

GENIUS II

Denn jenes Haupt von Stahl und Eisen
Zermalmt zuletzt ein Donnerschlag.

Die sämtlichen fünfe, unter musikalischer Begleitung, kehren sich um und gehen nach dem Grunde. Die Hoffnung besteigt die Ruinen links des Zuschauers, Glaube und Liebe die Ruinen rechts; die Knaben besteigen die Treppen und stellen sich an die Pforten. Sie begrüßen sich alle untereinander nochmals zum Abschied. Es wird Nacht.

Fünfter Auftritt

UNSICHTBARES CHOR

Sterne versanken und Monden in Blut.
Aber nun wittert und lichtet es gut:
Sonne sie nahet dem himmlischen Thron,
Lieber, sie kommen und wecken dich schon.

Die Genien eröffnen die Pforten, indem sie sich dahinter verstecken und lauschen. Epimenides ruht noch wie er eingeschlafen; die Lampe brennt. Er erwacht, regt sich, steht auf, tritt unter die Türe, gibt seine Verwunderung zu erkennen, tritt wankend die Stufen herunter, ungewiß wo er sich befinde.

Sechster Auftritt

EPIMENIDES

Und welch Erwachen! wunderbar genug!
Die Pforten öffnen sich bei düstrer Nacht.
Täuscht mich der Genien sonst so treuer Dienst?
Kein Stern am Himmel?
Es erscheint ein Komet ungeheuer.
Welch ein furchtbar Zeichen
Erschreckt den Blick mit Rutenfeuerschein!
Wo bin ich denn? – In eine Wüstenei
Von Fels und Baum beschränkt, bin ich begraben.

Wie war es sonst! als mir die Flügeltüren,
Beim ersten Morgenlicht, von Geisterhand
Sich öffneten, das liebe Himmelspaar
Mich in die holde Welt herunter führte;
Mich Tempel und Palast, und nah und fern
Die herrlichste Natur mich glänzend grüßte.
Wie düster jetzt! und was der Feuerschein
Mir ahnungsvoll entdeckt ist grausenhaft.
Wer leitet mich? wer rettet vom Verderben?
Verdient wohl euer Freund, ihr Götter, so zu sterben?
Die Genien treten, oben an der Pforte, hervor mit Fackeln.

Doch ihr erhört des treuen Priesters Ruf!
Ich sehe neuen goldnen Schein umschimmern:
Die Lieben sind's! o, wo sie leuchtend gehn,
Liegt keine Wüste, haus't kein Schrecknis mehr.
Sie sind herunter gekommen und stehen neben ihm.
O sagt mir an, ihr Holden, welchen Traum
Von Ängstlichkeiten schafft ihr um mich her?
Sie legen den Finger auf den Mund.
Ich träume, ja! wo nicht, so hat ein Gott
In tiefe Wüsteneien mich verschlagen –
Hier – keine Spur von jenem alten Glanz,
Nicht Spur von Kunst, von Ordnung keine Spur!
Es ist der Schöpfung wildes Chaos hier,
Das letzte Grauen endlicher Zerstörung.
Genien deuten hinüber und herüber.
Was deutet ihr? Ich soll mich hier erkennen!
Die Genien leuchten voran nach der einen Seite.
Euch folgen? wohl! ihr leuchtet dieserseits.
Was seh' ich hier! ein wohlbekanntes Bild!
In Marmorglanze, Glanz vergangner Tage.
»Der Vater ruht auf seinem breiten Polster,
Die Frau im Sessel, Kinder stehn umher
Von jedem Alter; Knechte tragen zu,
Das Pferd sogar es wiehert an der Pforte;
Die Tafel ist besetzt, man schwelgt und ruht.«
Fürwahr! es ist die Stätte noch, wo mir
Des Freudentages hellste Sonne schien;
Ist alles doch in Schutt und Graus versunken.
Sie deuten, und leiten ihn nach der andern Seite.
Noch weiter? Nein, ihr Guten, nein, ach nein!
Ich glaub' es auch, es ist die alte Stätte;
Doch während meines Schlafes hat ein Gott
Die Erd' erschüttert, daß Ruinen hier

Sich aufeinander türmen, durch ein Wunder
Der Bäume, der Gesträuche Trieb beschleunigt. –
So ist es hin, was alles ich gebaut
Und was mit mir von Jugend auf emporstieg.
O, wär' es herzustellen! Nein, ach nein!

Ihr nötigt mich an diese Tafel hin!
Zerschlagen ist sie, nicht mehr leserlich.
Hinweg von mir! O mein Gedächtnis! O!
Du hältst das Lied noch fest, du wiederholst es.

UNSICHTBARES CHOR

»Hast du ein gegründet Haus
Fleh' die Götter alle,
Daß es bis man dich trägt hinaus,
Nicht zu Schutt zerfalle,
Und noch lange hinterdrein
Kindeskindern diene,
Und umher ein frischer Hain
Immer neu ergrüne.«

EPIMENIDES

Dämonen seid ihr, keine Genien!
Der Hölle, die Verzweiflung haucht, entstiegen.
Sie haucht mich an, durchdringt, erstarrt die Brust,
Umstrickt das Haupt, zerrüttet alle Sinnen.

Er beugt seine Knie, richtet sich aber gleich wieder auf.

Nein, kniee nicht! sie hören dich nicht mehr;
Die Genien schweigen, wünsche dir den Tod.
Denn wo der Mensch verzweifelt, lebt kein Gott,
Und ohne Gott will ich nicht länger leben.

Er wendet sich ab verzweifelnd.

GENIEN *sich einander zuwinkend.*

Komm! wir wollen dir versprechen

Rettung aus dem tiefsten Schmerz:
Pfeiler, Säulen kann man brechen,
Aber nicht ein freies Herz:
Denn es lebt ein ewig Leben,
Es ist selbst der ganze Mann,
In ihm wirken Lust und Streben,
Die man nicht zermalmen kann.

EPIMENIDES *wehmütig.*

O sprecht! o helft! mein Knie es trägt mich kaum:
Ihr wollt euch bittren Spott erlauben?

GENIEN

Kommt mit! den Ohren ist's ein Traum;
Den Augen selbst wirst du nicht glauben.

Es wird auf einmal Tag. Von ferne kriegerische Musik. Epimenides und die Knaben stehen vor die Pforte.

Siebenter Auftritt

Die kriegerische Musik kommt näher. Die Hoffnung, den Jugendfürsten an der Seite, führt über die Ruinen, da wo sie abgegangen ist, ein Heer herein, welches die verschiedenen neuern zu diesem Kriege verbündeten Völker bezeichnet.

CHOR

Brüder, auf die Welt zu befreien.
Kometen winken, die Stund' ist groß.
Alle Gewebe der Tyranneien
Haut entzwei und reißt euch los!
Hinan! – Vorwärts – hinan!
Und das Werk es werde getan!

So erschallt nun Gottes Stimme,
Denn des Volkes Stimme sie erschallt,

Und entflammt von heil'gem Grimme
Folgt des Blitzes Allgewalt.
Hinan! – Vorwärts – hinan!
Und das große Werk wird getan.

Und so schreiten wir, die Kühnen,
Eine halbe Welt entlang,
Die Verwüstung, die Ruinen,
Nichts verhindre deinen Gang.
Hinan! – Vorwärts – hinan!
Und das große, das Werk sei getan.

JUGENDFÜRST

Hinter uns her vernehmt ihr schallen
Starke Worte, treuen Ruf,
Siegen, heißt es, oder fallen
Ist was alle Völker schuf.
Hinan! – Vorwärts – hinan!
Und das Werk es wäre getan.

HOFFNUNG

Noch ist vieles zu erfüllen,
Noch ist manches nicht vorbei;
Doch wir alle, durch den Willen,
Sind wir schon von Banden frei.

CHOR

Hinan! – Vorwärts – hinan!
Und das große, das Werk sei getan.

JUGENDFÜRST

Auch die Alten und die Greisen
Werden nicht im Rate ruhn;
Denn es ist um den Stein der Weisen,
Es ist um das All zu tun.
Hinan! – Vorwärts – hinan!
Und das Werk es war schon getan.

CHOR

Denn so einer vorwärts rufet,
Gleich sind alle hinterdrein,
Und so geht es, abgestufet,
Stark und schwach und groß und klein.
Hinan! – Vorwärts – hinan!
Und das große, das Werk ist getan.

Und wo eh wir sie nun erfassen,
In den Sturz, in die Flucht sie hinein!
Ja in ungeheuren Massen
Stürzen wir schon hinterdrein.
Hinan! – Vorwärts – hinan!
Und das alles, das Werk ist getan.

Achter Auftritt

Glaube und Liebe mit den Frauen und Landesbewohnern an der andern Seite.

CHOR

Und wir kommen
Mit Verlangen
Wir, die Frommen,
Zu empfangen
Sie, die Braven,
Sie mit Kränzen
Zu umschlingen.

Und mit Hymnen
Zu umsingen,
Zu erheben
Jene Braven

Die da schlafen,
Die gegeben
Höh'rem Leben.

LANDBEWOHNER *aller Alter und Stände*

Und die wir zurück geblieben,
Eurer Kraft uns anvertraut,
Haben unsren kühnen Lieben
Haus und Hof und Feld gebaut;
Und wie ihr im Siege schreitet
Drückt uns traulich an die Brust;
Alles was wir euch bereitet
Lang genießt es und mit Lust.

SÄMTLICHE CHÖRE

Und mit den wichtigsten Geschäften
Verherrlicht heut' den großen Tag,
Zusammen all' mit vollen Kräften
Erhebt den Bau der niederlag:
Strebt an – Glück auf – Strebt an!
Nur zu! und schon regt sich's hinan.

Und schon der Pfeiler der gespalten
Er hebt gefüget sich empor
Und Säulenreihen sie entfalten
Der schlanken Stämme Zierd' und Flor.
Strebt an – Glück auf – Strebt an!
Es steht und das Werk ist getan.

Indessen sind die Ruinen wieder aufgerichtet. Ein Teil der Vegetation bleibt und ziert.

Neunter Auftritt

Epimenides mit zwei Priestern.

EPIMENIDES *nach oben.*
Wie selig euer Freund gewesen,
Der diese Nacht des Jammers überschlief,
Ich konnt's an den Ruinen lesen,
Ihr Götter, ich empfind' es tief!
Zu den Umstehenden.
Doch schäm' ich mich der Ruhestunden,
Mit euch zu leiden war Gewinn:
Denn für den Schmerz den ihr empfunden,
Seid ihr auch größer als ich bin.

PRIESTER
Tadle nicht der Götter Willen
Wenn du manches Jahr gewannst:
Sie bewahrten dich im stillen,
Daß du rein empfinden kannst;
Und so gleichst du künft'gen Tagen,
Denen unsre Qual und Plagen,
Unser Streben, unser Wagen,
Endlich die Geschichte beut,
Und nicht glauben was wir sagen
Wirst du, wie die Folgezeit.

GLAUBE
Zum Ungeheuren war ich aufgerufen,
Mir dienten selbst Zerstörung, Blut und Tod;
So flammte denn an meines Thrones Stufen
Der Freiheit plötzlich furchtbar Morgenrot.

Schneidend eisige Lüfte blasen,
Ströme schwellen Schlund auf Schlund,

Und der Elemente Rasen
Alles kräftigte den Bund.
Heil der Edlen die den Glauben
In der tiefsten Brust genährt,
Unter Glut und Mord und Rauben
Das Verderben abgewehrt.

Ihr danken wir, nach mancher Jahre Grauen
Das schöne Licht das wir vergnüglich schauen.

LIEBE

Begrüßet ihn mit liebevollen Blicken,
Der liebevoll bei seinem Volk verweilt,
Der treuen Seinen neubelebt Entzücken
Mit offnem holden Vaterherzen teilt.
Der Edle hat mit Edlen sich verbündet,
Da jauchzte kühn die treue Schar,
Und wo die Liebe wirkt und gründet,
Da wird die Kraft der Tugend offenbar,
Das Glück ist sicher und geründet.

HOFFNUNG

Ich will gestehn den Eigennutz, o Schwestern!
Für jedes Opfer fordr' ich meinen Lohn,
Ein selig Heute für ein schrecklich Gestern,
Triumphes-Wonne statt der Duldung Hohn:
So wollt' ich es dem hohen Paare geben,
Von dessen Blick beseelt wir alle leben.

EPIMENIDES

Die Tugenden, die hier ein kräftig Wirken
Und in unendlichen Bezirken
Sich herrlich tausendfach gezeigt,
Den höchsten Zweck mit Blitzesflug erreicht,
Sie helfen uns die größten Tage feiern.
Nur eine, die mit treuer Hand

Die Schwestern, fest und zart, verband,
Abseits, verhüllt bescheiden stand,
Die Einigkeit muß ich entschleiern.

Er führt eine bisher verborgen gebliebene Verschleierte hervor, und schlägt ihr den Schleier zurück.

Zehnter Auftritt

DIE EINIGKEIT

Der Geist, der alle Welten schafft,
Durch mich belehrt er seine Teuren:
»Von der Gefahr, der ungeheuren,
Errettet nur gesamte Kraft.«
Das was ich lehre, scheint so leicht,
Und fast unmöglich zu erfüllen:
»Nachgiebigkeit bei großem Willen.«
Nun ist des Wortes Ziel erreicht,
Den höchsten Wunsch seh' ich erfüllen.

JUGENDFÜRST

Ja, alle Kronen seh' ich neugeschmückt
Mit eignem Gold, mit Feindes-Beute;
Ihr habt das Volk, ihr habt euch selbst beglückt;
Was ihr besitzt, besitzt ihr erst von heute.
Zwar hat der Ahnen würdiges Verdienst
Die goldnen Reife längst geflochten,
Doch nun ist's eigener Gewinst:
Ihr habt das Recht daran erfochten.

EPIMENIDES

Und wir sind alle neugeboren,
Das große Sehnen ist gestillt,
Bei Friedrich's Asche war's geschworen
Und ist auf ewig nun erfüllt.

CHOR DER KRIEGER

Und wir wandeln mit freien Schritten,
Weil wir uns was zugetraut,
Und empfangen in unsere Mitten
Gattin, Schwester, Tochter, Braut.
Getan! – Glück auf! – Getan!
Und den Dank nun zum Himmel hinan!

CHOR DER FRAUEN

Euch zu laben
Laßt uns eilen,
Unsre Gaben
Auszuteilen,
Eure Wunden
Auszuheilen:
Selige Stunden
Sind gegeben
Unsrem Leben!
Große Gruppe.

EPIMENIDES

Ich sehe nun mein frommes Hoffen
Nach Wundertaten eingetroffen;
Schön ist's dem Höchsten sich vertraun.
Er lehrte mich das Gegenwärt'ge kennen;
Nun aber soll mein Blick entbrennen,
In fremde Zeiten auszuschaun.

PRIESTER

Und nun soll Geist und Herz entbrennen,
Vergangnes fühlen, Zukunft schaun.

CHOR

So rissen wir uns rings herum
Von fremden Banden los.
Nun sind wir Deutsche wiederum
Nun sind wir wieder groß.

So waren wir und sind es auch
Das edelste Geschlecht,
Von biederm Sinn und reinem Hauch
Und in der Taten Recht.

Und Fürst und Volk und Volk und Fürst
Sind alle frisch und neu!
Wie du dich nun empfinden wirst
Nach eignem Sinne frei.
Wer dann das Innere begehrt
Der ist schon groß und reich;
Zusammen haltet euren Wert
Und euch ist niemand gleich.

Gedenkt unendlicher Gefahr,
Des wohlvergoßnen Bluts,
Und freuet euch von Jahr zu Jahr,
Des unschätzbaren Guts.
Die große Stadt, am großen Tag,
Die unsre sollte sein!
Nach ungeheurem Doppelschlag
Zum zweitenmal hinein!

Nun töne laut: der Herr ist da,
Von Sternen glänzt die Nacht.
Er hat, damit uns Heil geschah,
Gestritten und gewacht.
Für alle die ihm angestammt,
Für uns war es getan,
Und wie's von Berg zu Bergen flammt,
Entzücken flamm' hinan!

Der Vorhang fällt.

Anmerkungen zu den Texten

I. Fest und Religion

Sakramentenexkurs aus *Dichtung und Wahrheit*

Den sogenannten Sakramentenexkurs hat Goethe eingebettet in das siebente Buch seiner Autobiographie *Aus meinem Leben. Dichtung und Wahrheit* (in vier Teilen von 1811-1833 erschienen). Er behandelt dort, als zu überwindende Vorstufe eigener poetischer Produktion, die Literaturgeschichte des 18. Jahrhunderts und belegt sie mit dem wenig schmeichelhaften Epitheton einer »wäßrigen, weitschweifigen, nullen Epoche«. Zu diesem harten und überspitzten Urteil, von dem allerdings das Werk Lessings ausgenommen ist, gelangt Goethe, weil er in der Dichtung der Zeit einen Mangel an »Erfahrung« und ›objektivem Gehalt‹ erkennen zu müssen glaubt. Von daher ist die Passage über die katholischen Sakramente als ein Gegenbild zu verstehen, das symbolische Formen und Praktiken mit unmittelbarem »Sitz im Leben« zeigt. Beeinflußt ist die Gedankenführung des Exkurses durch Chateaubriands *Le génie du christianisme ou les beautés de la religion chrétienne* (1809).

Druckvorlage: Johann Wolfgang Goethe, Dichtung und Wahrheit, mit zeitgenössischen Illustrationen, ausgewählt von Jörn Göres, drei Bände, Frankfurt am Main 1975; dort: zweiter Band, S. 323-327.

12 *Akkomodation:* Anpassung. Begriff der protestantischen Theologie des 18. Jahrhunderts für die Anpassung der göttlichen Wahrheiten an die individuell und historisch begrenzte menschliche Verstehensfähigkeit.
14 *erledigen:* ledig machen, befreien.
15 *apokryphisch:* unecht, ungültig, ungesichert. – *kanonisch:* echt, gesichert.

Goethes Text über das rheinisch-katholische Sankt-Rochus-Fest von 1814 ist im Sommer 1816 verfaßt worden. Das historische Datum hatte das traditionelle religiöse zu einem auch politischen Fest werden lassen, zur Feier des Siegs über Napoleon in den Befreiungskriegen; nach der ›Völkerschlacht von Leipzig‹ (16. bis 19. Oktober 1813) waren die Rheinbundstaaten vom Erben der Französischen Revolution abgefallen. Zugleich steht die autobiographische Festerzählung im Zusammenhang von Goethes schwankender Haltung zur Romantik und zur christlich inspirierten Kunst der Nazarener. Der Text wurde erstmals im zweiten Heft der Zeitschrift *Über Kunst und Altertum in den Rhein- und Mayn-Gegenden* (1817) abgedruckt, das – vor allem in Heinrich Meyers Aufsatz zur *Neudeutschen religios-patriotischen Kunst* – die aktuellen ästhetischen Programme mit scharfer Polemik kommentierte. Die erste Nummer der von Goethe selbst verantworteten Zeitschrift hatte in dieser Hinsicht zwar noch zu einer wohlwollenderen Sprachregelung gefunden. Wenn er aber im Rochus-Fest von 1814 das Beispiel für eine erneuerte »Glaubensfreiheit an Wunder und Zeichen« erblickt, so darf man in dieser Wertung dennoch den distanzierten Tonfall des Erzählers nicht überhören.

Druckvorlage: Johann Wolfgang von Goethe, Werke. Hamburger Ausgabe in 14 Bänden, herausgegeben von Erich Trunz, Band 10: Autobiographische Schriften II, München [7]1981; dort: S. 401-428.

17 *vierzehen Nothelfer:* Gruppe von vierzehn Heiligen mit Hilfsfunktionen in bestimmten Nöten. Der heilige Rochus gehört strenggenommen nicht zu ihnen.

18 *Leimen:* Lehm.

19 *Röhrwasser:* Wasser, das durch Röhren zugeleitet wird. – *Weidichte:* Weidengebüsch.

21 *schauderhaft:* ergreifend.

25 *Minern:* erzhaltiges Gestein.

26 *Tafel des Cebes:* Cebes (= Kebes), Schüler des Sokrates und Gesprächspartner in Platons *Phaidon*, galt als Autor eines Dialogs mit dem Titel »Tafel« oder »Gemälde«. In ihm wird eine allegorische Darstellung interpretiert, die menschliche Fähigkeiten im Bild eines Berges mit mehreren Höhenkreisen faßt. Nur wenige Menschen erreichen den Gipfel und damit Tugend und Glückseligkeit – die übrigen verlieren sich auf labyrinthischen Seitenwegen am Fuß oder auf halber Höhe des Berges.

28 *Offizium:* Heft mit einer Sammlung von Liedern und Gebeten.

30 *sinnig:* überlegt, bedachtsam. – *zeitig:* gegenwärtig.

33 *Ohm:* Flüssigkeitsmaß, vor allem für Wein (etwa 150 Liter).

42 *Lesueur:* Eustache Lesueur (1617-1655) fertigte für das Pariser Kartäuserkloster einen Zyklus von 22 Bildern zum Leben des heiligen Bruno.

II. Feste der Repräsentation

Wahl und Krönung Josephs II. (1764)
aus *Dichtung und Wahrheit*

Das fünfte Buch des ersten Teils (1811) von *Dichtung und Wahrheit* verknüpft die Erzählung eines politischen und hochoffiziellen Ereignisses, der Kaiserkrönung, mit dem Bericht eines intimen und privaten Handlungsstrangs, der sogenannten Gretchen-Episode. Gerade darin kann es als Einlösung und Variation des von Goethe im Vorwort seiner Autobiographie formulierten Erzählprinzips gelten: »Denn dieses scheint die Hauptaufgabe der Biographie zu sein, den Menschen in seinen Zeitverhältnissen darzustellen und zu zeigen, inwiefern ihm das Ganze widerstrebt, inwiefern es ihn begünstigt, wie er sich eine Welt- und Menschenansicht daraus gebildet und wie er sie, wenn er Künstler, Dichter, Schriftsteller ist, wieder nach außen abgespiegelt.« Die Polarität von Individuum und Zeitgeschehen, wie sie in der programmatischen Wendung benannt ist, hält aber die Frage nach der genauen Bezüglichkeit und nach dem Medium der Spiegelung beider durchaus noch offen. Im hier abgedruckten Text schlägt sich das in der insistierenden Frage des Erzählers nach dem Anteil des Poetischen und Nicht-Faktischen in der Geschichtsschreibung nieder, indem das schwierige Verhältnis von Fiktion bzw. deutender Projektion und Wirklichkeit auf mehreren Ebenen thematisch wird. So weist bereits das gelebte öffentliche und private Leben konstitutive Momente des Scheins und der Illusion auf – die »Mystifikationen und Attrappen«. Andererseits bezieht das historische Ereignis der Kaiserkrönung seine Signifikanz für die Befindlichkeit des porträtierten 15jährigen Goethe erst daraus, daß es der 50jährige Autobiograph in kaum verdecktem Anachronismus als Vorschein des Endes des Heiligen Römischen Reiches Deutscher Nation (1806) inszeniert. Das fünfte Buch kann darum als ein Musterfall für die hohe Komplexität von Goethes autobiographischem Erzählen gelten.

Der Text ist wegen der pointiert engen Verflechtung von privater und öffentlicher Geschichte ungekürzt abgedruckt.

Druckvorlage: Johann Wolfgang Goethe, Dichtung und Wahrheit, mit zeitgenössischen Illustrationen, ausgewählt von Jörn Göres, drei Bände, Frankfurt am Main 1975, dort: zweiter Band, S. 184-241.

52 *Knittelvers:* eine im 18. Jahrhundert bereits veraltete Versform. – *Madrigal:* Versart.
53 *Trivialschule:* Grund- oder Volksschule. – *Makler:* Zwischenhändler.
58 *poetische Epistel:* Briefgedicht.
60 *Leichencarmen:* Leichen- oder Begräbnisgedicht.
61 *Kram:* Geschäft mit Kleinhandel.
62 *Beiläufer- und Mäklerhandwerk:* Beruf der Laufburschen und Zwischenhändler.
65 f. *Vorwort:* Fürsprache.
67 *Galanteriehändlerin:* Händlerin für modisches Zubehör.

68 *Erzherzog Joseph:* Wahl Josephs II. zum Römischen König: 27. März 1764, Krönung: 3. April 1764. – *Wahl- und Krönungsdiarien der beiden letzten Krönungen:* Beschreibungen der vorangegangenen beiden Wahlen und Krönungen Karls VII. (1742) und Franz' I. (1745). – *Wahlkapitulation:* von den Kurfürsten aufgesetzter, in Kapitel eingeteilter Vertrag über die Begrenzung der Rechte des Kaisers, dem dieser vor seiner Wahl und Krönung zuzustimmen hatte.

69 *fremden:* wohl eher: fremde.

70 *kurfürstlicher Kollegialtag:* der Kollegialtag war eine beratende Versammlung jeweils eines der drei Kollegien (Kurfürsten, Fürsten, Reichsstädte), aus denen sich seit dem Ende des 15. Jahrhunderts der Reichstag zusammensetzte. Die Kurfürsten berieten im Januar 1764 über die Wahl Josephs II.

71 *solenne:* feierliche. – *Wahlkonvent:* Zusammenkunft der Kurfürsten zur Wahl des Kaisers bzw. Römischen Königs nach Abschluß der Verhandlungen über die Wahlkapitulation.

73 *insinuieren:* (hier) verkünden, überbringen. – *Ratsverwandter:* Angehöriger des Rats.

74: *Lersnersche Chronik:* Achilles Augustus v. Lersner, Der Welt berühmten Freien Reichs-, Wahl- und Handelsstadt Frankfurt am Main Chronica (...), Frankfurt 1706.

75 *kurfürstliche Kollegialhandlungen:* Verhandlungen des Kurfürstenkollegs im Wahlkonvent. – *Reichinsignien:* Krone, Zepter, Reichsapfel etc. – *Monita:* Einwände. – *Monenten:* Personen, die Einwände erheben. – *Präjudiz:* für zukünftige Fälle verbindliche gerichtliche Entscheidung. – *Rekurse:* Einwände.

76 *poetische Paraphrase:* gemeint ist der 19. Gesang von Johann Caspar Lavaters *Jesus Messias oder Die Zukunft des Herrn. Nach der Offenbarung Johannis* (1780). – *Isabellpferd:* Falbe. – *travestieren:* einkleiden (mit abwertender Betonung).

78 *Konklave:* Ort, an den sich die Wahlkommission zurückzieht und an dem sie eingeschlossen bleibt, bis die Wahl vollzogen ist.

79 *der alte und neue Abälard:* die Liebesbeziehung zwischen dem scholastischen Philosophen Petrus Abaelardus und seiner Schülerin Heloisa sowie die Hauptfigur von Rousseaus *Julie, ou la Nouvelle Héloïse* (1761).

80 *Waldrappe:* Schabracke, Satteldecke.

84 *Heiducken:* Bediente des Kaisers in ihrer heimischen ungarischen Tracht.

85 *Posamentschmuck:* Verzierungen mit textiler Applikation. – *sahen:* sahen aus. – *Hatschiergarde:* Leibgarde des Kaisers, ursprünglich aus Bogenschützen bestehend. – *galonieren:* mit Borten und Tressen besetzen. – *Kamisol:* Hemd.

86 *Friede:* Friede zu Aachen (1748), der den Österreichischen Erbfolgekrieg beendete.

88 *Tannicht:* Tannenwäldchen.

90 *freundlicher Bruder des Todes:* der Schlaf. Vgl. Lessings Abhandlung *Wie die Alten den Tod gebildet* (1769).

92 *stöckig:* schwerfällig.

94 *Erbämter:* Erbmarschall, Erbtruchseß, Erbschenk, Erbschatzmeister, Erbkämmerer etc.

97 *Menächmen:* nach einer Komödie des Plautus *Menaechmi* (*Die Zwillinge*). – *Dalmatika:* Krönungsgewand des römisch-deutschen Kaisers, auch feierlicher Amtshabit des Papstes und hoher Geistlicher.

98 *Handquehle:* Handtuch.

99 *Weinschröter:* Weinfuhrleute. – *preismachen:* erstürmen.

103 *Pagliasso:* Possenreißer der italienischen Komödie.

104 *Piedestal:* Sockel.

Julius Cäsars Triumphzug, gemalt von Mantegna

Der Essay über den Gemäldezyklus Andrea Mantegnas (1431-1506), 1823 erstmals erschienen, ist der Gipfelpunkt von Goethes langjähriger Beschäftigung mit dem Werk des Mantuaner Malers, die bereits 1786 auf der Italienreise begonnen hatte. Was die Geschichte der Kunsthistoriographie betrifft, bezeichnet er eine Wende in der Beurteilung Mantegnas, der in der ästhetischen Kritik des 18. Jahrhunderts nur wenig gegolten hatte. Goethe hat den Text nicht unter dem Eindruck des Originals verfaßt, sondern die Betrachtung der Holzschnitte zugrunde gelegt, die Andrea Andriani nach Mantegnas Zyklus angefertigt hat.

Cäsars Triumphzug besteht aus zwei Abschnitten, von denen der erste einige Bemerkungen zur Biographie des Malers und eine Interpretation des Zyklus, der zweite Angaben zur wechselvollen Überlieferungsgeschichte der neun bzw. zehn Gemälde enthält. Der zweite Abschnitt ist hier nicht abgedruckt. Hingegen ist der Text des ersten Abschnitts um zwei Paralipomena ergänzt, die Goethe 1823 zwar nicht hat drucken lassen, die aber aufschlußreich sind, weil in ihnen das Verhältnis von Fest und Geschichte reflektiert wird.

Druckvorlagen: (für den ersten Abschnitt) Johann Wolfgang Goethe, Werke. Hamburger Ausgabe in 14 Bänden, herausgegeben von Erich Trunz, Band 12: Schriften zur Kunst, Schriften zur Literatur, Maximen und Reflexionen, München [9]1981; dort: S. 182-191. – (Für die beiden Paralipomena) Johann Wolfgang von Goethe, Sämtliche Werke, fünfunddreißigster Band, herausgegeben von Curt Noch, Berlin o.J.; dort: S. 546-548.

113 *Triumphzug Cäsars:* Hauptwerk des späten Mantegna (begonnen 1484, unvollendet abgeschlossen 1492).
114 *eine Tochter Jakobs:* Nicolosia Bellini, Tochter des Malers Jacopo Bellini (ca. 1400-1470/71), der auf Mantegnas künstlerische Entwicklung entscheidenden Einfluß ausübte.
121 *ein zehntes Bild:* Mantegnas Zyklus von neun Bildern ist Fragment geblieben, das zehnte Blatt, das Goethe hier untersucht, gehört ihm nicht zu.

Das Luisenfest, gefeiert Weimar am 9. Juli 1778

Goethe hat den Text über das 1778 zum Namenstag der Herzogin Luise begangene Fest erst 1830 aus der Erinnerung verfaßt. Man wird nicht eben sagen können, daß sich das Bild, das er in der

Rückschau von ihm vermittelt, durch große Lebendigkeit auszeichnete. Vielleicht hat Entsprechendes schon für das beschriebene Ereignis selbst gegolten. In seiner Amtszeit als Minister hat sich Goethe wiederholt der Gestaltung der offiziellen Feste des Weimarer Hofes gewidmet. Die meisten seiner Entwürfe sind geprägt von einer gewissen Leere und Unverbindlichkeit, was nach dem Ende der Blüte der Festkultur in Barock und Rokoko nicht weiter verwunderlich ist. Es ist dies eine Distanziertheit und eine Aura der Kälte ähnlich derjenigen, die von Zeitgenossen zuweilen auch am repräsentativen Auftreten Goethes in Weimar überhaupt mit Befremden registriert worden ist. So weiß Jean Paul am 18. Juni 1796 seinem Freund Christian Otto über einen Besuch bei Goethe zu berichten: »Gleichwohl kam ich mit Scheu zu Goethe. Die K. und jeder malte ihn ganz kalt für alle Menschen und Sachen auf der Erde. Die K. sagte, er bewundert nichts mehr, nicht einmal sich; jedes Wort sei Eis, zumal gegen Fremde, die er selten vorlasse; er habe etwas Steifes, reichsstädtisch Stolzes – bloß Kunst-Sachen wärmen noch seine Herz-Nerven an, daher ich Knebel bat, mich vorher durch einen Mineral-Brunnen zu petrifizieren und zu inkrustieren, damit ich mich ihm etwa im vorteilhaften Licht einer – Statue zeigen könnte.«

Druckvorlage: Johann Wolfgang Goethe, Werke. Berliner Ausgabe, Band 16: Autobiographische Schriften IV. Tag- und Jahreshefte, Biographische Einzelheiten, Reden, Testamente und Verfügungen, Berlin und Weimar ^{3}1981, dort: S. 394-401.

138 *Mönchssinn:* in der Epoche der Empfindsamkeit populäre melancholische Weltfluchtstimmung, dokumentiert etwa in Johann Martin Millers *Siegwart, eine Klostergeschichte* (1776). – *Memento mori!:* Gedenke des Sterbens!

142 *peignieren:* kämmen.

Landball aus *Die Leiden des jungen Werthers*

Der Brief vom 16. Juni schildert die erste Begegnung Werthers mit Lotte, deren Kern das Fest in ländlicher Umgebung mit der berühmten Klopstock-Szene als Höhepunkt ist. Diese zeigt – wie schon der Einsatz des Briefes – die Inkommunikabilität der beginnenden Liebe. In den Worten, Blicken und Gesten, die Lotte und Werther tauschen, liegt der Keim des Mißverstehens verborgen. Zwischen beide schiebt sich das Medium der Literatur. Werther deutet die Figur Lottes mit Hilfe vorgezeichneter Muster, die gesamte Passage ist durchsetzt mit literarischen Anspielungen. So enthält bereits diese Festbeschreibung am Beginn des Briefromans die beiden gegenläufigen Momente, die dessen Handlungsstruktur und die Problematik seiner Hauptfigur bestimmen: den Anspruch auf Authentizität des Gefühls und die Vermitteltheit der Bilder vom Ich über Literatur. Schließlich begleitet diese – in Form von Lessings *Emilia Galotti* – Werther noch in seinen Tod hinein.

Unser Text folgt der ersten Fassung des Romans von 1774.

Druckvorlage: Johann Wolfgang Goethe, Sämtliche Werke nach Epochen seines Schaffens. Münchner Ausgabe, herausgegeben von Karl Richter, Band 1.2: Der junge Goethe 1757-1775, München/Wien 1987; dort: S. 207-215.

148 *Versorgung:* Amt, berufliche Stellung.
149 *verziehen:* warten. – *Taille:* Figur, Wuchs.
150 *leichtfertig:* mutwillig. – *Leichtsinn:* Mutwillen.
151 *Miß Jenny:* Hinweis auf den zeitgenössischen empfindsamen Moderoman, vielleicht auf: Marie-Jeanne Riccoboni, Histoire de Miss Jenny Glanville, übersetzt ins Deutsche von J. G. Gellius, Leipzig 1764. – *Landpriester von Wakefield vom **:* Oliver Goldsmith, The Vicar of Wakefield (1766). – *Namen einiger vaterländischen Autoren:* zu denken ist

etwa an Christoph Martin Wieland (1733-1833) oder Sophie von Laroche (1731-1807).

152 *Contretanz:* zunächst französischer, dann auch englischer Tanz, bei dem jeweils zwei Paare gegeneinander tanzen. – *Menuet:* beliebtester Tanz des Barock, auch im 18. Jahrhundert noch populär.

153 *Deutscher:* Allemande (Einzelpaartanz im Walzerschritt). – *Chapeau:* Tänzer, Tanzherr.

155 *Wetterkühlen:* Wetterleuchten. – *Schlucker:* Schlemmer, ›Kerlchen‹. – *Vortrag:* erläuterter Vorschlag.

156 *Klopstock:* Friedrich Gottlieb Klopstock (1734-1803). Die *Werther*-Interpreten haben diese Stelle zumeist als deutliche Anspielung auf Klopstocks Ode *Die Frühlingsfeier* gelesen. Man darf aber nicht übersehen, daß die Nennung des Namens durch Lotte hier ganz vage und unbestimmt erfolgt und gerade deshalb Anstoß zu Deutungsprojektionen Werthers wird, indem er sie als »Losung« versteht und darüber in einem »Strome von Empfindungen« versinkt, von denen nicht zu sehen ist, ob Lotte sie teilt oder nicht.

Grundsteinlegung und Charlottes Geburtstag aus *Die Wahlverwandtschaften*

In Goethes *Wahlverwandtschaften* (1809) bildet die doppelte Festbeschreibung eines der zentralen Kapitel des ersten von zwei Teilen des Romans. Wichtige Motive der Handlung werden in ihr kombiniert. So spiegelt die Rede des »wohlgeputzten Maurers« mit ihrer Anspielung auf »Kalk« als »Bindungsmittel« das titelgebende chemische Gleichnis des Romans, das mit seinem alchemistischen Untergrund zugleich Abbild der wechselnden Konfigurationen unter den vier Protagonisten (Eduard, Charlotte, der Hauptmann, Ottilie) ist. Entsprechendes gilt für die Buchstabensymbolik – »E und O in zierlichster Umschlingung« – der Festhandlung. Mit dem Landschaftsthema des Kapitels ist ein weiteres wichtiges Element des Erzählens in den *Wahlverwandtschaften* benannt. Die unterschiedlichen Einrichtungen und Ausleuchtungen von Natur und Garten kündigen in ihnen seismographisch die Erschütterungen und Wendepunkte des Romangeschehens an, das mit dem Tod Ottilies und Eduards endet.

Druckvorlage: Johann Wolfgang Goethe, Die Wahlverwandtschaften. Ein Roman, Erläuterungen von Hans-J. Weitz, mit einem Essay von Walter Benjamin »Goethes Wahlverwandtschaften«, Frankfurt am Main ^{8}1984, dort: S. 64-72.

158 *Gewerk:* Handwerk. – *wasserrecht:* waagerecht.
164 *Aufsatz:* das aufgesetzte Schriftstück.

IV. Karnevaleske Feste

Das Römische Karneval

Das Römische Karneval (erstmals erschienen 1789) ist ein direktes literarisches Ergebnis von Goethes Italienreise (September 1786 bis Juni 1788), die in der geläufigen Auffassung seinen Durchbruch zur Klassik markiert. In der Tat hat Goethe im Text der *Italienischen Reise* (1816/17 und 1829), den eigenen Italienaufenthalt ins Exemplarische stilisierend, die Antike und die Hochkultur der Renaissance zur ästhetischen Norm erhoben, gegenläufige Entwicklungsphasen der Kunstgeschichte jedoch mit schroffer Polemik bedacht: dem Leser, dem er ein Bild etwa »der Tollheit des Prinzen Pallagonia«, des sogenannten Palagonischen Barock, vermitteln will, suggeriert er, jener werde bei seiner bloßen Beschreibung der Palagonischen Grotesken ganz sicher »das unangenehme Gefühl mit empfinden, das einen jeden überfallen muß, wenn er durch diese Spitzruten des Wahnsinns durchgejagt wird«. Ganz ähnlich erscheint auf der Basis der klassizistischen Kunstdoktrin noch im ersten Teil der *Italienischen Reise* das verwirrende Phänomen des römischen Karnevals – Goethe hatte ihn im Februar 1787 erstmals besucht – nicht goutierbar, ja nicht einmal beschreibbar: »Das Karneval in Rom muß man gesehen haben, um den Wunsch völlig loszuwerden, es je wieder zu sehen. Zu schreiben ist davon gar nichts (...)« Immerhin hat er dann doch noch einmal, während seines zweiten römischen Aufenthalts 1788, an ihm teilgenommen – und ihn, mit äußerster sprachlicher Differenziertheit, schriftlich vergegenwärtigt. Unser Text von 1789, der später direkt in den zweiten Teil der Reiseerzählung eingefügt werden sollte, korrigiert so auf den ersten Blick die allzu strenge Verabsolutierung der klassizistischen Kunstökonomie: Die groteske Volkskultur scheint literaturfähig geworden zu sein.

Druckvorlage: Johann Wolfgang Goethe, Italienische Reise, zwei Bände, herausgegeben und mit einem Nachwort versehen von Christoph Michel, zweiter Band: Zweiter Römischer Aufenthalt. Mit vierzig Zeichnungen des Autors, Frankfurt am Main 1976; dort: S. 639-677.

170 *Saturnalien:* die Saturnalien wurden im alten Rom am 17. Dezember gefeiert, in der Kaiserzeit dann auf sieben Tage, bis zum 23. Dezember, ausgedehnt. Mit ihren »Privilegien« sind Freiheit und Aufhebung der hierarchischen sozialen Unterschiede während der Festzeit gemeint.

172 *Prätendent:* Karl Eduard Stuart (1720-1788), Enkel König Jakobs II. von England.

173 *Tabarro:* weiter, ärmelloser Mantel aus schwarzer Seide.

175 *Puzzolane:* poröser, weicher Tuffstein.

177 *Pulcinell:* komischer Diener, Hanswurst der italienischen Commedia dell'arte. – *»Luoghi! Luoghi, Padroni!«:* »Plätze! Plätze, Herrschaften!«

178 *der alte Gott der Gärten:* Priapus. – *Cicisbeen:* Hausfreunde. – *Quacqueri:* Quäker.

179: *Buffo caricato:* komischer Darsteller von affektierten Rollen.

182 *Surtout:* Überrock.

184 *»O fratello mio, che brutta puttana sei!«:* »Bruder, was bist du für eine häßliche Dirne!«

190 *sich verschossen haben:* seine Munition vorzeitig aufgebraucht haben.

191 *Corden:* sogenannter Schnellgalgen.

193 *ammazzieren:* ermorden.

194 *hufen:* zurückgehen.

195 *»Luoghi avanti! Luoghi nobili!«:* »Vordere Plätze! Feine Plätze!«

201 *Festine:* Bälle.

203 *Moccolo:* Lichtstumpf.

205 *»Sia ammazzato il Signore Abbate che fa l'amore!«:* »Ermordet werde der Herr Abt, der sich der Liebe hingibt!« – *»Sia ammazzato la Signore Angelica, la prima pittrice del secolo!«:* »Ermordet werde die Frau Angelica, die erste Malerin des Jahrhunderts!« Gemeint ist Angelika Kauffmann (1741-1807).

206 *Baubo:* Amme der Demeter, die die über den Tod ihrer Tochter trauernde Mutter mit drastischen Späßen aufzuheitern versuchte.

V. Fest und Geschichte

Des Epimenides Erwachen

Nicht eben wahrscheinlich war es gewesen, daß im Mai 1814 Iffland, der Leiter der königlichen Bühne in Berlin, ausgerechnet Goethe darum bat, für die Feier des Siegs über die französischen Truppen den Plan eines Festspiels zu entwerfen. Schließlich hatte dieser sich gegenüber dem aufflammenden patriotischen Enthusiasmus der Zeit der Befreiungskriege äußerst reserviert verhalten, gar seinem Sohn August die Teilnahme an den Feldzügen verboten, was am Weimarer Hof allgemein mit Befremden vermerkt wurde – August war, wie Charlotte von Stein 1813 maliziös festhielt, »der einzige junge Mensch von Stand, der hier zuhause geblieben war«. Nicht nur die Begeisterung für den »dämonischen« Napoleon, die Hans Blumenberg in seiner *Arbeit am Mythos* ausführlich untersucht hat, mußte Goethe zu solcher Reserve veranlassen, auch die Weigerung, aus Angst vor den für ihn unabsehbaren Folgen und Verwerfungen den rasanten politischen Entwicklungen ins Auge zu sehen, konnte ihn in seiner Haltung nur bestärken. Wenn darum die Götter die Hauptfigur des *Epimenides*, der verspätet erst 1815 in Berlin und dann in Weimar aufgeführt wurde, gnädig die Geschichte verschlafen lassen, so ist darin auch die Figuration eines Wunsches Goethes selbst zu erkennen, eines Wunsches, von dem er sehr wohl wußte, daß er nicht zu erfüllen sein würde. In diesem Wissen ist der Grund zu sehen, der ihn im *Epimenides* das Verhältnis von Dichtung und Geschichte auf äußerst originelle Weise bedenken läßt.

Druckvorlage: Johann Wolfgang Goethe, Werke. Hamburger Ausgabe in 14 Bänden, herausgegeben von Erich Trunz, Band 5: Dramatische Dichtungen III, München [9]1981; dort: S. 366-399.

211 *Epimenides:* ein griechischer Weiser und Seher aus Kreta (wahrscheinlich 7. Jahrhundert v. Chr.), von dem die Legende einen 57jährigen Schlaf und ein überlanges Leben berichtet. – *Musen:* griechische Göttinnen der Künste. – *Genien:* nach römischer Vorstellung Schutzgeister.

212 *entgegnen:* entgegenkommen. – *die beiden Fässer:* in ihnen war nach Homers *Ilias* das Gute und das Schlechte enthalten, das dem Menschen zugedacht ist.

215 *Zwillingsbrüder:* Schlaf und Tod.

218 *am Ufer schließet mir:* Anspielung auf die Kontinentalsperre (1806).

219: *an und an:* nach und nach.

221 *Angesichts:* augenblicklich. – *Brennus:* gallischer Heerführer in der Schlacht an der Allia (387 v. Chr.), der nach dem Sieg über die Römer ein hohes Lösegeld von diesen forderte.

224 *Oden:* Odem, Atem.

232 *Medusa:* schlangenhaariges weibliches Ungeheuer der griechischen Mythologie.

239 *Osten:* Rußland, Mitglied der antinapoleonischen Koalition. – *vom Ozean, vom Belt:* England und Schweden, ebenfalls Mitglieder der antinapoleonischen Koalition.

241 *wittert und lichtet es gut:* gibt es gutes Wetter und Licht.

249 *Heil der Edlen:* gemeint ist die Großherzogin Luise von Weimar.

250 *hohes Paar:* bei den verschiedenen Aufführungen des Stücks einmal auf den Kaiser Franz und den preußischen König bezogen, dann auf das Weimarer Herrscherpaar.

251 *bei Friedrichs Asche:* Anspielung auf das Koalitionsbündnis zwischen Friedrich Wilhelm III. und Alexander I., das 1805 am Grab Friedrichs II. geschlossen wurde.

253 *ungeheurer Doppelschlag:* die getrennte Kriegsführung der Preußen und Engländer in der Schlacht von Waterloo. – *der Herr:* gemeint ist der weltliche Herrscher (bei der Aufführung in Berlin: Friedrich Wilhelm III., bei der Aufführung in Weimar: Carl August), nicht der Herr als Gott.

Nachwort

Goethes Feste
Allegorien der Geschichte

Wozu dient Zergliedern gewesenen Lachens?
Florens Christian Rang

Für S. K.

Kaum etwas dürfte schaler schmecken als die vergegenwärtigende Vorstellung vergangener Feste, weil kaum irgendwo das Erinnern kläglicher an der Aufgabe scheitert, Gewesenes zu wiederholen – so wenig sich das Gelingen von Festen vorhersagen, gar planen läßt, so wenig zu sprechen vermag das, was von ihm zurückbleibt. Denn Feste hinterlassen nicht beredte Zeugnisse und Dokumente, an denen die nachträgliche Einbildungskraft erneut den Reiz des entschwundenen Augenblicks entzünden könnte, sondern bloß nahezu stumme Reste: ausgebrannte Lichter, geleerte Gläser, zerknitterte Kostüme, leblose Masken, dürftige Protokolle und ermüdende Beschreibungen. Bestimmt diese Armut schon die gewöhnliche Erinnerung ans versunkene Fest, die es mit ihm so genau vielleicht gar nicht nehmen will, so zumal die des Historikers, der auf der Grundlage der Quellen sein lebendiges und deutliches Bild zu zeichnen sucht. Entsprechend versagt Jacob Burckhardts historische Phantasie, die in seiner »Kultur der Renaissance in Italien« ansonsten ein so überaus wirkmächtiges Porträt der Epoche zu liefern vermochte, gerade dann, wenn er bei der Schilderung ihrer Feste in süffisanter Distanz festhalten zu müssen glaubt, in ihnen sei »überhaupt des mythologischen und allegorischen Herumkutschierens kein Ende« gewesen.[1] Richard Alewyn hat dann später dies Dilemma der Erinnerung in seiner unvollendeten Kulturgeschichte des Barock, in seinen Fragmenten zur »Epoche der höfischen Feste« ins Grundsätzliche gewendet. Nichts ließe deutlicher die Unmöglichkeit zur ungetrübten Einfühlung ins Vergangene spüren als der Versuch, gewesene Feste in historischer Betrachtung noch einmal zu feiern: »In den Glassärgen unserer Museen zerfällt die Seide, erblindet das Gold, die die Menschen des Barock für ein paar Stunden ihrer Notdurft enthoben und Göttern gleich gemacht haben. Unsere Bibliotheken und Kupferstichkabinette bewahren kostbare Werke, die sich in allerhöchstem Auftrag bemühen, jede einzelne der flüchtigen Phasen und Figuren höfischer Feste in Beschreibung und Abbildung festzuhalten. Die Verfasser verhehlen sich nicht, wie vergebens ihre Mühe ist. Weder das starre Bild noch das blinde Wort sind vermögend, den Zauber zu vermitteln, den eine Nacht gebar und verschlang. Wir können typische Formen des Festes herausschälen, sie bestimmten sozialen Schichten zuweisen. Wir können die stehengebliebenen Rahmen vermessen. Aber solange wir nur Teile und Trümmer haben, haben wir nichts. Und wer vermöchte das Ganze wieder zu beschwören, wer auch nur den gerechten Sinn für das bewegte Ganze wiederzubringen?«[2]

Und Goethe, von dem uns bekannt ist, daß ein großer Teil seines poetischen, seines autobiographischen, seines historiographischen Werkes der Darstellung und Vergegenwärtigung von Festen gewidmet ist, und von dem wir weiter wissen, daß er selber an einer historischen Wende steht, an der die Festkultur des Barock und Rokoko soeben endgültig überlebt ist? Vielleicht kann man seine Perspektive auf das Fest, auf das Fest überhaupt und auf das Fest seiner Zeit, in genügender Deutlichkeit beschreiben, wenn man sich ihr über einen längeren Umweg nähert, wenn man sie ihrerseits in eine historische Reihe stellt. Der Blick auf die Rolle des Festes in bildender Kunst und Literatur seit der Renaissance läßt nämlich geradezu so etwas erkennen wie eine Geschichte des Problems seiner anschaulichen Vergegenwärtigung. Leitend ist in ihr, gestatten wir uns vorab eine grobe Vereinfachung, immer dieselbe Schwierigkeit, eine Paradoxie fast, die nichts anderes ist als eine Variante des Dilemmas historischen Erinnerns, von dem schon die Rede war: Die Absicht auf bildnerische oder literarische Fixierung des Festgeschehens verhindert die Beteiligung an ihm, weil nur eine gewisse Distanz des Betrachters der nötigen genauen Wahrnehmung Raum gibt. Gerade solche Entfernung des Künstlers und Autors an die Peripherie des Ereignisses aber schließt das Wissen von dem aus, was sich in seinem Zentrum abspielt, das Wissen vom unwiederholbaren gelungenen Augenblick, vom Kairos des Festes – zu seiner Dynamik findet die bildnerische und poetische Anstrengung keinen Zugang, weil sie ihr gegenüber in äußerlicher, randständiger Betrachtung verharren muß.[3] Die Figur dieser Spannung prägt generell die Darstellung des Festes, erfährt aber zudem in der Geschichte von bildender Kunst und Literatur gleichermaßen wechselnde wie historisch aussagekräftige Deutungen. Um das erkennen zu können, muß man die Zeugen, auch und zumal Goethes Werk, sprechen lassen. Wir wählen, mit dem Mut zur klaffenden historischen Lücke, zwei Beispiele, eines aus dem 16., eines aus dem beginnenden 20. Jahrhundert, um dann auf Goethes Texte zu sprechen zu kommen.[4]

Der Anekdotenschatz der Kunstgeschichte hat uns die Kenntnis der folgenden kuriosen Begebenheit übermittelt. Der pictor doctus der italienischen Renaissance Leonardo da Vinci, so kann man es bei Giovanni-Paolo Lomazzo nachlesen[5], habe einst, als er eine Gruppe charakteristischer

Landbewohner habe malen wollen, eine Menge von Kleinbauern zu einem festlichen Bankett in sein Atelier geladen. Derweil sie sich delektierten, sei er als erfolgreicher Possenreißer aufgetreten, habe sie durch seine Späße zu Gesten und Mienen gereizt, an denen er die typischen Ausdrucksformen festlichen Lachens und festlicher Gelöstheit habe studieren können, um diese hernach vermöge seines guten Gedächtnisses und vermöge seiner perfekten Maltechnik auf die Leinwand zu bannen – in bewundernswerter und unüberbietbarer Naturtreue, wie Lomazzo anmerkt.[6] Man kann sich die Anstrengung gut vorstellen, die Leonardo seine Doppelrolle gekostet haben muß: hinter seiner Maske als vollkommener Entertainer zugleich und von seinen niederen Gästen unbemerkt sein wissenschaftlich bewaffnetes, sein durch zahlreiche anatomische und physiognomische Studien so gebildetes künstlerisches Auge ungestört schweifen zu lassen, um die lebhaften Bilder festlicher Ausgelassenheit im Gedächtnis zu speichern. Das trickreiche Verhalten Leonardos zielt indes nicht auf den Genuß des von ihm selbst veranstalteten Festes – es hat einen einzigen Zweck: sich einen Bildgegenstand zu verschaffen, an dem sich die eigene künstlerische Potenz unter Beweis stellen läßt. Das Fest der Menge ist nur Sprungbrett für die Selbstermächtigung des neuzeitlichen Künstler-Individuums. Bezeichnend aber bleibt, was laut Lomazzo dabei herausgekommen sein soll, ein Gemälde von großer Naturtreue und geradezu wissenschaftlicher Genauigkeit. Kaum wird es die ausgelassene Stimmung der dargestellten Festgemeinschaft auf seinen Betrachter übertragen haben: das durch das Bild vermittelte Lachen gefriert zum Gegenstand gebildeter Wahrnehmung, die Freude an ihm, zumal die Lomazzos, gilt nicht dem Glück des Festes selbst, sondern der perfekten Technik, mit der der Künstler es zu vergegenwärtigen vermocht hat. So besiegelt der nachgerade szientifische Blick Leonardos die strikte Trennung des Individuums vom Fest der Menge und zeigt jenem genau darin seine Macht. Die Schwierigkeit der bildnerischen und literarischen Repräsentation des vergänglichen festlichen Augenblicks wird umgemünzt in die Möglichkeit, dem neuzeitlichen Künstler zu einem glänzenden Auftritt zu verhelfen. Der Menge der ungeschlachten bäuerischen Wesen tritt das neue Individuum mit der ganzen Macht seines Könnens und seines Wissens entgegen und verweist sie in die Schranken seiner eigenen objektivierenden Betrachtung.

Wir überspringen einige Jahrhunderte und blicken auf einen Essay Florens Christian Rangs, eines Freundes Walter Benjamins, einen Text, dessen maßgebliche zweite Fassung nicht zuletzt unter dem Eindruck des Ersten Weltkriegs entstanden war. Was sich bei ihm dem Titel nach als wissenschaftliche Untersuchung ankündigt, als »Historische Psychologie des Karnevals«[7], entpuppt sich bei näherem Hinsehen als Kriegserklärung gegen jedwede Form wissenschaftlich-philosophischer Argumentation. In einer an Nietzsche und Ludwig Klages gebildeten »dionysischen« Schreibweise beschwört Rang das Ereignis des archaischen Karnevals, nicht um mit den eigenen stilistischen Kunstgriffen es dem Leser als Gegenstand ruhiger Betrachtung vor Augen zu rücken, sondern um ihn dem Erlebnis festlichen Rausches selbst auszusetzen. Stilprobe: »Wenn (...) Karneval des Schicksals Zerreißer gewesen von Glücken, Ordnungen, Ruhen! Ja, in ihm vernahmen sich herzklopfend, herzbrechend die Pulse unserer gründigsten Flut; aufschwoll der Ozean unter dem Kahn unserer Brust; sprengte die gesicherten Schollen der Dinghaftigkeit, verwälzte die schöne Oberfläche des Daseins, riß Dämme nieder, aufstaute neue, riß durch Felsen des Glaubens den Stromschwall der Geschichte, und schleuderte aus letzter unerbittlicher Not die Seelen in Seelenangst über ihre Welt auf.«[8]

Der Karneval, ein Ausdruck des »Willens zum Rausch«[9], dessen spätzeitliche Abkömmlinge Kriege und Revolutionen der Moderne seien[10], zeige das grundsätzliche menschliche »Unbehagen in der Kultur« und Zivilisation an, verweise für das 20. Jahrhundert auf eine Gegenmacht zur neuzeitlichen Rationalität, zur modernen Form der Askese, der »Pflicht zur Arbeit«.[11] Rang sucht diese Funktion des Karnevalsfestes als »Zerbrecher der Ordnung«[12] wiederum historisch, mit dem Blick auf eine längst vergangene Epoche abzuleiten. In die astronomisch-kalendarischen Berechnungen des Jahreszeitenzyklus durch die Chaldäer hätten sich einst mit dem »Rechenbruch (der) Schaltzeit«[13] nicht zu tilgende Unstimmigkeiten und Unregelmäßigkeiten eingeschlichen, die deren Weltorientierung nachhaltig erschüttern mußten. Und genau dieses Scheitern der ordnenden Vernunft sei die Geburtsstunde des zeitlich begrenzten, aber jährlich wiederkehrenden Ausnahmezustands des Karnevals gewesen[14]: »Durch das Kalender-Loch der Unordnung brach der Triumphzug des Dramas der Außerordentlichkeit.«[15] Seiner eigenen historischen Ableitung steht Rang jedoch mit ausgesprochenem Mißtrauen gegenüber, weil er die Entstehung des Karnevals gerade nicht mit der Methode vernunftgemäßer und selbstgewisser Argumentation *begründen*, sich nicht »von jenen alten Rationalisten fangen lassen« will, »die ihn – geklärt, geläutert, weg-erklärt haben«[16], sondern – gegen zivilisatorische Vernunft – den generellen Eindruck des Karnevalsrausches, nicht freilich die Erscheinung eines konkreten historischen Festes, als eigene und überhistorische Form von Erkenntnis zu *beschwören*, nicht zu analysieren, sondern gleichsam abzubilden sucht.[17] Allein im Erlebnis des Rausches kann das moderne Subjekt sich vom ehedem drückenden Zwang zur vernünftigen Selbsterhaltung befreien.

Der schmale kulturkritische Traktat Rangs[18] betreibt so, dem Stil wie der Sache nach, die Auslöschung des neuzeitlich-rationalen Subjekts. Daß dies am Beispiel des Festes geschieht, ist für unseren Zusammenhang bezeichnend. Denn Rangs stilistische und sachliche Preisgabe jeglicher distanzierenden und objektivierenden Betrachterhaltung gegenüber dem Ereignis des Festes ist das genaue Gegenteil zu Leonardos Verfahren subjektiver Selbstermächtigung. Hatte bei ihm das technische Können und das genauer Betrachtung entspringende Wissen zur Bewährung der individuellen künstlerischen Potenz geführt, damit aber die wirkliche Vermittlung des Rausches ausgeschlossen, so ist umgekehrt bei Rang das Verschwinden des Subjekts der Preis für die ›gelungene‹ Mimesis an den Karneval. Beide Positionen in ihrer historischen Abfolge bezeichnen die Extreme, die sich aus dem eingangs beschriebenen spannungsreichen Verhältnis zwischen dem Fest und dem Künstler und Literaten ergeben können. Und diese Abfolge ist vielleicht zugleich eine Allegorie der Geschichte neuzeitlicher Subjektivität.

Liest man, ausgehend von dieser Polarität artistischer Selbstermächtigung bei Leonardo und suggestiver Selbstauslöschung bei Rang, »Goethes Feste«, so zeigt sich, daß ihr Gehalt genau zwischen den Extremwerten liegt.

Goethe hat der Figur der Spannung in der Vergegenwärtigung des Festes, von der unsere Überlegungen ihren Ausgang nahmen, selbst ausdrücklich Rechnung getragen. In der »Italienischen Reise« notiert er unter »Rom, den 1. Februar« 1788 und in direktem Anschluß an den Abschnitt über »Das Römische Karneval«: »Wie froh will ich sein, wenn die Narren künftigen Dienstag abend zur Ruhe gebracht werden. Es ist eine entsetzliche Sekkatur, andere toll zu sehen, wenn man selbst nicht angesteckt ist.«[19] Und gleich zu Beginn seiner Abhandlung über das Karnevalsfest von 1788 kann man lesen: »Indem wir eine Beschreibung des Römischen Karnevals unternehmen, müssen wir den Einwurf befürchten, daß eine solche Feierlichkeit eigentlich nicht beschrieben werden kann.«[20]

Indes war die »Sekkatur«, die das römische Fest Goethe bei seiner ersten Teilnahme an ihm im Februar 1787 verursacht hatte, noch entschieden größer gewesen, so groß, daß er mit äußerstem Mißmut festhielt: »Das Karneval in Rom muß man gesehen haben, um den Wunsch loszuwerden, es je wieder zu sehen. Zu schreiben ist davon gar nichts.«[21] Geschrieben hat er dann doch, und zwar seinen Essay, der an Genauigkeit der Wahrnehmung schwerlich zu überbieten sein dürfte. Was zeichnet verantwortlich für diesen Einstellungswechsel, was hat das anfängliche völlige Mißfallen dann schließlich doch so weit korrigieren können, daß der Karneval wenigstens der literarischen Bearbeitung zugänglich wurde?

Goethe will den Umschwung in der »Italienischen Reise« als Resultat einer Erkenntnis verstanden wissen. Es sei ihm klargeworden, so resümiert er, daß der Karneval als ein »bedeutendes *Natur*erzeugnis und Nationalereignis« mit »einer gewissen Form« und einem »entschiedenen Verlauf« gelten müsse.[22] Die Interpretation des kulturellen Ereignisses Karneval im Lichte der Kategorie der Natur ist bezeichnend, denn sie scheint Goethes Festbeschreibung geradezu zum Exempel des Bildungserlebnisses zu stilisieren, von dem in der »Italienischen Reise« allenthalben die Rede ist. Dieses hatte ja nicht allein in der Aneignung der klassischen Antike bestanden, sondern gleichermaßen in der Ausbildung einer neuartigen Naturbetrachtung – die Abhandlung über die »Metamorphose der Pflanzen« (1790) sollte davon alsbald Zeugnis ablegen –, einer Naturbetrachtung, die, ohne das Dazwischentreten mathematischer Abstraktion wie in der klassischen Mechanik Newtons oder äußerlicher Klassifikationssysteme wie in der Botanik und Zoologie Linnés, direkt in der reinen sinnlichen Anschauung der Naturphänomene die Erkenntnis von deren Prinzipien enthalten wissen wollte. Solche Verpflichtung auf die Objektivität der Anschauung, auf die Autonomie der Aisthesis als eines sinnlichen und damit natürlichen Vermögens hatte die Garantie dafür zu liefern, daß – mit Kant zu sprechen – »der Mensch in die Welt paßt«. Freilich war die Bedingung dafür die Ausgrenzung des Inkommensurablen, Monströsen und Unheimlichen aus dem Bereich der Natur selber, die – so hat es Hans Blumenberg mit Blick auf Goethes ›italienischen Naturbegriff‹ formuliert – Inszenierung der Natur »als das ruhend Ansichtige, organisch Entfaltete (...), in dem alles nicht vorkommt, was dem Auge (...) nicht stillhält«.[23]

Was entsprechend die Interpretation von Kultur im Lichte der Natur leisten sollte, läßt sich leicht erschließen: die Beseitigung der Fremdheit der anderen, in diesem Falle italienischen Kultur. Schon die ersten Passagen der »Italienischen Reise« halten dafür ein beredtes Beispiel bereit. In Verona steht Goethe erstmals einem antiken Amphitheater gegenüber, das zugleich »das erste bedeutende Monument der alten Zeit« sei, das er kennenlerne.[24] Dennoch oder gerade deshalb kann er damit zunächst nur wenig anfangen, scheint ihm »eigentlich nichts zu sehen«.[25] Erst eine Art Tagtraum hilft da weiter: Goethe leitet die Architektur des Amphitheaters aus einem bestimmten, instinktiven Verhalten des italienischen Volkes ab, eines Volkes, das ihm darin geradezu als Emanation von Natur gilt:[26] »Wenn irgend etwas Schauwürdiges auf flacher Erde vorgeht und alles zuläuft, suchen die Hintersten auf alle mögliche Weise sich über die Vordersten zu erheben: man tritt auf Bänke, rollt Fässer herbei, fährt mit Wagen heran, legt Bretter hinüber und herüber, besetzt einen benachbarten Hügel, und es bildet sich in der Geschwindigkeit ein Krater. Kommt das Schauspiel öfter auf derselben Stelle vor, so baut man leichte Gerüste für die, so bezahlen können, und die übrige Masse behilft sich, wie sie mag. Dieses allgemeine Bedürfnis zu befriedigen, ist hier die Aufgabe des Architekten. Er bereitet einen solchen Krater durch Kunst, so einfach als nur möglich, damit dessen Zierat das Volk selbst werde. Wenn es sich so beisammen sah, mußte es über sich selbst erstaunen; denn da es sonst nur gewohnt, sich durcheinander laufen zu sehen, sich in einem Gewühle ohne Ordnung und sonderliche Zucht zu finden, so sieht das vielköpfige, vielsinnige, schwankende, hin und her irrende Tier sich zu einem edlen Körper vereinigt, zu einer Einheit bestimmt, in eine Masse verbunden und befestigt, als *eine* Gestalt, von *einem* Geiste belebt. Die Simplizität des Oval ist jedem Auge auf die angenehmste Weise fühlbar, und jeder Kopf dient zum Maße, wie ungeheuer das Ganze sei.«[27] Gleich eine doppelte Fremdheit ist damit getilgt, die Fremdheit der Hydra des Volkes, des »vielköpfigen, vielsinnigen, schwankenden, hin und her irrenden Tiers«, und die Fremdheit der überlieferten Architektur. Und wenn es heißt, ein Amphitheater sei so »recht gemacht, dem Volk mit sich selbst zu imponieren«[28], dann ist darin der Blick auf den Karneval schon angelegt, auf »ein Fest, das dem Volke eigentlich nicht gegeben wird, sondern das sich das Volk selbst gibt«.[29] Ein Blick freilich, der nur zu sehr bestrebt ist, eine »gewisse Form« und einen »edlen Körper« als Wesen des Fremden zu insinuieren.

Für das Interesse an der Übersetzung von Kultur in Natur läßt sich indes noch ein tieferer und zugleich historisch genauer konturierter Grund ausmachen, denn mit ihr antwortet Goethe auf Rousseaus Diagnose der Entfremdung des modernen Subjekts vom »état de nature«.[30] Rousseau hatte mit seiner kulturkritischen Topik im zweiten Discours »Über den Ursprung der Ungleichheit unter den Menschen« (1755) in der Vergesellschaftung des Menschen und in der Entstehung des Privateigentums den Motor für die zunehmende Entfremdung des »homme civil« vom Stande natürlicher Sittlichkeit erkannt. Solche Entfremdung vom »état de nature« ließ sich mit den Mitteln der Kultur selber nicht mehr ungeschehen machen – der Weg des kulturellen Fortschritts, einmal beschritten, mußte zur Einbahnstraße werden, die Erinnerung an den Naturzustand zur Erinnerung an ein unwiederbringliches Zeitalter des Glücks. Zwar entwirft auch Rousseau gelegentlich Strategien zur Wiederholung dieses entschwundenen Glücks in der Moderne, etwa die Naturerfahrung in seinem Briefroman »Nouvelle Héloïse« (1761) oder das gegen die Defizite der Vergesellschaftung gerichtete ›natürliche‹ Erziehungsprojekt seines »Emile« (1762). Ihnen bleibt aber die Figur der Entzweiung selbst durchaus noch eingeschrieben: sie reformieren nicht die Kultur zu einer höheren Natur, sondern richten innerhalb der flächendeckenden Trümmerlandschaft kultureller Entfremdung bloß das eine oder andere Reservat ›natürlicher‹ Glückserfahrung ein. Wie häufig in derlei Enklaven, hinterläßt die fortschreitende geschichtliche Zeit dort keinerlei Spuren, wird sie gleichsam stillgestellt, was umgekehrt heißt, daß das in ihnen sich ereignende scheinhafte Glück in den unheilsvollen Lauf der Geschichte nicht mehr einzugreifen vermag.

Mit dieser pessimistischen Sicht hat sich Goethe nie anfreunden können. Und er hat sie zu überwinden getrachtet, indem er Rousseaus schroffe Gegenüberstellung von Ungeschichtlichkeit der Natur und von Geschichtlichkeit der verhängnisvollen kulturellen Entzweiung zugunsten einer Historisierung der Natur selber unterläuft. Die Pointe dieser Umdeutung kann man den Zeugnissen von Goethes zweiter Schweizer Reise (1779) entnehmen. Über seine neuerliche Begegnung mit der alpinen Gebirgswelt, bei der ihm die Gesteinsmassen als Zeugen einer kontinuierlichen, langsam sich vollziehenden Erdgeschichte erscheinen, schreibt er in seinen »Briefen aus der Schweiz«: »Man ahndet im Dunkeln die Entstehung und das Leben dieser seltsamen Gestalten. (...) Man fühlt tief, hier ist nichts Willkürliches, hier wirkt ein Alles langsam bewegendes, ewiges Gesetz, und nur von Menschenhand ist der bequeme Weg, über den man durch diese seltsamen Gegenden durchschleicht.«[31] Solche Erfahrung langer Dauer an der Landschaft verschafft ihrerseits dem Betrachter ein gehöriges Maß an Beruhigung. »Hier«, so kann er sich nun sagen, »ruhst du unmittelbar auf einem Grunde, der bis zu den tiefsten Orten der Erde hinreicht.«[32] Weil das Subjekt in seiner Geschichtlichkeit sich aufgehoben weiß in einer Erdgeschichte langer Dauer, kann es mit dem so gewonnenen Urvertrauen in die Ordnung der Dinge den raschen Verwerfungen und den rasanten Entwicklungen seiner eigenen historischen Gegenwart trotzen, muß es sich nicht länger mehr als »erschütterlichsten Teil der Schöpfung«[33] begreifen. Die Natur selber sichert in solchem Versuch Goethes, »die Neuzeit zu hintergehen«[34], der Entwicklung des Menschen jene Konstanz, Ruhe und Verläßlichkeit, die ihr in Rousseaus Diagnose der zunehmend sich beschleunigenden »immerwährenden Bewegung«[35] kultureller Entfremdung gerade abhanden gekommen war.

Man ahnt schon, gegen welches historische Ereignis Goethe – das »Zeitablehnungsgenie« (Heine) – diese gedankliche Konstruktion wenig später ins Feld führen wird, gegen die abrupten politischen und sozialen Umwälzungen der Französischen Revolution nämlich. Natur hat auch hier die Erfahrung der rasanten Beschleunigung geschichtlicher Zeit zu entschärfen. So kompensatorisch das ist, so ungewollt komisch gestaltet es sich zuweilen. Inmitten etwa der Wirren und des Elends des Feldzuges gegen die französischen Revolutionstruppen von 1792, einer Kampagne, an der Goethe als bestallter Weimarer Minister teilnahm, wendet er sich ab von den Schrecknissen des Krieges, um sich auf dem Schauplatz des vielfachen Todes selbst, im Lager der eigenen Truppen anhand eines mit Wasser gefüllten Trichters der geruhsamen Betrachtung prismatischer Farberscheinungen und der dadurch erfolgenden vermeintlichen Bestätigung seiner eigenen Farbenlehre zu erfreuen.[36] Die »angenehmste Gemütsstimmung«, in die ihn das zu versetzen vermag[37], wird ihn denn doch wohl eine gehörige Anstrengung zur Verdrängung des zuvor erfahrenen Schrekkens über den Weltlauf gekostet haben.

Den Niederschlag solcher Anstrengung und ihr schließliches Versagen kann man auch – nach dem längeren Exkurs über Goethes Naturverständnis kehren wir nun zu ihm zurück – an dem Essay über »Das Römische Karneval« bemerken.

Das Fest, das ihn doch eigentlich ein »unglaublicher Lärm«[38], eine »Raserei«[39] dünkt, wird in der vergegenwärtigenden Darstellung zum überschaubaren Ereignis geläutert, indem er noch einmal das Verfahren bemüht, das er am Amphitheater zu Verona bereits erprobt hatte. Wie dort die »Simplizität des Oval« als »gewisse Form« das antike Monument und die Hydra des Volkes ins Licht der Erkenntnis rückte, so ist es hier die Topographie Roms, die dem zunächst nur befremdlichen karnevalistischen Procedere in der Wahrnehmung des Betrachters die erforderliche Logik aufzuprägen vermag. Goethe eröffnet die eigentliche Darstellung des Karnevals mit der Beschreibung der »langen Straße«[40], des »Korso«, der wie in anderen italienischen Städten so auch in Rom das ganze Jahr über »alle Sonn- und Festtage«[41] Schauplatz der Belustigung des italienischen Volkes sei: Die »vornehmern und reichern Römer« fahren dort mit ihren Wagen auf und ab, derweil ihnen die minderbemittelte Menge dabei zusieht.[42] »Das Karneval ist, wie wir bald bemerken können, eigentlich nur eine Fortsetzung oder vielmehr der Gipfel jener gewöhnlichen sonn- und festtägigen Freuden; es ist *nichts Neues, nichts Fremdes, nichts Einziges*, sondern es schließt sich nur an die römische Lebensweise ganz *natürlich* an.«[43] Erneut ist ein verwirrendes kulturelles Phänomen durch Rückführung auf die naturgegebene Mentalität des italienischen Volkes, die sich ihrerseits in den steinernen lokalen Gegebenheiten sedimentiert, erklärbar geworden.

Die auch distanzierter Betrachtung zugängliche Topographie des Korso und seiner Nebenstraßen bildet in Goethes Beschreibung den unbewegten Hintergrund, vor dem sich zunächst die rauschhafte Dynamik des Karnevalsgeschehens um so deutlicher und gleichsam kontrastiv abzuheben vermag. Wie um die Leistungsfähigkeit der einmal gefundenen Wahrnehmungsform herauszufordern, läßt Goethe vor den Augen des Lesers wiederholt Bilder eines »entsetzlichen Gedränges«[44] entstehen, das die durch den Korso natürlich gegebene Möglichkeit eines kontinuierlichen Verkehrsflusses zu sprengen droht – man lese dazu die Abschnitte »Gedränge«, »Zug des Gouverneurs und Senators«, »Abrennen«. Soll die Topographie Roms die steinerne Schrift des Karnevals bilden, so wird ihre Lesbarkeit durch das Unheimliche des leitmotivischen gefährlichen Gedränges immer wieder nachhaltig erschüttert.

Allerdings ist dieser Kontrast äußerst kalkuliert eingesetzt. Denn schließlich, im vorletzten Abschnitt »Moccoli«, obsiegt die Topographie, kommen die steinerne Schrift und die Dynamik des Festgeschehens doch zur Deckung. Goethe inszeniert diese Übereinstimmung höchst wirkungsvoll, indem er zunächst noch einmal den Eindruck größter Gefahr heraufbeschwört: »Niemand vermag sich mehr von dem Platze, wo er steht oder sitzt, zu rühren; die Wärme so vieler Menschen, so vieler Lichter, der Dampf so vieler immer wieder ausgeblasener Kerzen, das Geschrei so vieler Menschen, die nur um desto heftiger brüllen, je weniger sie ein Glied rühren können, machen zuletzt selbst den gesundesten Sinn schwindeln; es scheint unmöglich, daß nicht manches Unglück geschehen, daß die Kutschpferde nicht wild, nicht manche gequetscht, gedruckt oder sonst beschädigt werden sollten.«[45] Wie durch ein Wunder aber vermag schlußendlich die Topographie, diesmal in Form der Nebenstraßen, das Ventil zu bilden, mit dessen Hilfe die Bedrohlichkeit gebannt wird und der Karneval sein mit naturhafter Metaphorik beschriebenes Ende findet: »Und doch weil sich endlich jeder weniger oder mehr hinweg sehnt, jeder ein Gäßchen, an das er gelangen kann, einschlägt oder auf dem nächsten freien Platze freie Luft und Erholung sucht, löst sich diese Masse auch auf, schmilzt von den Enden nach der Mitte zu, und dieses Fest allgemeiner Freiheit und Losgebundenheit, dieses moderne Saturnal endigt sich mit einer allgemeinen Betäubung.«[46] Die Übersetzung des Karnevalsgeschehens in das Vokabular der steinernen, dauerhaft fixierten topographischen Schrift scheint gelungen.

So weit, so gut. Indes gelingt die Übersetzung nicht vollkommen, führt gar zuweilen zu einer eigentümlich verzerrten Wahrnehmung der Ereignisse. Ich verweise dafür nur auf ein Detail unter vielen. In einem Abschnitt beschreibt

Goethe die Vorbereitungen für das allabendliche »Abrennen« der »Barberi«. Sie gewähren ihm an einer Stelle ein ästhetisches Glückserlebnis, das seine Distanz zum Geschehen nachhaltig dokumentiert: »Indessen ist der Platz vor dem Obelisk ganz vom Volke gereiniget worden und gewährt vielleicht einen der schönsten Anblicke, welche in der gegenwärtigen Welt gesehen werden können.«[47] Im Karneval aber, einem Fest, »das sich das Volk selbst gibt«, ausgerechnet den Augenblick, in dem »der Platz vor dem Obelisk« – wohlgemerkt: die Piazza del *Popolo*[48] – »vom Volke gereiniget worden«, ausgerechnet diesen Augenblick als Moment höchsten ästhetischen Glücks zu erfahren, der »dem Auge eine schöne Ruhe« gibt[49], das läßt schon auf eine kaum zu steigernde Fremdheit gegenüber dem eigentlichen Zentrum des Karnevalsrausches schließen.[50] Sie zeigt sich noch einmal, wenn es dann über das »Abrennen« der Pferde heißt, es vermittele einen »gewaltsamen, blitzschnellen augenblicklichen Eindruck, auf den so viele Menschen eine ganze Weile gespannt waren, und wenige können sich Rechenschaft geben, warum sie den Moment erwarteten, und warum sie sich daran ergötzten«.[51]

Goethe ist in seiner Darstellung freilich zu differenziert, um nicht die Kluft zwischen seiner eigenen objektivierenden, dem Geschehen die Form mühsam aufprägenden Betrachterhaltung und der Möglichkeit zur Teilnahme am Augenblick des festlichen Rausches selbst zu bemerken. Das zeigt sich mit entwaffnender Deutlichkeit im letzten Abschnitt des Essays, in der »Aschermittwochsbetrachtung«. Ganz gegen sein Postulat des Primats der reinen Anschauung, von dem bereits die Rede war, ergeht er sich dort in reichlich abstrakten und allgemeinen Ausdeutungen des Karnevals, von denen er selbst einbekennt, daß er in ihnen anhebt, »ernsthafter zu sprechen, als es der Gegenstand zu erlauben scheint«[52]: der »Lauf der Torheiten« wird zum Bild für »die wichtigsten Szenen unsers Lebens«, die »schmale, lange, gedrängt volle Straße«, der Korso, spiegelt »die Wege des Weltlebens«[53]. Ganz plötzlich gerät so das Ereignis des Karnevals zur Allegorie, seine Deutung im letzten Abschnitt zur Allegorese. Kaum etwas könnte größer sein als dieser Gegensatz zwischen dem im Essay, wie gezeigt, enthaltenen Anspruch, den Karneval vermöge reiner sinnlicher Anschauung als ein Stück Natur vorzuführen, und dem Zwang zur abstrakten, gleichsam projizierenden allegorischen Deutung.

Wie von ferne aber kündigt sich in der »Aschermittwochsbetrachtung« zudem der tiefere Grund für diese Abständigkeit zwischen Karnevalsgeschehen und seiner Auslegung durch den Betrachter an. Gewissermaßen auf der Peripetie der Allegorese heißt es ganz unvermittelt, der Rausch des Karnevals sei ein Zeichen dafür, »daß *Freiheit* und *Gleichheit* nur in dem Taumel des Wahnsinns genossen werden können, und daß die höchste Lust nur dann am höchsten reizt, wenn sie sich ganz nahe an die Gefahr drängt und lüstern ängstlich-süße Empfindungen in ihrer Nähe genießet«.[54] Man muß Goethe nur ein geringes Maß an Fähigkeit zur Prophetie zugestehen[55] – der Essay wurde 1788 verfaßt –, um bemerken zu können, daß er mit dieser Wendung im Karneval eine Art Vorschein der Französischen Revolution erblickt, von dem wir wissen können, daß er ihn irritiert haben muß.[56] Hatte kurz zuvor die Allegorese der »Aschermittwochsbetrachtung« noch einen geschichtsfreien anthropologischen Raum abgeschritten, so erblickt der Autor nun, wenn auch verdeckt, im Karneval die Gestalt seiner eigenen unmittelbaren Gegenwart. Ein Doppeltes drückt sich darin aus. Weil der »Taumel des Wahnsinns« einsteht für das in der Sicht des Betrachters unzulässige Streben nach »Freiheit und Gleichheit«, wird er zum Zeichen für etwas ganz anderes, das sich historisch bereits anzukündigen beginnt, zum Zeichen für die anstehenden epochalen Umwälzungen. Und weil er so als ein Menetekel das Bild der drohenden historischen Eruptionen an die Wand malt, überwiegt letztlich sein Eindruck, lädt er die unkontrollierte Sinnlichkeit des Karnevalsgeschehens, die Goethe mit seinem Essay gerade in die besagte »gewisse Form« gießen wollte, rückwirkend mit einer Bedeutung auf, die sich nicht mehr ignorieren läßt. Andererseits aber wird daran die intendierte Darstellungspraxis des Autors selber zuschanden. Aus der distanzierten Stellung des klassizistischen und naturalisierenden Betrachters einmal vertrieben, flüchtet er in die dünne Luft der Allegorese, um auch dort noch von der Gestalt des Volkstaumels eingeholt zu werden. Damit gerät das Ereignis des Karnevals in unausdeutbares Zwielicht, steht es in der Spannung zwischen unabweisbarer sinnlicher Präsenz des Rausches und den forcierten Deutungsbemühungen seines Protokollanten, einer Spannung, die schließlich der eigenen historischen Gegenwart als einem ungebetenen Gast einen unvorhergesehenen Auftritt verschafft. Hinter der karnevalesken »Raserei« des Volkes zeigt sich die Gestalt des nahenden Umbruchs und erneuert und bestärkt die Angst ins Unabsehbare, eine Angst vor der rousseauischen Entfremdung in der Moderne, gegen die Goethe mit seinem Naturverständnis gerade angetreten war.

Was im »Römischen Karneval« noch unvermittelt und letztlich unreflektiert aufeinanderstößt: Fest, Natur und die Macht der Geschichte, das führt im späten Essay über »Julius Cäsars Triumphzug, gemalt von Mantegna« (1823) zu einer Ästhetik, welche den Klassizismus der mittleren Weimarer Periode hinter sich gelassen hat.

Noch dem Goethe der Italienreise hatte die Renaissance-

Kunst Andrea Mantegnas (1431-1506) als Einlösung des eigenen, an der Antike ausgerichteten ästhetischen Programms gegolten. An ihr hatte er das Statuarische der Figuren, ihre »gewißenhafte, umschriebene Gegenwart« lobend hervorgehoben[57], damit die klassizistische Auffassung vom Primat des dessin, der konturierten Zeichnung über die Eigendynamik des Kolorits bestätigt, zugleich jedoch diejenigen Momente in Mantegnas Malerei, die sich eher einer Ästhetik des Häßlichen nähern, geflissentlich ignoriert. Davon ist gute dreißig Jahre später, im Triumphzug-Essay, keine Rede mehr. Nunmehr beobachtet er an Mantegnas Kunst »einen nicht völlig aufgelösten Widerstreit«[58], eine Spannung zwischen dem »allgemeinsten ideellsten Streben« nach Erfüllung der ästhetischen Norm klassischer Antike und dem »Besondersten, Natürlichsten, Gemeinsten«, dem derben Naturalismus, der Vorliebe für das Groteske.[59]

Goethe leitet den Widerstreit bei Mantegna zunächst biographisch-psychologisch her. Dieser habe sich dem Vorwurf seines Ziehvaters und späteren Erzfeindes, des Paduaner Malers Francesco Squarcione (1397-1474), dem Vorwurf, seine Kopien der Antike seien »steinern und hölzern«, »starr und steif«[60], ebenso gebeugt, wie er sich dem Wunsch des Publikums nach besagtem Naturalismus anbequemt habe, ohne jedoch seine alte Vorliebe für die Antike fortan fahrenzulassen. Das »Doppelleben«[61], das er so in Mantegnas Biographie zu erkennen meint, ist eine Variante des Zwielichtes, in das wir die Beschreibung des »Römischen Karnevals« getaucht sahen, und es zeigt erneut das Versagen der klassizistischen, im Sinne Goethes naturalisierenden Wirklichkeitsauffassung vor der verwirrenden Fülle des Realen.

Jetzt aber reflektiert Goethe den Zwiespalt ausdrücklich. Denn was zunächst bloß als Beschreibung eines biographischen Details erscheint, wird sogleich auf das Niveau einer grundsätzlichen ästhetischen Überlegung gehoben: »Wie der Bergstrom durch alle Zacken des Felsens Wege zu finden weiß und mit gleicher Macht, wie er angekommen, wieder ganz vom Ganzen herunterstürzt, so ist es auch hier. Das Studium der Antike gibt die Gestalt, sodann aber die Natur Gewandtheit und letztes Leben.«[62] Goethe schreckt mit dieser Äußerung jedoch seinerseits bezeichnenderweise vor einer »völligen« begrifflichen Auflösung des »Widerstreits« zurück. Statt dessen faßt er ihn in das Natur-Bild von Felsen und Bergstrom, das wie die Pictura eines barocken Emblems und damit wie eine Allegorie anmutet – was den Reiz von Mantegnas Malerei ausmacht, läßt sich anders denn allegorisch nicht sagen.

Zugleich ist die Pictura der eigentliche Quellpunkt von Goethes minutiöser Beschreibung des Triumphzug-Zyklus. In diesem nämlich erblickt er immer wieder den Gegensatz zweier Momente, die den beiden Elementen des Natur-Bildes ersichtlich ähneln, den Gegensatz zwischen dem Fest als Repräsentation gleichsam statuarischer politischer Macht und seiner Durchkreuzung durch das anarchische Volksfest, durch das ungeregelte und karnevaleske Treiben des Volkes, der »mißgestalteten Narren und Possenreißer«[63]. Wie um den erhabenen Eindruck von Cäsars Siegesparade ironisch zu brechen, erlaube Mantegna sich allerlei »Späße«[64] und Anzüglichkeiten, vertreibe zuweilen gar den Betrachter des Zyklus durch Vexierbilder aus der Stellung ehrfürchtigen Staunens.[65]

Geht man mit Gert Mattenklott davon aus, daß sich hinter dem Natur-Bild, in dem wir eine allegorische Pictura erblickten, das Programm der »Verschränkung von klassischer Antiken-Verehrung mit modernem Naturalismus« verbirgt[66], ein Programm, das ebenso gegen die Weimarer

Hochklassik gerichtet ist wie es die Ästhetik des Spätwerks ankündigt, in dem, namentlich im zweiten Teil der Faust-Tragödie, sich eine Renaissance des zuvor von Goethe verteufelten allegorischen Dichtens ereignet[67], geht man davon aus, so schärft das den Blick für die allegorische Sprechweise des Mantegna-Essays selber. Die schlichte Abstraktheit der Pictura, die Goethe die Perspektive auf den Triumphzug-Zyklus vorgibt, steht in denkbar großem Kontrast zum Figuren-Gewimmel, zum abermaligen »Gedränge«[68] in den Gemälden Mantegnas. Doch anders als noch im »Römischen Karneval« unterläuft Goethe dieser Kontrast nicht einfach nur, begründet er ihn vielmehr, mit einer Wendung, die wie ein Widerruf des einstmals verkündeten Primats der Anschauung klingt – im zweiten der umfangreicheren Paralipomena zum Essay heißt es: »Man hat mir vorgeworfen daß ich bei der Auslegung von Bildern (...) zu viel hineingetragen habe und in der Deutung zu weit gegangen sei. Ich weiß recht gut zu unterscheiden, was ich sehe, denke und sage; das Sehen ist ein Zusammenfassen unendlicher Mannigfaltigkeit; das Denken ein Versuch des Zerlegens; in wiefern das Sagen aber mit Sehen und Denken zusammentrifft, das hängt vom Glück ab.«[69]

Solche hermeneutischen Maximen verschaffen Deutungsspielräume und unvorhergesehene Bezugsmöglichkeiten, deren sprunghafter, ja gewaltsamer Charakter nicht verhindert, daß sie zum »Glück« des Interpreten beitragen. Das wird deutlich, wenn Goethe im ersten der Paralipomena den »Triumphzug« nicht mehr nur als Manifestation von Mantegnas »Doppelleben« auslegt, sondern zugleich als monumentale Allegorie eines (kunst-)historischen Umbruchs zum Naturalismus, die wohl eher Goethes eigenen Standort verbildlichen soll als den der Renaissance-Künstler. Schon »die Meister des fünfzehnten Jahrhunderts«, heißt es reichlich unbestimmt, hätten sich in einer unüberbrückbaren Distanz zur Antike befunden, weil sie »nicht mehr nackte griechische Wettläufer und Ringer, keine römische Kämpfer beschauen und also Kraft und Schönheit sich nicht vollkommen aneignen konnten«.[70] Unter diesen Bedingungen mußte die Nachahmung der antiken Vorbilder zur Qual werden, weil in ihr die eigene historische Gegenwart sich nicht mehr zu spiegeln vermochte. Um sich solchen »despotischen Druck« endgültig »zu erleichtern«, hätten die »Volksmaler« – unter ihnen mit seinem »Triumphzug« leuchtend hervortretend: Mantegna – sich die Lizenz zu »Zufällig-Possenhaftem« bei der Darstellung der hehren und »ernstesten« antiken Themen und Motive erteilt.[71] Die ästhetische Zäsur ist Ergebnis eines historischen Bedürfnisses und einer historischen Entfremdung. Und die Wendung der Maler gegen den »despotischen Druck« übersetzt Goethe unversehens ins Politische, wenn er in wiederum größter Allgemeinheit auch vom Volk, auch von der »Masse« schreibt, daß sie eine Veränderung des zementierten gesellschaftlichen »Zustandes nur gewaltsam angeregt zufällig hervorbringt«.[72] Auch darin mag man einen Reflex des historischen Umbruchs gegen Ende des 18. Jahrhunderts erkennen.

Entscheidend aber ist, daß alle historischen und biographischen Bezüge von Mantegnas »Triumphzug«, die der Essay sichtbar zu machen bemüht ist: zu Mantegnas Entwicklung generell, zur kunsthistorischen Wende in der Malerei der späteren Renaissance, zum Wechsel in Goethes eigenen ästhetischen Anschauungen, zu den politischen Umwälzungen der jüngsten Vergangenheit, daß alle diese Bezüge und Vergleiche von der bildlichen Logik der Felsen-Bergstrom-Pictura bestimmt sind. Denn in ihnen wiederholt sich immer wieder der Gegensatz zwischen geronnener, statuarischer und überlebter Form und ominöser Lebendigkeit, wie er im allegorischen Quellpunkt gleich zu Beginn des Essays ausgesprochen war. Nur allegorisch scheint sich über das Gewimmel des Festes und über die Unübersichtlichkeit der Geschichte sprechen zu lassen.

Heben nun auch wir an, ernsthafter zu sprechen, als es der Gegenstand des Festes zu erlauben scheint, so bemerken wir, daß der Zwang zum allegorischen Ausdruck für Goethe durchaus eine gewisse Melancholie erzeugt. Man begegnet ihr dort, wo bei ihm die Geschichte ganz direkt zum Thema eines Festes wird, im »pflichtschuldig gelieferten Festspiel (zur) Befreiung«[73] von der Herrschaft Napoleons durch die Koalitionstruppen 1814, in »Des Epimenides Erwachen« (1815 in Berlin uraufgeführt).

Das Stück hat Goethes künstlerischen Ruhm nicht eben mehren können. Anläßlich seiner Weimarer Aufführung 1816 weiß Johann Dietrich Gries an Bernhard Rudolf Abeken zu berichten: »Ich habe nie ein Stück gesehen, das mit so großen Zurüstungen so wenig ausrichtete: darüber ist nur *eine* Stimme.«[74] Die Bedeutungsüberfrachtung, die allegorische Bilderjagd und die Parade mythologischer Figuren befremdeten allgemein.[75] Was Goethe seinem Publikum tatsächlich zumutete, läßt sich eher noch seinem Inszenierungsplan von 1814 entnehmen[76] als dem Dramentext selbst. Da wimmelt es nur so von Personifikationen, von Gestalten aus der griechischen und römischen Mythologie, von historischen Größen unterschiedlichster Zeitalter, von Figuren aus dem eigenen und aus Schillers poetischem Werk. Selbst die Bühnenbeleuchtung und die Kostümfarben sollen allegorische Züge tragen, nämlich gemäß den esoterischen Prinzipien von Goethes »Farbenlehre« ausgeführt werden.[77]

Allerdings wird im Stück selbst das allegorische Getümmel – Zeichen der Unübersichtlichkeit der Geschichte –

durch die Figur des Epimenides kontrastiert. Auch wenn Goethe am Ende Epimenides botmäßig die Macht der Historie anerkennen läßt[78] – hinter der Gnade, die die Götter diesem gewähren, indem sie ihn die Geschichte verschlafen lassen, steht der Wunsch jenes, mit all dem nichts zu tun haben zu müssen. Der Schlaf als Remedium gegen die geschichtlichen Wirrnisse ist indes eine bescheidene Form der Gegenwartsbewältigung. Ein ganz anderes Ideal, das wir schon kennen, hatte Epimenides noch in seinem Auftrittsmonolog beschworen, das Ideal der harmonischen Kontinuität von Natur und Kultur/Geschichte: »Der Greis hingegen wacht mit hellem Sinn/Und sein Gemüt verschließt das Ewige.«[79] Daß dies angesichts der jüngsten historischen Beschleunigungen nicht mehr opportun ist, senkt über den »hellen Sinn« die Schatten der Melancholie.

Sie lassen sich auch an den beiden Eingangsstanzen ausmachen, die Goethe erst 1816 bei der Redaktion der Cotta-Ausgabe seiner Werke seinem »Epimenides« vorangestellt hat. Um sie freilich konturieren zu können, muß man ein philologisches Detail beisteuern. Goethe hat die Redaktion seiner schon zu Lebzeiten zahlreichen Werkausgaben, die Art der Kombination seiner Texte zu einem größeren Zusammenhang durchaus als eine eigene Form poetischer Produktion verstanden.[80] So auch im Falle des achten Bandes der Cotta-Ausgabe. Direkt vor die Eingangsstanzen zum »Epimenides« nämlich kommt dort überraschenderweise ein Text zu stehen, der einer ganz anderen historischen Größe huldigt als jener, dem Erzfeind der nationalbegeisterten Koalitionstruppen ausgerechnet: Napoleon. Man mag darin bloß eine kritische Spitze gegen die Euphorie der Befreiungskriege erblicken. Die Pointe reicht indessen tiefer. In der Kombination beider Texte, der Napoleon-Panegyrik mit den Eingangsstanzen, treibt Goethe das Hasardspiel eines mythischen Selbstvergleichs. Von Napoleon heißt es im ersten Gedicht: »Worüber trüb Jahrhunderte gesonnen/*Er* übersieht's in hellstem Geisteslicht«[81] – vom »Dichter« im zweiten: »Der Dichter sucht das Schicksal zu entbinden,/Das (...) wogenhaft und schrecklich ungestaltet/(...) Da faßt die Kunst in liebendem Entzünden/Der Masse Wust, die ist sogleich entfaltet.«[82] Napoleon und der »Dichter« als Lynkeus unantastbar und hoch über den Wirren der Geschichte thronend, der eine deren Logik schaffend, der andere sie erkennend – dieser Vergleich dürfte melancholisch imprägnierte Selbstironie sein, denn Napoleon sitzt schon endgültig auf Sankt Helena, der »Dichter« aber schreibt allegorische Festspiele, die von seinen Zeitgenossen nicht verstanden werden. So setzt gerade das brüske Aufeinanderfolgen der Texte deren Vergänglichkeit in helles Licht: ihrer mit festlichem Ewigkeitsgestus gesprochenen Panegyrik entschlüpft die Geschichte mit hohem Tempo und läßt sie zur Makulatur werden. Dem Autor bleibt so nur eine Subjektfigur zur Identifikation, die gleich weit von der Leonardos und der Rangs entfernt ist: die des in Ratlosigkeit und Melancholie versunkenen Beobachters, der allenfalls durch seine allegorische Sprechweise noch zum negativen Ausdruck bringen kann, daß sich der Lauf der sprunghaften Historie seinem Blick entzogen hat.

Ich wähle für diese Figur eine allegorische Pictura, indem ich abschließend auf das dritte Gemälde von Mantegnas »Triumphzug Cäsars« (Abb. 3)[83] verweise, genauer auf den melancholisch in sich versunkenen Jüngling im Vordergrund, hinter dessen Rücken das Fest als Geschichte und die Geschichte als Fest vorbeirauscht.

Anmerkungen

1 Jacob Burckhardt, Die Kultur der Renaissance in Italien. Ein Versuch, durchges. von Walter Goetz, Stuttgart [10]1976, S. 394.

2 Richard Alewyn, Das große Welttheater. Die Epoche der höfischen Feste, München [2]1985, S. 9.

3 Das nicht eigentlich deut- und ausschöpfbare Phänomen des Festes unterhält vielleicht darin eine gewisse Verwandtschaft zum Bereich des Ästhetischen, das Kant als »Zweckmäßigkeit ohne Zweck« bestimmt: Was an beidem ist, läßt sich so leicht nicht sagen. Zur Anwendung von Kants ästhetischer Theorie auf das Ereignis des Festes vgl. Rüdiger Bubner, Ästhetisierung der Lebenswelt, in: Walter Haug und Rainer Warning (Hg.), Das Fest. Poetik und Hermeneutik XIV, München 1989, S. 657 ff.

4 Ich behandle im folgenden nicht alle Texte, die in dieser Anthologie versammelt sind. Nicht jedes Fest Goethes ist eine ›Allegorie der Geschichte‹. Zudem kann der Leser die im Nachwort entwickelte Perspektive leicht auch auf die Texte, etwa das »Krönungsfest«, übertragen, die hier nicht ausdrücklich thematisch sind, obgleich in ihnen historische Ereignisse eine prominente Rolle spielen.

5 Giovanni-Paolo Lomazzo, Trattato dell' arte della Pittura, Mailand 1584, S. 106 f.

6 Der Wahrheitsgehalt der Anekdote braucht hier nicht zu interessieren, denn jedenfalls entwirft sie ein historisch aussagekräftiges Bild, eine Art Modell des frühneuzeitlichen Künstlers.

7 Florens Christian Rang, Historische Psychologie des Karnevals, hrsg. von Lorenz Jäger, Berlin 1983.

8 Rang, S. 7.

9 Rang, S. 19.

10 Vgl. Rang, S. 45. Für den Zusammenhang zwischen Fest und Krieg vgl. auch Roger Caillois, L'Homme et le sacré, Paris 1950.

11 Rang, ebd.

12 Rang, S. 32.

13 Rang, S. 13.

14 Vgl. Rang, S. 13 ff.

15 Rang, S. 23.

16 Rang, S. 18.

17 »Vernunft – ist Flucht vor Angst; und Rausch – ist die Angst und Flucht vor Angstlosigkeit, heraus aus der Vernunft, als diese die Seele zwar aus der Toten-Angst geflüchtet hatte, sich ihr aber selbst als tote Ordnung auflegte.« (Rang, S. 33.)

18 Er läßt sich leicht als eine Vorform von Adornos und Horkheimers »Dialektik der Aufklärung« lesen.

19 Johann Wolfgang von Goethe, Werke. Hamburger Ausgabe in 14 Bänden, hrsg. von Erich Trunz, München [8]1981, Bd. 11, S. 516. Im folgenden zitiere ich die Hamburger Ausgabe unter der Sigle HA und mit Angabe der Band- und der Seitenzahl.

20 HA 11, S. 484.

21 HA 11, S. 175.

22 HA 11, S. 520; meine Hervorhebung, U. H.

23 Hans Blumenberg, Die Lesbarkeit der Welt, Frankfurt am Main [2]1983, S. 218.

24 HA 11, S. 40.

25 Ebd.

26 Die Annäherung von italienischem Volk und Natur ist ein durchgängiges Motiv der »Italienischen Reise«. In Venedig etwa erblickt Goethe in jenem »die Bas(is), worauf (...) alles ruht«. (HA 11, S. 78)

27 HA 11, S. 40.

28 Ebd.

29 HA 11, S. 484.

30 Ich stütze mich auf Überlegungen Heinz-Dieter Webers. Vgl. Heinz-Dieter Weber, Die Verzeitlichung der Natur im 18. Jahrhundert, in: Heinz-Dieter Weber (Hg.), Vom Wandel des neuzeitlichen Naturbegriffs, Konstanz 1989, S. 97-131; zu Rousseau dort S. 107 ff., zu Goethe S. 115 ff.

31 Johann Wolfgang Goethe, Sämtliche Werke nach Epochen seines Schaffens. Münchner Ausgabe, hrsg. von Karl Richter, München 1985 ff., Bd. 2.2, S. 596 f. Im folgenden zitiert als MA mit Band- und Seitenzahl.

32 HA 13, S. 255. Die Formulierung stammt aus dem 1784 diktierten Aufsatz »Über den Granit«.

33 Ebd.

34 Vgl. Heinz Schlaffer, Goethes Versuch, die Neuzeit zu hintergehen, in: Paolo Chiarini (Hg.), Bausteine zu einem neuen Goethe, Frankfurt am Main 1987, S. 9-21.

35 Jean-Jacques Rousseau, Die Träumereien des einsamen Spaziergängers, Zürich 1985, S. 89.

36 Goethe hat das in seiner »Campagne in Frankreich« (1822) festgehalten. Vgl. HA 10, S. 204 f.

37 HA 10, S. 209.

38 HA 11, S. 175.

39 HA 11, S. 517.

40 HA 11, S. 485.

41 HA 11, S. 486.

42 Ebd.

43 Ebd.; meine Hervorhebung, U. H.

44 HA 11, S. 503.

45 HA 11, S. 514.

46 Ebd.

47 HA 11, S. 505.

48 Vgl. HA 11, S. 485.

49 HA 11, S. 506.

50 Exakt an dieser Stelle erweckt Goethe der Platz denn auch den schon bekannten Eindruck eines Amphitheaters: »Die drei mit Teppichen behängten Fassaden der oben beschriebenen Gerüste schließen den Platz ein. Viele tausend Köpfe schauen übereinander hervor und geben das Bild eines alten Amphitheaters oder Zirkus.« (Ebd.)

51 HA 11, S. 507.

52 HA 11, S. 515.

53 Ebd.

54 Ebd.; meine Hervorhebung, U. H.

55 Vgl. zu Goethes ›prophetischer‹ Wahrnehmung: Klaus H. Kiefer, Wiedergeburt und Neues Leben. Aspekte des Strukturwandels in Goethes »Italienischer Reise«, Bonn 1978, S. 146 ff.;

Hans Blumenberg, Arbeit am Mythos, Frankfurt am Main ^{4}1986, S. 479 ff.

56 Daß Goethe den »Römischen Karneval« mit eben diesen beiden Reizvokabeln unverändert in den späten Text der »Italienischen Reise« (1829) aufgenommen hat, macht es wahrscheinlich, daß er diese historische Applikation selbst nahelegen wollte.

57 Goethes Briefe an Frau von Stein, Mit dem Tagebuch aus Italien und Briefen der Frau von Stein in vier Bänden, hrsg. von Richard Müller-Freienfels, Berlin o. J., S. 86.

58 HA 12, S. 185.

59 HA 12, S. 183.

60 HA 12, S. 184.

61 HA 12, S. 185.

62 HA 12, S. 184 f.

63 HA 12, S. 188.

64 Johann Wolfgang von Goethe, Sämtliche Werke, fünfunddreißigster Band, herausgegeben von Curt Noch, Berlin o. J.; S. 547. Im folgenden zitiere ich diese Ausgabe unter der Sigle SW und mit Angabe der Band- und Seitenzahl.

65 Ebd.

66 Gert Mattenklott, Mantegnas »Doppelleben« als Muster für Goethes späte Ästhetik, in: Paolo Chiarini (Hg.), Bausteine zu einem neuen Goethe, Frankfurt am Main 1987, S. 135.

67 Vgl. Heinz Schlaffer, Faust zweiter Teil. Die Allegorie des 19. Jahrhunderts, Stuttgart 1981. Schlaffer zeigt, daß im Faust II die Allegorie zur Signatur der Moderne avanciert.

68 HA 12, S. 189.

69 SW 35, S. 548.

70 SW 35, S. 546.

71 Ebd.

72 SW 35, S. 547.

73 Blumenberg, Arbeit am Mythos, S. 556.

74 MA 9, S. 1180.

75 Vgl. MA 9, S. 1177.

76 Abgedruckt in: MA 9, S. 1162-1173.

77 »Von der Kleidung des Kriegs-Dämons gilt (...), sie soll nur an den römischen Imperator erinnern. Gelb, Gelbrot, Schwarz und Gold, und was sonst noch Gewaltsames der Art in Glanz und Farbe aufzubringen, das durch den roten Schein noch erhöht würde, wäre empfehlenswert.« (MA 9, S. 1164.) Zum »Gelbrot« etwa vgl. den »didaktischen Teil« der »Farbenlehre«, wo vom »unerträglich Gewaltsamen im hohen Gelbroten« die Rede ist (§ 774). (MA 10, S. 233)

78 Vgl. HA 3, S. 395: »Doch schäm' ich mich der Ruhestunden./ Mit euch zu leiden (wäre) Gewinn (gewesen):/Denn für den Schmerz den ihr empfunden, /Seid ihr auch größer als ich bin.«

79 HA 3, S. 368.

80 Prominentestes Beispiel sind die wechselnden Anordnungen seiner frühen Gedichte zu größeren Gruppen.

81 MA 9, S. 65.

82 HA 5, S. 366.

83 Wir reproduzieren hier die Kopie durch Andrea Andreani.